[日] さいとう・こうへい
斋藤幸平 著

马克思

生态社会主义

谭晓军 包秀琴 张杨 译

中央编译出版社

——资本主义、自然与未完成的政治经济学批判

图书在版编目（CIP）数据

马克思生态社会主义：资本主义、自然与未完成的政治经济学批判／（日）斋藤幸平著；谭晓军，包秀琴，张杨译.—北京：中央编译出版社，2024.4
ISBN 978-7-5117-4572-9

Ⅰ.①马… Ⅱ.①斋…②谭…③包…④张… Ⅲ.①生态社会主义-研究 Ⅳ.①D091.6

中国国家版本馆 CIP 数据核字（2024）第 018258 号

Original Japanese title: DAIKOUZUI NO MAE NI
Copyright © 2019 Kohei Saito
Original Japanese edition published by Horinouchi Publishing
Simplified Chinese translation rights arranged with Horinouchi Publishing through The English Agency (Japan) Ltd.

著作权合同登记号：01-2020-4231

马克思生态社会主义

责任编辑	郑永杰
责任印制	李　颖
出版发行	中央编译出版社
网　　址	www.cctpcm.com
地　　址	北京市海淀区北四环西路 69 号（100080）
电　　话	（010）55627391（总编室）　（010）55627312（编辑室）
	（010）55627320（发行部）　（010）55627377（新技术部）
经　　销	全国新华书店
印　　刷	北京文昌阁彩色印刷有限责任公司
开　　本	880 毫米×1230 毫米　1/32
字　　数	218 千字
印　　张	10.5
版　　次	2024 年 4 月第 1 版
印　　次	2024 年 4 月第 1 次印刷
定　　价	88.00 元

新浪微博：@中央编译出版社　　微　信：中央编译出版社（ID: cctphome）
淘宝店铺：中央编译出版社直销店（http://shop108367160.taobao.com）
　　　　　（010）55627331

本社常年法律顾问：北京市吴栾赵阎律师事务所律师　　闫军　　梁勤
凡有印装质量问题，本社负责调换，电话：（010）55627320

教育部人文科学研究规划基金西部和边疆地区项目"新发展阶段资本的特性、行为规律及无序扩张规制研究"（22XJA790001）

前　言

"生态学是马克思主义的盲点"（篠原2016：285），"马克思的思想中没有把性别、生态和政治权力作为构成资本主义社会不平等的基础原理或核心问题进行系统的考察"（Fraser 2014：56）。可见，至今仍有一些人完全否定"马克思环境思想"的存在，理由是当资本主义正在以不可挽回的速度对环境造成严重破坏时，人们愈发强烈地意识到必须将对资本主义的批判与环境思想联系起来，而马克思的思想——至少在未大幅度修改时——未能在生态领域作出有效的理论贡献。

提出上述观点的一个根本原因是不少人认为：马克思和恩格斯总是在称赞经济和技术的无限发展，却未关注自然资源的枯竭和生态系统的破坏等环境问题。而恩格斯的下列说法似乎也佐证了上述观点："人类所支配的生产力是无穷无尽的。应用资本、劳动和科学就可以使土地的收获量无限地提高。"（MEGA Ⅰ/3：486；参见《马克思恩格斯全集》第1卷，人民出版社1993年版，第616页）在环境危机日益严重，人们开始谈论"增长极限"乃至"地球极限"（Rockström et al. 2009）的21世纪，这样的言语显得过于理想化了。

德国哲学家霍斯特·库尔尼兹基（Horst Kurnitzky）早在发表"罗马俱乐部"的报告书（1972）时就开始批评马克思，认为由于马克思"继承了资产阶级的完全的自然支配的思想"，因而"忽视了自然科学与工业中最初就有的破坏性"（Kurnitzky 1970：61）。以《人类对大自然的义务：生态问题和西方传统》而闻名的伦理学家约翰·帕斯摩尔（John Passmere）也同样反对马克思的世界观，他认为："按照黑格尔主义和马克思主义的生态观，似乎不应存在有害物。"（Passmore 1974：185）之后的十几年间，马克思的思想一直被认为是一种"普罗米修斯主义"（Giddens 1981：60）——极端的生产力至上主义，即通过技术进步，突破所有的自然界限，旨在任意操纵全世界的近代主义思想，并持续遭到批评。其结果是使自称"马克思主义者"的人也都认同马克思的思想在生态领域已经过时，这甚至给环境运动组织对马克思的批评提供了依据。比如，法国绿党创始人、经济学家阿兰·利比兹（Alain Lipietz）在肯定马克思对社会运动的贡献时，就明确提出其存在普罗米修斯主义的缺陷。为此他主张，在苏联解体后，为了恢复左派的权力，需要放弃社会主义，必须将被削弱的工人运动与环境运动结合起来。

> 现在真正忠实于被压迫者的斗争是，与生态学者一起，尽可能地去促进绿色范式的社会的和世界的萌芽发展，而不是去追逐难以实现的红色政权重建的梦想。(Lipietz 1994：15)

这里虽然对马克思的伟大功绩给予了一定的口头肯定，但却完全否认了环境危机时代社会主义事业的积极意义，其与安德列·高兹（André Gorz）所说的"社会主义已死"[Gorz 2012（1994：Ⅶ）]如出一辙。

从弗雷泽的论述中也不难看出，时至今日利比兹和高兹仍然有很大的影响力。例如，近年来德国的托马斯·彼得森（Thomas Petersen）和玛尔塔·费伯（Malte Faber）也同样批评了马克思的"乐观主义"，他们认为马克思"虽然假定所有的生产过程都可以在对环境不产生有害物的情况下进行，但这过于乐观了……这种进步的乐观主义在《共产党宣言》里已有所记载，或许这是马克思对资产阶级还怀有较大的尊意所致"（Petersen & Faber 2014：139）。罗尔夫·彼得·塞弗勒（Rolf P. Sieferle）也曾感叹：马克思简单地作出了未来社会的"增长极限能够摆脱自然要素"的错误判断（Sieferle 2011：215）。

上述这些批评并非毫无依据。在《共产党宣言》中就有如下名言："资产阶级争得自己的阶级统治地位还不到一百年,它所造成的生产力却比过去世世代代总共造成的生产力还要大,还要多。自然力的征服,机器的采用,化学在工农业中的应用,轮船的行驶,铁路的通行,电报的往返,大陆一洲一洲的垦殖,河川的通航,仿佛用法术从地底下呼唤出来的大量人口——试问在过去哪一个世纪能够料想到竟有这样大的生产力潜伏在社会劳动里面呢?"(MEW 4:467;参见《马克思恩格斯全集》① 第 4 卷,第 471 页)

这种试图从两位极具近代主义思想的人物这里得到研究 21 世纪生态学的启发的做法,难免会使人想起意欲将马克思"神化"的教条主义者们的愚蠢尝试。然而,对于那些自以为马克思和恩格斯没有关注"自然的界限"(Benton 1989:77)的人而言,有上述这样的感觉又似乎情有可原。

对马克思的批评还不止于此,还有人把马克思的经济学批评为人类中心主义,且该观点也是根深蒂固的。例如,被誉为政治生态学先驱的汉斯·伊姆勒(Hans Immler)认为,马克思的经济学与生态思想并不相容,因为他的价值论将人类劳动绝对化为唯一的价值源泉,不承认价值生产过程中自然的任何作用。因此,马克思的经济学批判"只单方面聚焦在对价值和价值分析上,基本上忽视了物理的和自然的领域(使用价值、自然、感性)……即便在生命面临根本性威胁时,也没有考虑一下环境政治问题;就算

---

① 文中译文参考了《马克思恩格斯全集》(第二版),人民出版社 1993—2022 年版。下同。——译者注

在变革社会和经济现实的决定性冲突出现时,也未提出任何解决这种社会实践问题的观点,甚至未能做出分析"[Immler 2011（1894）：36]。因此,伊姆勒挑衅地呼吁人们"忘掉马克思吧"（Immler 2011：12）。

然而,马克思的思想中真的完全没有资本主义与环境危机相关的论述吗？

读到这里,稍微了解近些年国内外关于马克思研究动向的读者都会质疑弗雷泽和伊姆勒的发言。因为与日语圈和德语圈不同,以英语圈为中心的关于"马克思与生态学"的研究已经取得了很大的进展①,其中重要的著作有保罗·伯克特（Paul Burkett）的《马克思与自然》（1999）和约翰·贝拉米·福斯特（John Bellamy Foster）的《马克思的生态学》（2000）②。伯克特和福斯特主要以《每月评论》杂志为中心开展研究活动,他们通过对马克思、恩格斯的著作和手稿等进行仔细的查阅研究,使人们开始注意到此前一直被忽略的马克思和恩格斯对于生态学的深切关注,具有说服力地揭示了将马克思的思想贴上"普罗米修斯主

---

① 关于近几年英语圈的论争,岛崎（2007）和长岛（2010）有详细的研究。这里需要强调的是,2000年以前也出版了很多重要的日语著作,代表性的著作有都留（1972）、椎名（1976）、吉田（1980）、福富（1989）等。当然,日本国外的马克思研究中,也有将环境问题与马克思物质变换论相关联进行论述的,伊姆勒和利比兹的批评还是片面的。这一点可参考 Kapp（1950）、Commoner（1971）、Mészáros（1995）。

② 伯克特和福斯特虽然关系密切并进行了共同研究,但也可以看出二者的理论研究侧重是有不同的。伯克特关注的是马克思的经济学批判,并展开进行讨论,而福斯特则在思想史领域分析了马克思的生态学。其中伯克特的观点尤为重要,其与本书对《资本论》的解读有很多相近之处。

义"标签予以批评的错误。伯克特甚至提出,马克思的资本主义批判和社会主义构想对于批判性地分析现代全球性环境危机可能"更有作用"(Burkett 2005:34)。他不仅提到关键性概念"物质变换裂缝"(Metabolic rift),这在本书中也发挥着核心作用,而且他还指出,马克思的物质变换理论为我们分析资本主义生产如何在全球范围扭曲人与自然的关系、破坏可持续发展提供了可能。

即便现在看来,伯克特的见解也并非夸张。因为从世界范围来看,围绕马克思的生态学的舆论已经发生了巨变,"物质变换裂缝"论在左派环境运动中已具有不小的影响力(Foster 2014:56)。"物质变换裂缝"本是取自《资本论》的概念,现在正日益成为超出马克思主义者范围的理论核心概念。例如,著名的新闻记者——纳奥米·克莱恩(Naomi Klein)也在《这改变了一切》中引用福斯特的"物质变换裂缝"论,他在对资本主义的气候变化问题进行分析(Klein 2014:177)的同时,提出把"生态社会主义"作为保障人权的替代方案(Klein 2018)。除了气候变化领域,诸多研究者们也在渔业(Longo et al. 2015)、氮素肥料问题(Mancus 2007)、生态女权主义(Salleh 2010)、乳畜业(Gunderson 2011)等领域运用"物质变换裂缝"的理论框架,对现代社会的环境破坏和环境正义进行实证分析。从而,很多马克思的研究者也不再因"普罗米修斯主义"而从根本上排斥马克思的相关阐释了。

不过,随着马克思主义在环境运动中影响力的不断增强,更多的反对意见也不断涌现。比如有人认为,尽管马克思关注的核心问题绝不是环境问题,但福斯特和伯克特却通过恣意拼凑马克思和恩格斯的各种言论,给人以生态学似乎是马克思经济学批判的重要主题的印象(科威尔,又译作克沃尔)(Kovel 2002;Engel-Di Mauro 2014:136-142);还有学者批评道,由于马克思的见解受当时自然科学知识的限制,对于化石燃料燃烧导致的全球变暖等现代最重要的问题并不能提供任何有效的指导(Tanuro 2013:138f)。也就是说,由于当今人类世界的新情况与马克思所处的时代相比发生了很大的变化,马克思的理论已经无法系统地说明气候变化、物种灭绝等全球性环境危机问题。进而,作为伊曼纽尔·沃勒斯坦"全球体系理论"的继承者、提出了"世界生态学"的杰森·W. 摩尔(Jason W. Moore)认为,福斯特的观点因缺乏马克思的价值理论而无法把握资本主义制度下包含人与自然在内的历史变革过程,反而成为"关于自然极限的静态的、非历史性的理论"(Moore 2015:80),并导致福斯特等人的理论陷入"末世论"的泥潭(Moore 2014:13)。据此,摩尔指出,物质变换裂缝论仅仅指出了"资本主义对环境有害"这一显而易见的事实(斋藤 2017)。

本书的写作目的在于,对于近年来上述针对物质变换裂缝理论的批评,笔者再次表明支持的立场。为此,本书重新审视马克思的文本,以更系统、更全面的形式重构马克思对生态资本主义的批判。的确,伯克特和福斯特通过仔细查找各种文本，已成功地将马克思的环境思想呈现在人们的面前，但却留给人这样的印象：他们似乎并未对马克思和恩格斯进行区分，只是随意地截取和拼凑了两人的文本资料。为避免这样的误解，首先要把马克思的生态学与其经济学批判所具有的连续性进行更为"系统"的研究。进而，本书的研究方法要比福斯特等人已有的研究更加"全面"。因为，通过对新版《马克思恩格斯全集》（以下简称MEGA版）中首次出版的新资料进行研究，可以更准确地揭示马克思环境思想的形成及其理论的影响。这样一来我们就可以清楚地看到，马克思受到当时盛行的关于可持续性的讨论启发，热衷于研究自然科学，并将新知识吸收到《资本论》中的过程。当时的关键概念就是生理学上的"物质变换"（Stoffwechsel）概念，马克思的生态学也围绕此概念展开了系统性的论证。

　　本书致力于系统地解读的意义在于，通过与休伯特·拉特科（Hubert Laitko）这样具有代表性的马克思解说者进行比较，搞清楚上述问题。事实上，拉特科也没有否认通过阅读马克思的著作能够获得有助于思考当今环境问题灵感的可能性。但他接着说："尽管如此，这样的做法缺乏系统性和严密性，除了可能会对理论研究产生影响以外，并没有其他意义。"因此，马克思的文本充其量只能作为"引用的挖掘地"发挥作用（Laitko 2006：65）。

　　当然，马克思并不是一个全知全能的预言家，因此，如果把他所说的话直接套用在现代的环境问题上，显然是不现实的。但是，我们也必须看到，拉特科的这种看似显而易见的观点，其引申出来的结论是有很大问题的，即如果《资本论》仅仅是用来挖掘出一些有益的语录，那么为什么人们至今还要认真阅读马克思的艰深难懂的著作和手稿呢？这岂不是非常矛盾吗？可见，乍一看利比兹和拉特科似乎都赞同马克思主义，但却暗藏着反马克思主义的实质。利比兹虽然把"马克思主义的遗产"称赞为"有价值的工具"，但最终却断言"马克思主义范式的一般结构和知识框架及其所倡导的核心解决方案都必须一并抛弃"（Lipietz 2000：74）。倘若果真如此，我们就难以找到为什么现在还要研究马克思的令人信服的理由了。因为如果连马克思的价值论、阶级论和社会主义论也必须一并抛弃的话，马克思主义除了"资本主义有害于环境"这一显而易见的结论以外，就什么也不剩了。这么一来，之前摩尔的判断就完全正确了，极端而言，坚信马克思理论的人们就会被视为21世纪绿色发展规划的妨碍者而遭到淘汰。

　　与此相反，本书通过把马克思环境思想作为经济学批判不可或缺的契机来系统地展开，尝试同时赞同马克思的经济学批判和环境批判的可能性。为此，本书提出了比福斯特和伯克特所认为的"马克思思想中存在生态学要素"这一主张更强有力的观点，即"如果不将生态学的视角加入的话，就无法正确理解马克思经济学批判的真正目的"。总之，通过充分展开对生态学的研究，才第一次显示出马克思经济学批判的系统性意义。为了证明上述观点，本书特别关注了马克思的价值论和物化论,揭示对于马克思的形式规定论而言,"物质"(Stoff)层面是决定性的,基于资本逻辑分析物质世界的变换及其矛盾是《资本论》的核心主题。① 正如都留重人所论述的,马克思的经济学批判试图"把经济现象从物质方面和体制方面的统一矛盾来把握"② (1972:35f)。换言之,因为物化的矛盾在生态领域显现出来,所以马克思试图从中发现抵抗资本逻辑的可能性。为此,生态学不仅是经济学体系中不可或缺的一个要因,而且为批判资本主义社会广泛且普遍存在的"物质变换裂缝",构想可持续发展的未来社会——"生态社会主义"(岩佐1994:191)——奠定了方法论基础。

如在第一章中所述,从《巴黎笔记》中完全可以发现马克思提出生态社会主义的动机。马克思早在1844年就把人与自然关系的扭曲和矫正作为异化论的中心议题来研究了。具体来说,马克思从人与自然的原始统一的解体中,看清楚了二者在近代被异化的过程。为此,他反对"人道主义即自然主义"理念,提出把重构人与自然的统一作为后资本主义的实践课题(韩2001)。但是马克思在《德意志意识形态》中认识到将哲学的"理念"与异化的现实相对立这一方法的不足,因此他告别哲学,用"物质变换"这

---

① 在本书中除特殊情况外,把"Stoffwechsel"翻译为"物质变换",把"Stoff"翻译为"物质"。但是值得注意的是,从二者都有"Stoff"这一用语可以看出,两者之间存在着密切的关联。

② 都留重人在这一段虽然使用了"体制"一词,但明确表述与马克思的"形式"相对应(1972:37)。

一生理学概念来分析人与自然的关系,又将其"紊乱""裂缝"作为资本主义的矛盾来分析。从这个意义上讲,物质变换概念将成为本书展开分析的"线索"。

在第二章中,将基于概念史追溯马克思是如何深化自己的物质变换理论的。马克思在《伦敦笔记》中首次使用物质变换这一概念,之后在《经济学批判大纲》(以下简称《大纲》)中更加细化了该概念的用法。马克思虽然是在描述有史以来人与自然关系时使用物质变换这一概念的,但与此同时,他也关注了其在资本主义生产的扩张及与其相伴的生产力急剧提升所引发的被掩盖了的历史性变革。换言之,马克思是把资本积累作为唯一目的近代社会体制下的人与自然的特殊关系,以及把资本积累如何导致物质世界产生矛盾和冲突问题作为分析对象。正是在这种对人与自然关系的资本主义特殊性的把握中,才能发现马克思物质变换概念的独特性。

为了更具体地把握近代所特有的人与自然的关系,本书第三章将考察马克思的生态学与物化论的关系,并系统地重构马克思的生态学。本章的重点在于阐明经济学批判的中心课题是以往马克思研究中没有充分关注的物质维度。由于《资本论》系统地阐述了资本主义生产的诸范畴,因此人们常常会认为经济学批判的核心在于揭示"纯社会形态"的拜物教批判(Brentel 1989:13;Elbe 2010:228)。但我们却不能把马克思的研究简单还原为是对资本主义社会整体性概念的重构,若是这样,我们将无法理解马克思晚年为什么会以极大的热情研究自然科学。

从这个意义上讲，本书的研究与近年来在德国流行的以海因里希（Heinrich 2005）为代表的"新马克思阅读"（Neue Marx-Lektüre）有很大的不同。① 这是因为，马克思的实践的、批判的唯物主义方法，其关键是关于经济的形式规定与具体物质世界的关联及其矛盾的分析。即为了充分系统地展开《资本论》的内容，考察经济的形式规定时，就必须与其承担者的自然物质层面紧密联系起来。因此，"物质"（Stoff）与"形式"（Form）一样，在经济学批判中发挥着重要的作用。这一点对理解马克思的生态资本主义批判具有决定性的意义，因为在没有充分理解马克思的研究方法的情况下，马克思关于自然的观点就会给人以非核心的、缺乏一贯性的印象。相反，如果能够正确理解"物质"的系统性作用与经济"形式"的关系，就能直接判断所谓环境破坏不过是因两者的裂缝产生的矛盾而已。这不仅可以将生态学很容易地纳入经济学体系，而且还能理解因为有生态学，本书才能第一次充分展开系统性的经济学批判这一命题的重要意义。

不过，需要特别注意的是，也不能过分强调《资本论》的系统性。因为马克思在世时未能完成《资本论》——《资本论》的第二卷和第三卷是马克思去世后由恩格斯编辑，分别于 1885 年、1894 年出版——因此，经济学批判体

---

① 关于"新马克思阅读"，霍夫用英语进行了简洁介绍（Hoff 2010），详细请参见 Elbe（2012）。

系并未完成。但这绝不等于《资本论》漏洞百出、毫无用处,因为在马克思去世一百多年后出版的新版《马克思恩格斯全集》中的许多新资料,为我们思考马克思《资本论》如果完成会达到怎样的理论广度提供了启示(大谷、平子2013)。

新版《马克思恩格斯全集》第四部分中马克思的摘录笔记、备忘录以及在自用书上所做的记录等是很重要的资料。① 马克思从年轻时就养成了学习时做笔记的习惯,特别是在他晚年的十年间做了大量的摘录笔记,他一生所做的全部摘录笔记的三分之一都是在那个时期完成的,并且其中大约一半是关于自然科学——化学、矿物学、地质学、植物学等——的笔记(Sperl 2006:15)。然而,由于马克思未能将这些研究成果完全纳入《资本论》中,因此其意义还没有明确就被遗忘了。为此,本书将通过对这些摘录笔记的细致查究,呈现出潜藏其中的马克思对生态学的浓厚兴趣。以往的研究之所以否定马克思的生态学,其中一个原因就是完全没有考虑到这些摘录笔记中所承载的马克思的艰苦努力。相反,如果考虑到摘录笔记,我们不仅很容易理解"马克思的生态学"这一问题的构成,而且如果当时马克思完成了《资本论》第三卷的写作,"物质变换裂缝"很可能与"拜物教"和"利润率递减规律"一道,成

---

① 因日文的《马克思恩格斯全集》(大月书店)不包含《资本论》的草稿和摘录笔记,不能称为真正意义上的"全集"。因此,值得注意的是德文原著的标题为"Marx-Engels-Werke",可以被视为"著作集"。

为资本主义的主要矛盾。①

不幸的是，优秀的研究者也都一直忽略了马克思的摘录笔记。负责旧版《马克思恩格斯全集》编辑出版工作的莫斯科马恩研究所所长达维德·波里索维奇·梁赞诺夫（David Borisovic Rjazanov）虽然认识到，"约 250 册的摘录笔记遗稿……对于马克思主义的一般研究和马克思的个别著作的批判性历史研究而言都是极为重要的资料"（MEGA I/2：XVII），但是当时梁赞诺夫在编辑旧版《马克思恩格斯全集》时却只想刊发其中的一小部分摘录笔记。因为就连梁赞诺夫也没有充分认识到摘录笔记的理论重要性，他认为摘录笔记只是从书和论文中"单纯"抄来的，基本上只对"想写马克思传记"的学者有用（Rjazanov 1925：392，399）。

贝内迪克特·考茨基（Benedikt Kautsky，卡尔·考茨基的儿子）当时就批评了梁赞诺夫的只刊发马克思部分摘录的决定。他说："用摘录的摘录没有任何意义。"（Kautsky 1930：261f.）还有梁赞诺夫的同事保尔·韦勒（Paul Weller）——他是《大纲》的编辑者，和梁赞诺夫一同都是非常优秀的马克思研究者——为了出版马克思恩格斯的研究笔记，提议设置追加章节，并研究了新增由 25 卷构成的第四部分 [Weller 1994（1935）：201f.；Hecker 1997：26 f]。

---

① 伯克特和福斯特也只是偶尔提及马克思的摘录笔记，并没有直接探讨摘录笔记，对摘录笔记本的写作时期也未给予足够的考虑，结果给人以恣意利用摘录笔记的印象。

然而，20世纪30年代，因斯大林发动"大清洗"，旧版《马克思恩格斯全集》编辑计划被迫中断，梁赞诺夫被捕后被处死，韦勒也在苏德战争中阵亡。上述提议也因此未能实现而搁置下来。然而，几十年后，人们开始认为韦勒对摘录笔记重要性的看法是正确的。因此，目前正在出版的新版《马克思恩格斯全集》中，所有摘录笔记都将在第四部分（共32卷）中刊发。研究马克思摘录笔记不仅是对他未完成事业的延续，而且也是对苏联优秀研究者未实现的遗志的继承。①

关于摘录笔记的重要性，编辑了马克思的《民族学笔记》的汉斯·彼得·哈施蒂克（Harstick 1977）在1992年召开的《马克思恩格斯全集》编辑会议上作了如下表述："摘录、文献目录、文中旁注等资料集构成了马克思和恩格斯精神世界和著作的物质基础，对马克思恩格斯研究和〔全集〕的编撰来说，是进入二人的精神工作坊的钥匙，而且是编辑人员在正确地追随二人的思想时，所需要的、进入作为历史人物的马克思和恩格斯当时的时代语境的不可缺少的入口。"（MEGA Ⅳ/32：2）这应该是所有重视《马克思恩格斯全集》的研究者都会赞同的观点吧，其中甚至有学者认为《马克思恩格斯全集》第四部分是"最有趣的"

---

① 顺便说一下，在当前以柏林和阿姆斯特丹为中心的《马克思恩格斯全集》出版体系下，强调与苏联时代决裂，突出中立性、学术性特点。不过，在现在的《马克思恩格斯全集》编辑过程中，苏联研究者完成的对马克思笔记的解读文章也起到了极大的作用，我们应该对他们为这项工作投入的热情表达纯真的敬意。

部分（Hundt 2011：116）。尽管如此，哈施蒂克的发言也已过去20多年，而利用这个"钥匙"来阐明马克思的思想，解决尚未解决的问题的研究至今却仍无进展。[①] 因此，本书希望通过对摘录笔记的探讨，将马克思的生态资本主义批判的真正所及之处呈现给读者。

正如第四章中可以详细看到的，通过仔细查阅马克思关于自然科学的摘录笔记，我们能准确地追溯马克思对自己年轻时关于资本主义文明作用的乐观见解进行纠正的过程。的确有人认为，年轻时的马克思经常发表一些被批评为"普罗米修斯主义"的言论，但马克思并不是一生都在简单地称赞技术和生产力的发展，依靠所谓的无限解放生产力的幻想来空想未来社会。相反，正因为他承认自然的界限，才从资本与自然之间的紧张关系中看清了资本主义的矛盾。马克思在1865年、1866年完成的对尤斯图斯·冯·李比希（Justus von Liebig）著作《农业化学》的摘录中，清楚地记录了他的思想转变。马克思通过接受李比希的"掠夺农业"（Raubbau）论，把对人与自然物质变换的有意识的、可持续的管理视为实现社会主义的实践课题。

为此，马克思在《资本论》第一卷（1867）中高度评价了李比希对掠夺农业进行批判的意义，但并没有把李比希绝对化，而是如本书第五章所探讨的那样，1868年以后，马克思更加热衷于阅读自然科学方面的著作，从对李比希

[①] 这里可以将史博德（Schrader 1980）、安德森（Anderson 2010）和林德纳（Lindner 2011）等的研究，作为有关摘录笔记研究的例外。

的土壤贫瘠理论持批判态度的著作中积极进行摘录。通过新的研究，马克思对李比希的评价进行了部分修正的同时，从更广阔的视野阐述了可持续生产的必要性。而发现具有"社会主义倾向"的德国农学家卡尔·弗腊斯（Carl Fraas），对马克思晚年理论的转变发挥了重要作用。虽然马克思未能将弗腊斯的理论完全纳入《资本论》，但通过仔细研究马克思对弗腊斯著作的摘录，可知自然科学研究对马克思晚年变得越来越重要的原因。

1868年以后，马克思在热衷于研究自然科学的同时，致力完成《资本论》的第二卷和第三卷工作。因此，从遗留下来的《资本论》手稿中能够发现，晚年马克思试图将自己在自然科学方面研究的见解融入经济学批判的痕迹。例如，本书第六章所述，从晚年马克思关于利润率趋向下降规律的讨论中可以看出经济学和自然科学的内在联系。迄今为止，围绕利润率的争论大多是从数学方面展开的，但新版《马克思恩格斯全集》的新资料显示，马克思说过有必要把利润率与资本的物质承担者相关联进行讨论，并提出"资本的弹性"这一关键性概念。马克思认为，资本为了提高利润率，虽然可以利用自然的弹性，但却不能完全恣意地改变物质世界的弹性，生产一旦从所需的自然要素的物质特性产生极端的背离，生产将无法持续下去。最终，资本因无法摆脱自然界的诸多制约而无法获得自由，其矛盾将以——不是经济危机——而是以环境危机的形式表现出来。

我们只要稍微了解一下手稿和笔记就会发现，马克思以各种各样的形式展现出他对生态学的关注，可是为什么马克思的生态学却长时间地被忽视了呢？其中的原因不仅在于中断了旧版《马克思恩格斯全集》编辑的斯大林主义，更在于批评斯大林主义的西方马克思主义对马克思生态学的进一步掩盖。实际上，在这个问题上，与恩格斯也有关系。如本书第七章所述，1868年马克思在理论上发生了转变，导致马克思和恩格斯关注的问题出现了偏差。在过去的研究中，几乎都是把恩格斯视为自然科学方面的专家，即使提到马克思的自然科学研究，也都认为马克思和恩格斯之间不存在生态思想的差异（Foster 2000）。然而，马克思并非像黑格尔和谢林那样在自然哲学的传统下，试图构筑能说明宇宙一切现象的"世界观"（Sandkühler 1997）或以"哲学的普遍化"（Klein 1970：482）为目标；而恩格斯却以用自然科学对宇宙进行唯物论说明为目标，这样的差异导致双方在生态学领域的见解产生了重大差异。而且，正是因为这种差异，马克思的生态学才被恩格斯及其之后的马克思主义者所忽视，有时甚至被压制。

然而，尽管有这样不幸的历史，进入21世纪后，马克思生态思想还是在人类面临严重的环境危机之际，通过激进左派的环境运动再度引起关注。新自由主义的全球资本主义叫嚣着"历史的终结"（福山 2005）席卷世界后，带来的却是以"文明的终结"这一不可预测的形式导致的大规模的环境危机。这使得马克思的著名警告在今天再度呈现出现实意义。

> 有如此"好理由"来否认自己周围一代工人的苦难的资本，在自己的实际活动中不理会人类将退化并将不免终于灭种的前途，就像它不理会地球可能和太阳相撞一样。在每次证券投机中，每个人都知道暴风雨总有一天会到来，但是每个人都希望暴风雨在自己发了大财并把钱藏好以后，落到邻人的头上。我死后哪怕洪水滔天！这就是每个资本家和每个资本家国家的口号。（MEGA Ⅱ/6：273；参见《马克思恩格斯全集》第23卷，第299页）

这段话直接表明，资本完全不会顾及过度使用工人所导致的牺牲他们健康和寿命的问题。但如果把上述引文中出现的"人类将退化并将不免终于灭种的前途"换成"气温上升"或"海平面上升"这样的表述，似乎也没有什么违和感吧。实际上，正如下面详细论述的那样，马克思本人也把对自然的"掠夺、滥用"看作与对劳动力的掠夺同样重要的问题，并作为"物质变换裂缝"进行了批判。

令人遗憾的是，在当今全球环境危机时代，"我死后哪怕洪水滔天"这种态度正越来越占据主导地位。我们生活在不关心未来、不断消耗浪费的资本主义社会之中，明知洪水即将到来，却丝毫没有改变自己态度的迹象。特别是1%的富裕阶层采取只为自己生存的对策，不断积蓄资金，专心致志于技术开发。

然而，这并不是能够简单归结为个人道德的问题，而是社会体制问题。因此，如果想要修复世界范围的"物质变换裂缝"，就必然与资本的价值增殖理论相抵触。现在很明显的是，如果不与资本主义对峙，则为防止"大洪水"这一改变一切的灾难性局面所作的全部努力都将化为泡影。也就是说，在洪水滔天之前，"我们不得不改变一切"（Klein 2014）。正因如此，将资本主义批判与环境批判相融合，构建后资本主义的可持续发展的马克思理论，就成为我们不可或缺的理论参考，我们需要在21世纪恢复其理论权威。

凡 例

· 对马克思恩格斯著作的引用，基本上是从"MEW"（Marx-Engels-Werke）和"MEGA"（Marx-Engels-Gesamtausgabe 即《马克思恩格斯全集》）进行的引用，文中标注了其对应的卷号和页码。

· 关于尚未发表的马克思和恩格斯的原始资料，注明了其存放在阿姆斯特丹国际社会历史研究所的实际资料的参考编号和页码。

· 译者对译文的补充和解释用〔〕进行了标注。

· 原著中与原句对应的翻译用括号（）来标注的。

目录

第一部 经济学批判与生态学 …………………… 1
 第一章 从劳动异化到自然异化 ………………… 3
 第二章 物质变换理论的谱系 …………………… 45

第二部 《资本论》与物质变换的裂缝 …………… 85
 第三章 《资本论》中的物质变换论 …………… 87
 第四章 近代农业批判与摘录笔记 ……………… 134

第三部 晚年马克思的物质变换理论 …………… 179
 第五章 生态学手稿和物质变换理论的新探索 … 181
 第六章 利润、弹性、自然 ……………………… 232
 第七章 马克思—恩格斯的思想关系与生态学 … 263

结语 回到马克思 ………………………………… 296

后 记 ……………………………………………… 303

第一部
经济学批判与生态学

第一章　从劳动异化到自然异化

1843年6月，马克思与燕妮·冯·威斯特法伦结婚，同年秋移居巴黎。此后，他开始阅读斯密和李嘉图的著作，正式走上研究经济学之路，并于1844年4月到8月完成了以摘录、笔记为主要内容的《巴黎笔记》。该笔记其实是马克思为自己学习而做的，马克思在世时并未出版发行。可是，进入20世纪后，《巴黎笔记》的一部分以《1844年经济学哲学手稿》的形式出版发行，引发了很大的争论。西方马克思主义者为反对苏联马克思主义，从这一文本中发现了青年马克思的"人道主义"新立场，试图将马克思从斯大林专制这一最坏结果中拯救出来。马克思是人道主义者的说法曾经产生过很大的影响。但是，这种说法显然是受到了当时政治形势的制约，而且被认为马克思的文本被迫从属于特殊政治利益，这也是存在问题的。

因此，在所谓"现实的社会主义"已经崩溃的当今，有必要以新版《马克思恩格斯全集》为基础，更为客观地重构《巴黎笔记》的意义。

当然，若以这样的逻辑，还想从《巴黎笔记》中迅速找出马克思的生态学，则如同将马克思解释为人道主义者一样，就太过恣意妄为了。可见，在有意识地将重构人与自然的"统一"确定为未来社会的中心课题的马克思的笔记中，还包含着值得进一步关注的洞察。如果将此视为后来马克思得以将环境破坏作为资本主义生产方式的内在矛盾来把握，它就成了马克思年轻时就有的对人与自然关系产生破裂的批判性洞察——即使该洞察作为经济学、历史、自然科学研究的结果必然招致巨大的理论变革——的依据了。总之，1844年提出的"人道主义=自然主义"的理念中潜藏着马克思终生坚持的根本性问题架构，而且我们通过着眼于"人道主义=自然主义"这一主题，超越过去的研究中围绕"异化论"的哲学争论的范式，可以从经济学批判的立场来理解《巴黎笔记》的意义。

尽管如此，当时马克思的理论因受路德维希·费尔巴哈哲学较大的影响，具有局限性也是事实。为此，《1844年经济学哲学手稿》中倾向于将全部的历史分析还原成抽象的、非历史的"本质"，从而导致很难看到马克思独有的问题架构。所以，在《德意志意识形态》中，与费尔巴哈启蒙主义诀别、确立"唯物主义的方法"，就成为进一步向生态资本主义批判理论发展所必不可少的了。

一、马克思异化论的再探讨

　　马克思的研究者应该都承认,《1844年经济学哲学手稿》中记录着青年马克思对于"异化"和"外化"概念的天才洞察。然而,围绕这一文本的解释,在国内外展开了无数次的争论,也是不争的事实。一方面,人道主义者们高度评价青年马克思关于"异化劳动"的资本主义批判,进而展开探讨人类解放的设想(Fromm 1961；Markovic 1974)。另一方面,路易·阿尔杜塞(Althusser 1965)和广松涉(2001 [1983])指出,马克思的理论发展中存在"认识论中断"或"范式转换"的问题,特别是在《德意志意识形态》中,他放弃了之前的人类学图式,转向了新的科学立场。按照阿尔杜塞等人的观点,1845年以后异化论就不再发挥任何作用。当然,人道主义者们强烈反对上述观点。此后,围绕谁的解释正确展开了无休止的争论。不过,这些哲学的争论本质上就存在问题,其争论的前提本身就值得怀疑。

　　首先,论战的两个阵营无论是支持马克思理论发展的连续性的,还是支持中断性的,都是把马克思的相关文本当作一个"作品"来研究的,但正如尤根·罗扬(Rojahn 1983)所说,《1844年经济学哲学手稿》的文本实际上并不是当作"手稿"来撰写的东西①，即它不是"具有统一性、事先计划好的、系统地写作完成的作品"（Musto 2007：185），不过是马克思在写作同样包含在《巴黎笔记》中的摘录时，将自己的想法记录下来的东西而已。因此，从这里绝不可能发现马克思决定性的、规范的资本主义批判。当然，1845 年以后，马克思对《巴黎笔记》中的观点做了很多调整，包括对黑格尔左派和对异化论态度的变化等。但由于人道主义者把《1844 年经济学哲学手稿》绝对化了，异化概念在后期马克思的经济学中只作为边缘化的概念出现，而对于后期马克思的经济学作品也就只能做表面化的研究了，即由于过高评价"异化劳动"的批判，固执于规范论，从而导致无法理解《德意志意识形态》以后的马克思的哲学批判立场。②

与此相对，由于阿尔杜塞和广松过于强调马克思理论发展的"中断性"，又过低评价了《巴黎笔记》所具有的批

---

① 《巴黎笔记》的大部分在新版《马克思恩格斯全集》第四部分第二卷里刊发，而《1844 年经济学哲学手稿》的部分刊发在第一部分第二卷里。这样"人为的"分开，反映了旧德《马克思恩格斯全集》编辑者们把同一笔记中包含的一部分文章当作《1844 年经济学哲学手稿》这一"作品"的愿望（Rojahn 1985：658f.）。并且，罗杨认为，能否把 1844 年手稿当作"著作"看待，值得怀疑（Rojahn 2013：90）。他进而提出："1844 年的诸多手稿不是一种世界观的系统的说明，而是表现出变化中的马克思的思想。换言之，表现出随着马克思所读的书籍和所参加的争论增加，他的诸多新的见解才能不断出现和发展。"

② 例如，布鲁德尼为了支持规范论，批评马克思 1845 年以后试图放弃哲学（Brudney，1998）。如此一来，就把支持特定的理论目的作为前提，成了称赞有利的、批判不利的研究，从而失去了总体上重构马克思理论的可能性。

判性。因为他们夸大了1844年时马克思陷入哲学研究的极限,而遮蔽了其经济学批判的潜力。事实上,从1844年的异化论一直到写作《资本论》,马克思的研究中已经可以看到人与自然的"分离"这一研究主题。基于此,经济学视角的异化论解释为分析马克思如何将自然概念引入经济学批判,提供了不可缺少的前提。

为了探讨上述问题,下面概述一下《巴黎笔记》中关于"异化"的讨论。通常认为,在《巴黎笔记》中有四种异化。第一种,马克思指出了在私有制统治下的现实,其中,劳动的现实性表现为"工人的现实性的剥夺",以及"劳动的对象化"表现为"对象的丧失"(MEGA I/2: 236;《马克思恩格斯全集》第42卷,人民出版社2016年版,第91页)。如果劳动产品既不能表现为工人自己的东西,也不能满足工人的需求的话,工人就不能通过生产证明自己的能力,劳动产品反而与工人相对立而独立存在,并作为一种异己的对象表现出来。"工人在劳动中耗费身体越多,他亲手创造出来与自身对立的、异己的对象世界的力量就越强大,他本身,即他的内在世界就越贫困,归他所有的东西就越少。……而且,这个活动范围越大,工人就越丧失这一对象。"感性的外部世界无法通过劳动获得,却成为统治着工人,使其贫困化的敌对力量。工人不能通过劳动使自己的世界现实化,世界因劳动而去现实化。这就是被称为"劳动产品的异化"的第一种异化。

从"劳动产品的异化"这一规定可以引出马克思的第

二种异化规定，即"劳动的异化"。马克思认为，劳动的结果之所以作为异己的、独立的力量表现出来，是因为工人的劳动本身就已经不再属于自己，而成为属于他人的东西了。也就是说，生产行为已不是自由主体的对象化的行为，而成为一种"强制劳动""丧失自我"的活动。

> 因此，他在自己的劳动中不是肯定自己，而是否定自己，不是感到幸福，而是感到不幸，不是自由地发挥自己的体力和智力，而是使自己的肉体受折磨、精神遭摧残。……因此，他的劳动不是自愿的劳动，而是被迫的强制劳动。因而，它不是满足劳动需要，而只是满足劳动需要以外的需要的一种手段。（MEGA Ⅰ/2：238；参见《马克思恩格斯全集》第42卷，人民出版社2016年版，第93—94页）

因为劳动被贬低为只是生存的"手段"，所以无法证明劳动中自身的自由。工人以自我为目的的劳动降低为只为吃喝、繁殖活动的、犹如动物本能的手段，获得生活资料成为工人的主要目的。然而，即便是这样最低的生存条件，异化劳动也无法给予保障。对于持续处在极度贫困状态的工人来说，其劳动成为剥夺人性的活动。

从上述两种异化，马克思引出第三种异化，即"类本质的异化"。"异化劳动，由于（1）使自然界，（2）使人本身、他自己的活动机能、他的生命活动同人相异化，也就使类同人相异化"（MEGA Ⅰ/2：240；参见《马克思恩格斯全集》第42卷，人民出版社2016年版，第96页）。马克思认为，本来，人类本质的活动本应是自由的、有意识的生产活动，并表现出人类作为类存在的普遍特征。因为动物总是被动地困在自己所认知的特殊状况中，人类对于自然进行的则是有意识的活动，能够极大地、能动地改变现有的劳动对象和劳动手段。进一步而言，比如制作艺术品的活动，在抑制直接的身体欲望，当作生产活动经营时，劳动就可以称为自由的活动（MEGA Ⅰ/2：241；参见《马克思恩格斯全集》第42卷，人民出版社2016年版，第96页）。但是，正如马克思所感叹的，因异化使得类本质丧失了本应表现出来的自由和普遍具有的创造性。"异化劳动把自我活动、自由活动贬低为手段，也就把人的类生活变成维持人的肉体生存的手段。"（参见《马克思恩格斯全集》第42卷，人民出版社2016年版，第96页）于是劳动被歪曲成为肉体生存而进行的不自由、强制性劳动，其普遍性维度逐渐消失。

最后，马克思所指的第四种异化是"人同人的异化"。"人同他的类本质相异化这一命题，说的是一个人同他人相异化，以及他们中的每个人都同人的本质相异化。"（MEGA Ⅰ/2：240；参见《马克思恩格斯全集》第42卷，人民出版社2016年版，第98页）如果人类只是拼命追求自身生存的话，就很难与他人进行社会合作。其结果就是，人类作为类存在，不但不能使自身生活富足，而且代替与自由的他人进行社会合作和交流的,甚至只能是为生存而展开的竞争。

总之,马克思的异化论所关注的问题是,劳动已不再是作为自我实现和自我证明的自由活动,而是被贬低为引发贫穷、劳苦、剥夺人性、原子化的近代不自由的现实状态。为了改变这种状况,马克思提出,通过废除"私有制"来克服劳动异化,通过建立人与人之间的联合,自由地参与外部世界,通过劳动产品实现能够证明自己的社会。①

二、"异化"是哲学范畴吗?

众所周知,在20世纪60年代,异化劳动的讨论曾围绕本质主义与经济决定论的关系展开。然而,当时人们还不知道这样一个事实:早在1932年旧版《马克思恩格斯全集》中初次刊发《1844年经济学哲学手稿》时,人们还不知道马克思的异化论已在有问题的哲学方面进行了阐释,这一点至今仍未引起人们的注意。不过,正是由于告别了哲学性的解释,异化论的理论潜力才首次得以展现出来。

这一过程中,赫伯特·马尔库塞(Marcuse Herbert)于1932年出版的《为历史唯物论奠定基础的新资料》一文发挥了重要作用。马尔库塞认为,《1844年经济学哲学手稿》

---

① 众所周知,当时的马克思高度评价费尔巴哈的哲学,也受到了异化论的影响。关于马克思对费尔巴哈的接受和诀别详细资料,请参考佐佐木(2011)。

（第一稿）中的"传统国民经济学"部分和"哲学的批判"部分之间存在突破。马克思从"当前总算完全以传统的国民经济学及其理论为基础"开始分析，"分别从工资、资本的利润和地租三个概念对传统的国民经济进行了考察"。但是，"在研究过程中很快突破、放弃了上述三种分类"，这也为激进主义批评马克思的"异化"和"外化"提供了可能。即马尔库塞认为，"劳动的概念在其发展中突破了既有的问题结构框架"，基于此才产生了异化论（Marcuse 1969[1932]：11）。因此，对于马尔库塞而言，马克思的真正的哲学的批判只存在于"三个传统国民经济学"范畴的彼岸。

正如马尔库塞所强调的，马克思是从手稿的XXⅡ页之后开始讨论"异化劳动"的，他对让·巴蒂斯特·萨伊和亚当·斯密等人的研究作了摘录，手稿通篇可见马克思所写的详细注释。但这并不意味着马克思摘录的有关国民经济学的注释部分对于形成马克思的异化概念不重要。然而，马尔库塞几乎完全无视"第一手稿"中的"经济学"的前半部分，仅仅提到一次。

此后的研究也几乎完全无视第一手稿的前半部分，只是拘泥于"哲学的批判"中的异化论。的确，马克思的这一突破是通过编辑者在后半部分的开头加上了"异化劳动"这一标题才得以凸显的，而马克思的手稿中并没有这个标题。但如果按照罗扬的研究，马克思的"理论形成"是需要在《巴黎笔记》的经济学研究的一个支流中去解释的，因为如果无视前半部分的经济学相关内容，研究就会陷入理论困境。也就是说,哲学的解释是无法说清楚劳动异化的原因的。

本书下面就详细探讨一下问题所在。马克思分析了国民经济中作为前提的私有财产的"事实",试图阐明其"本质",即事实背后隐藏的历史条件。也就是说,马克思阐述了私有财产是异化劳动的"产物",异化劳动正是私有财产的"必然条件"。

> 从而,私有财产是外化劳动即工人同自然界和自身的外在关系的产物、结果和必然后果。因此,我们通过分析,从外化劳动这一概念,即从外化的人、异化劳动、异化的生命、异化的人这一概念得出私有财产这一概念。诚然,我们从国民经济学得到作为私有财产运动之结果的外化劳动(外化的生命)这一概念。但是对这一概念的分析表明,与其说私有财产表现为外化劳动的根据和原因,还不如说它是外化劳动的结果……后来,这种关系就变成相互作用的关系。(MEGA Ⅰ/2:240;参见《马克思恩格斯全集》第42卷,人民出版社2016年版,第100页)

在此,马克思指出了私有财产和异化劳动也以"原因"与"结果"的关系发挥作用,是共同强化的"相互作用"关系。不过,需要注意的是,这种相互作用关系是"后来"才产生的。根据马克思的说明,异化劳动说到底是私有财产的"根据和原因",即私有财产不是"事实",而是异化劳动的历史的、理论上的"结果"。

正因如此,马克思提出这样的问题:"现在要问,人怎么使他的劳动外化、异化?这种异化又怎么以人类发展的本质为根据?"(MEGA Ⅰ/2:240f.;参见《马克思恩格斯全集》第42卷,人民出版社2016年版,第102页)不过,在接下来的叙述中,马克思对于此问题的解答较为模糊,似乎停留在劳动在其劳动产品成为他人私有财产时被异化的这一相互决定的说明上了。这样的说明被认为是兜圈子而屡次遭到批评。例如,英格·埃尔贝(Elbe Ingo)就提出:"马克思终究未能回答(关于异化劳动的原因)问题。……在此,如同给黑格尔左派的著作广泛定义特征似的以及模糊的(历史)哲学的华丽辞藻,取代了社会理论的范畴。"(Elbe 2014:45)同样,在日本也常有人指出异化论存在"困境"(广松 1971:258;畑 1975:167)。广松更基于这样的理论困境,使自己的"中断说"合理化。

对此,米歇尔·宽特(Quante Michael)试图对这一循环论作出解释,但宽特的解释也完全受到马尔库塞的哲学解释的限制。因为宽特认为,马克思的"基于哲学的国民经济学现象的分析"第一次"在第一手稿的后半部分使用异化劳动的概念展开"(Quante,2009:231)。结果就是,宽特也无视了前半部分的"经济学的"批判,因而即便他想要把异化的原因说清楚,也未能如愿,只得端出黑格尔哲学"否定之否定"图式作为例证，即把异化的产生置于到达"类存在则在类意识中确证自己"之路的"必然的环节"加以说明（Quante，2009：258；参见《马克思恩格斯全集》第42卷，人民出版社2016年版，第123页）。但正如广松所批评的：以这样图式的、历史的终极目标为前提的决定论，显然不是解决理论困境的好对策（2001 [1983]：63）。这样一来，人们就必然像广松和阿尔杜塞一样，拒不接受异化论了。

但是，如在下一节所示，不仅是埃尔贝和宽特，广松也误解了马克思的意图，因为本来就不存在理论困境。如果看起来存在理论困境，那也是因为在此前的研究中只考虑了"第一手稿"的后半部分所致。唯一没有陷入此类片面解释的就是福富正实（1989）。下面也参照福富的观点，解析"人与土地的温情脉脉的关系"（MEGA Ⅰ/2：232；参见《马克思恩格斯全集》第2卷，人民出版社2016年版，第86页）中所蕴含的生态内容。

三、人与自然的原始统一已解体

在前期的研究中被无视的"第一手稿"前半部分中，马克思对资本主义的所有与封建的占有进行了比较。在该部分中，马克思描述了土地完全商品化意味着资本主义关系的全面形成之后，说明了土地的商品化为何对异化劳动的形成具有决定性作用。并且在这里马克思第一次用"异化"概念对近代特殊生产中产生的病理性现实进行了说明，而哲学解释却无视了这一部分。

首先，马克思促使人们注意，不要在历史比较时，陷入将封建社会理想化、前资本主义社会不存在异化的假设中。因为如此美化过去，不过是显示了对资本主义历史特殊性无法作出解释的浪漫主义理论存在的缺陷罢了。

浪漫主义者为此流下的感伤的眼泪是我们所不取的。他们总是把土地的买卖中的卑鄙行为同土地私有权的买卖中包含的那些完全合理的、在私有制范围内必然的和所期望的后果混为一谈。首先，封建地产按其本质说来已是买卖了的土地，已是同人相异化并因而以少数大领主的形态与人相对立的土地。① （MEGA Ⅰ/2：230；参见《马克思恩格斯全集》第42卷，人民出版社2016年版，第83页）

浪漫主义的悲叹：由于土地的商品化，拥有土地的贵族失去了高尚的价值观和规范，反而使资产阶级的自私自利占据了统治地位。对此，马克思指出，"土地的买卖"在

---

① 虽然原文没有指出，这里马克思参照了恩格斯的《国民经济学批判大纲》（以下简称《大纲》）。恩格斯对于"买卖"（Verschacherung）有这样的论述："土地是我们的一切，是我们生存的首要条件；把土地当作买卖的对象就是走向自我买卖的最后一步……原始的土地占有，少数人垄断土地，所有其他的人都被剥夺了基本的生存条件，这一切就不道德来说丝毫也不逊于后来的土地买卖。"（MEGA Ⅰ/3：480；参见《马克思恩格斯全集》第1b卷，人民出版社2016年版，第609页）马克思使用恩格斯的概念，把土地买卖导致的"自我买卖"作为异化来展开分析。

封建土地所有制下也存在，那时已经出现了劳动、土地与人类在一定程度上相对立的事实。

而且，马克思认为，从买卖中看到的"卑鄙"并非近代堕落的象征。因为浪漫主义所排斥的对货币的无止境欲望，如果对照资本主义社会的合理性，反而是"必然的""理性的"。换言之，近代土地所有者的"卑鄙"行为并不是道德缺陷，而是明确地体现了近代社会的合理性。因为连布阿吉尔贝尔这样的浪漫主义者也无法理解（MEGA Ⅱ/2：20）这些，就只能对近代市民社会的卑鄙行为进行道德谴责了。但是，实际上，首先必须清楚地认识到，封建土地所有制下也存在统治和从属关系，人异化于土地，二者处于对立关系。[①]

在此基础上，马克思对封建统治下农奴所处的状况有如下表述：

> 封建的土地占有已经包含土地作为某种异己力量对人们的统治。农奴是土地的附属物。同样，长子继

[①] 玛格丽特·爱丽丝·菲伊关注了马克思在这里的讨论，对封建制和资本主义下的土地所有制进行了比较，否定了随着近代社会建立而出现的"中断说"，强调了两个社会的"连续性"和"相似性"（Fay 1986：166，168）。"马克思把封建制度向资本主义制度转移当作私有财产运动和发展来把握，同时指出不应把这种转移解释为历史发展过程中深层中断。"（Fay 1986：172）依据上述菲伊的理解，无论是封建制度还是资本主义制度，只要都是通过"私有制"进行剥削，两者就是相通的。这样，菲伊就把剥削问题当作生产资料私有制问题来把握了。可是，马克思所关注的不是所有制和剥削问题，而是后面所提及的，是历史的特殊的取得方式问题。

承权享有者即长子,也属于土地。土地继承了他。私有财产的统治一般是从土地占有开始的;土地占有是私有财产的基础。但是,在封建的土地占有制下,领主至少在表面上看来是领地的君主。同时,在封建领地上,领主和土地之间还存在着比单纯物质财富的关系更为密切的关系的假象。地块随它的主人一起个性化,有它的爵位,即男爵或伯爵的封号;有它的特权、它的审判权、它的政治地位等等。土地仿佛是它的主人的无机的身体。(MEGA Ⅰ/2:230;参见《马克思恩格斯全集》第42卷,人民出版社2016年版,第83—84页)

在封建统治下,只要农奴不能拥有自己的土地,也就被剥夺了自由活动的能力。也就是说,在土地被垄断的情况下,自然与劳动的异化可以说已经在一定程度上存在了。在这里,自然作为占有产品的土地所有者的"无机的身体"发挥作用,农奴在生产过程中作为无机的身体的一部分(附属物)发挥作用。此时,土地作为领主的身体被"个性化",这正是所谓"私有制统治"的开始。

然而,马克思不是由此直接断定异化劳动的原因,而是指出了资本主义土地所有制和封建土地所有制的重大的本质区别。马克思认为,封建关系依靠的是"人格的""政治的"统治,领主从农奴手中取得土地上的产品,是通过直接的、与生俱来的人格特权而实现。农奴被强制服从于这样的人格统治，这从表面就可以看清楚。正因如此，"家族史、他的家史等"为统治的正当化发挥了不可或缺的作用。因为"这些对他来说这一切都使他的地产个性化，使地产名正言顺地变成他的家世，使地产人格化"（MEGA I/2：230；参见《马克思恩格斯全集》第42卷，人民出版社2016年版，第84页）。就这样，土地和家族史促使土地占有"个性化"，土地成为领主的"无机的身体"。

对人格的直接统治和剥削，以符合习惯和传统的、适合土地的个性化的形式，产生出生产者对土地的独特关系。马克思对农奴、租地者与雇佣劳动者的本质区别作了如下的对比：

> 同样，那些耕种他的土地的人并不处于短工的地位，而是一部分像农奴一样本身就是他的财产，另一部分对他保持着尊敬、忠顺和纳贡的关系。因此，领主对他们的态度是直接政治的，同时又有某种感情的一面。风尚、性格等依地块而各不相同；它们仿佛同地块连结在一起，但是后来把人和地块连结在一起的便不再是人的性格、人的个性，而仅仅是人的钱袋了。（MEGA I/2：230；参见《马克思恩格斯全集》第42卷，人民出版社2016年版，第84页）

在封建所有制下，与其说耕地者人格的独立性不被承认，倒不如说是被否定的，因为农奴是被当作领主所有的土地附属物看待的。在这里需要注意的是，这种统治、从属关系与近代市民社会的雇佣劳动者的状况有本质上的区别，因为后者已经从直接的政治的统治中被解放出来，作为自由平等合法的主体的"人格"得到了认可。但这并不意味着雇佣劳动者比农奴享受着更自由、舒适的生活，事实恰好相反。因为农奴的人格虽然被否定了，但他们依然与生产和再生产所需的诸多客观条件维持统一的状态，为此生存也得到了保障。

正如福富所强调，这点对于理解异化概念具有决定性的作用（1989：23）。正如马克思所指出的，封建社会的人格统治尽管也存在土地的异己对立，但耕作者依然拥有"温情脉脉的一面"，这一点很重要。这种关系虽然有很多具体规定性，但其根本的、一般的规定性是土地与耕作者的相统一。尽管作为合法的人格的独立性被否定了，但农奴和租地人的生存得到了保证，生产过程中的自由和自律性得到了实现。因此，这里没有资本物化统治的余地。因为直接的人格统治阻碍了资本的非人格化力量在生产过程中的实施，因此，也很大程度上抑制了异化。

因农奴和租地人在暴力的从属关系和强制的剥削关系下进行剩余劳动，所以生产力不会很高。在这里领主的欲望受限并非取决于他的高尚品格，而是由生产关系决定的。由于土地的耕作者的人格被否定而成为自然的一部分，领主为了享受自由和自律性，只能获得极少的收成。因此，"封建领主并不力求从自己的地产取得最大可能的收益。相反，消费那里的东西，心安理得地让农奴和租地农场主去操心新财源的开辟。"（MEGA Ⅰ/2：230f；参见《马克思恩格斯全集》第42卷，人民出版社2016年版，第84页）这样，封建社会的生产就具有以满足具体欲望为目标的安定性特征，"它给领主罩上浪漫主义的灵光"（MEGA Ⅰ/2：231；参见《马克思恩格斯全集》第42卷，人民出版社2016年版，第84页）。

相对于此，在近代社会，土地完全被商品化，成为"买卖"的对象。从此产生完全不同的统治形式，即产生资本的非人格的、物化的统治，异化劳动完全确立起来。

> 这种假象必将消失，地产这个私有财产的根源必然完全卷入私有财产的运动而成为商品；所有者的统治必然要失去一切政治色彩，而表现为私有财产、资本的单纯统治；所有者和劳动者之间的关系必然归结为剥削者和被剥削者的经济关系；所有者和他的财产之间的一切人格的关系必然终止，而这个财产必然成为纯实物的、物质的财富；与土地的荣誉联姻必然被基于利害关系的联姻代替，而土地也像人一样必然降到买卖价值的水平。（MEGA Ⅰ/2：231；参见《马克思恩格斯全集》第42卷，人民出版社2016年版，第84—85页）

因为曾经的封建人格统治、从属关系的终止，一方面使土地成为商品卷入私有财产的买卖，另一方面产生形式上的自由平等的"人格"表象。也就是说，所有的个人作为合法的人格被承认的条件是：他们失去与土地的直接结合，成为市场上自由平等的商品持有者而相互存在。在国民经济学中，这种关系不存在像以前那样的政治统治，被视为理想状态。但是，在这种表象的背后，是以非人格的、物化为媒介的统治关系取代了人格的剥削关系，因此仍然存在着历史的特殊的统治关系。换句话说，与过去农奴和土地有牢固联系相比，近代工人因土地商品化而离开土地，因与原本的生产资料相分离，陷入了不自由的状态。人成为雇佣劳动者，不得不出卖自己唯一的能自由出卖的商品即劳动力，把自己的活动及其劳动产品外化。结果导致雇佣劳动者失去生存保障，其活动因劳动力外化而受他人支配，而工人的一无所有、不稳定的生活、异化、剥削等都与此密切相关。因此，人与土地关系的历史性转变对理解资本主义生产的特殊性具有决定性的意义。①

当然，农奴也被迫提供剩余劳动和剩余产品。但是即

---

① 有趣的是，马克思对此问题的认识来源于恩格斯。恩格斯在《大纲》中作了如下表述："私有制最初的结果就是生产分为两个对立面（自然的方面和人的方面），即分为土地和人的活动。土地没有人耕作仅仅是不毛之地，而人的活动的首要条件恰恰就是土地。其次，我们还看到，人的活动又怎么分成了劳动和资本，两方面怎么彼此敌对着。"（参见《马克思恩格斯全集》第一卷，人民出版社2016年版，第612页）读《大纲》时的马克思关注到近代的"分裂"，《巴黎笔记》中写道"土地和人的分裂。人的劳动分为劳动和资本"（MEGA Ⅳ/2：486；参见《马克思恩格斯全集》第42卷，人民出版社2016年版，第4页），该观点在这里得到反映和展开。

便如此,通过与客观生产条件的统一,农奴还是依靠生产过程中的自主性而保留了"温情脉脉的一面",在此马克思看到了封建社会生产方式下劳动的积极的因素。与此相反,近代的雇佣劳动者丧失了与土地的所有直接的联系,与自然产生了异化。其结果只能导致与自然、劳动、类存在及与他人的异化,即最终完全丧失生产过程中的"温情脉脉的一面"。社会生产不是为了满足特定的具体需求,而是为资本价值增殖而进行。这时,每个工人都不过是单纯的价值增殖的手段。作为与生产的新的合理性相适应的形式,资本家在生产过程中也不再完全只依靠工人,而是通过指挥和监督积极介入生产过程。因此,工人的生活保障和生产自主性逐渐被瓦解,劳动被异化。

按照上述考虑可知,异化论的困境并不存在。马克思其实在关于"地租"的讨论中,就已将资本主义生产方式的特殊性和异化的原因与封建社会作了比较,并清楚地阐释了这个问题。马克思的论述对于读者而言或许不易理解,但考虑到那是一本不打算出版的私人笔记,也就不奇怪了。正因如此,唯有通过更全面地阅读《巴黎笔记》的其他部分和恩格斯的《大纲》,才能理解私有制是从生产者与客观生产条件原本的统一解体后产生的这一论断。

不仅如此,如果忽视"地租"的讨论,也会导致极大的错误。因为如果不能把握异化的根本原因,就无法认识当时马克思要克服异化的设想。从把资本主义异化视为人与自然的原始统一的解体开始,马克思才意识到要从整体上把握谋划共产主义就要有意识地促使这种统一的再生。

联合一旦应用于土地，就享有大地产在经济上的好处，并第一次实现分割的原有倾向——平等。同样，联合也就通过合理的方式，而不再借助于农奴制度、老爷权势和有关所有权的荒谬的神秘主义来恢复人与土地的温情脉脉的关系，因为土地不再是买卖的对象，而是通过自由的劳动和自由的享受，重新成为人的真正的自身的财产。（MEGA Ⅰ/2：232；参见《马克思恩格斯全集》第42卷，人民出版社2016年版，第86页）

联系之前关于封建制的讨论可知，"联合"的实践课题在于将资本主义的完全被消解的"土地与人温情脉脉的关系"作为更高阶段，进行有意识的重构。也就是说，这里的人与自然的统一不再是受人格的、政治的统治的东西，而是联合的个人通过从社会获取生产资料和产品来实现自由的社会关系。这种完全崭新的生产方式将实现与资本主义土地买卖正相反的、对土地的社会性的"理性的"关系。由于这样的关系，社会生产活动与其产品相异化、与人相对立的现象将消失。通过"人的真正的自身的财产"形式与土地的结合，保证人类"享受自由"。由此可以清晰地了解马克思从异化论的分析中得出的一以贯之的共产主义设想。

从经济学意义上看，马克思倡导"共产主义"能带来人与自然的完全统一。

> 共产主义是私有财产即人的自我异化的积极的扬弃，因而是通过人并且为了人而对人的本质的真正占有……这种共产主义，作为完成了的自然主义，等于人道主义，而作为完成了的人道主义，等于自然主义，它是人和自然界之间、人和人之间的矛盾的真正解决，是存在和本质、对象化和自我确证、自由和必然、个体和类之间的斗争的真正解决。（MEGA Ⅰ/2：263；参见《马克思恩格斯全集》第42卷，人民出版社2016年版，第120页）

马克思把私有制条件下为克服自我异化和防止劳动对象被剥夺而进行的历史运动描写为人与自然走向真正和谐的过程，而生产方式的激进变革和私有制的扬弃是实现人与自然和谐的条件。为此而建立的共产主义"社会"是实现有意识地组织和管理人与自然关系的社会。"因此，社会是人同自然界的完成了的本质的统一，是自然界的真正复活，是人的实现了的自然主义和自然界的实现了的人道主义。"（MEGA Ⅰ/2：263；参见《马克思恩格斯全集》第42卷，人民出版社2016年版，第122页）马克思的异化批判把人与自然关系的"理性"重构视为本质问题，设想了贯彻着"人道主义=自然主义"的共产主义理念。这正是马克思生态资本主义批判的开始——当然仅仅只是开始。

四、一种理论的相继性

值得关注的是，马克思把1844年的人与自然相统一的洞察一直持续到《资本论》写作时期。例如，1847年刊发的《哲学的贫困》中，马克思也批判了将人与自然相分离的土地买卖问题："地租并不把人束缚于自然，它只是把土地的经营同竞争联在一起。"（MEW 4：170；参见《马克思恩格斯全集》第4卷，人民出版社1958年版，第185页）

而且，马克思在1858年的《政治经济学批判》手稿中，对近代社会特征进行论述时，再次使用了"温情脉脉"的表述，这样写道：

> 同地主相对立的农民，已经不再是提供农产品和农业劳动的农民，而是货币所有者；……而另一方面，地主已经不再把农民当作在特殊的生活条件下进行生产的愚钝的个人，而是当作这样的个人，他的产品，即独立化的交换价值、一般等价物、货币，同任何其他人的产品没有区别。这样，在从前的形式中掩盖着交易的那种适意的温情脉脉的外观就消失了。（MEGA Ⅱ/2：19；参见《马克思恩格斯全集》第46b卷，人民出版社

2003年版，第429页）

可见，1844年以来的理论具有明显的相继性。在这里，马克思把人格统治的瓦解看作是"温情脉脉"关系的消失，把"人格依赖关系的抛弃"导致的统治关系向纯粹经济关系的转变看作是"市民社会的胜利"（MEGA Ⅱ/2：20）。社会关系以商品和货币为媒介，在市场上商品持有者以形式上的平等和自由的人格相对立，但现实中这种关系却转化为不自由和不平等的关系。其结果，在资本主义社会连"温情脉脉的外观"都消失了。

另外，19世纪60年代后马克思也再三指出，劳动者与土地"分离"导致的特殊经济形式是资本主义生产方式产生的历史和理论的前提。

要形成雇佣劳动者这一阶级，就必须使无论制造业还是农业本身的——眼下，所有的制造业者都是耕作的土地所有者的被雇佣者，即只是雇佣劳动者——劳动条件与劳动能力分离。而且，这一分离的基础就是，土地本身作为社会一部分私有财产出现，这样社会的其他部分被迫从原本经济地使用自己劳动的这一对象条件中排除出去。（MEGA Ⅱ/3：350）

《资本论》中也描述了同样的事情，原文如下：

在论述原始积累的那一部分（第1卷第24章），我们已经看到，这个生产方式的前提，一方面是直接生产者从土地的单纯附属物（在依附农、农奴、奴隶等形式上）的地位解放出来，另一方面是人民群众的土地被剥夺。在这个意义上，土地所有权的垄断是资本主义生产方式的历史前提，并且始终是它的基础，正像这种垄断曾是所有以前的、建立在对群众的某种剥削形式上的生产方式的历史前提和基础一样。不过，资本主义生产方式产生时遇到的土地所有权形式，是同它不相适应的。同它相适应的形式，是它自己使农业从属于资本之后才创造出来的；因此，封建的土地所有权，克兰的所有权，或马尔克公社的小农所有权，不管它们的法律形式如何不同，都转化为同这种生产方式相适应的经济形式。资本主义生产方式的重要结果之一是，……它一方面使土地所有权从统治和从属的关系下完全解放出来，另一方面又使作为劳动条件的土地同土地所有权和土地所有者完全分离，土地对土地所有者来说只代表一定的货币税……这样，土地所有权就取得了纯粹经济的形式，因为它摆脱了它以前的一切政治的和社会的装饰物和混杂物……（MEGA Ⅱ/4.2：669f.；参见《马克思恩格斯全集》第25b卷，人民出版社2001年版，第696—697页）

综上可知，马克思一直是联系着土地所有制形式来把握资本主义生产方式的特殊性的。即便垄断的土地私有权与"以建立在对群众的某种剥削形式上的以前的所有生产方式"具有共同点，但也必须把资本主义的"纯粹经济的形式"下的土地垄断，与前资本主义社会基于政治的、人格的"统治和从属的关系"的剥削区别开来。这时，相对于成为目标的土地，人与人的关系发生了质的变化，它因"农业从属于资本"而产生。也就是说，从生产者的客体生产条件中产生的绝对分离是雇佣劳动与资本关系确立的本质条件。在前资本主义社会，尽管土地私有权的垄断是对农奴进行剥削的"固定的基础"，但直接生产者获取生产资料通道是得到保证的。然而，通过"原始积累"，土地所有形式发生了转变，劳动者不能自主地获取作为生产和生活资料的土地，而是被迫将自己的劳动力作为商品出售。正是在原始统一的自然解体过程中，产生了土地所有权的"纯粹经济的形式"的确立——"土地的买卖"——是资本主义剥削的基础。

对于异化论的相继性也同样需要从上述观点进行考察。例如，《大纲》中提到，生产者与客体生产条件的分离产生"异化"问题。在这里，马克思认为，自然是人类的"无机体"，而在前资本主义社会，劳动者的"劳动的第一个客观条件表现为自然，土地，表现为他的无机体；他本身不但是有机体，而且还是这种作为主体的无机自然"（MEGA Ⅱ/1：392f.；参见《马克思恩格斯全集》第46a卷，人民出版社

2003年版，第487页）。虽然马克思把在这样的生产过程中的主体方面和客体方面的统一称为"劳动同劳动的物质前提的天然统一"（MEGA Ⅱ/1：379；参见《马克思恩格斯全集》第46a卷，人民出版社2003年版，第471页），但资本主义社会的异化和贫困化无非就是劳动与财产，即活劳动与各种劳动的物质条件的绝对"分离—分裂"的结果。

也就是说，财产同劳动之间，活劳动能力同它的实现条件之间，物化劳动同活劳动之间，价值同创造价值的活动之间的这种绝对的分离（从而劳动内容对工人本身的异己性）；——这种分裂，现在也表现为劳动本身的产品，表现为劳动本身的要素的物化，客体化。劳动能力离开［生产］过程时不仅没有比它进入时更富，反而更穷了。这是因为，劳动能力不仅把必要劳动的条件作为属于资本的条件创造出来，而且潜藏在劳动能力身上的增殖价值的可能性，创造价值的可能性，现在也作为剩余价值，作为剩余产品而存在，总之，作为资本，作为对活劳动能力的统治权，作为赋有自己权力和意志的价值而同处于抽象的、丧失了客观条件的、纯粹主观的贫穷中的劳动能力相对立。(MEGA Ⅱ/1：362；参见《马克思恩格斯全集》第46a卷，人民出版社2003年版，第448—449页）

从上述表述中看，马克思虽然没有使用"异化"这个概念，但与1844年以来的内容具有明显的相继性。"纯粹主观的""丧失了客观条件的"劳动能力因为缺乏自我实现的物质条件，不得不从属于资本的统治。因此，工人不能直接获得自己的劳动产品，自己的活动在资本的统治下异己，进而对立。这样一来，资本积累的同时，剥削和贫困化就越来越严重。工人因缺少进行劳动的物质条件和未来得不到保障，不得不以"潜在的贫民"（MEGA Ⅱ/1：492）的身份生存下去。

与此相反，马克思认为，"奴隶—农奴关系"中"不会产生这样的分离"。因为"劳动本身，无论采取的是奴隶的形态，还是农奴的形态，都是作为生产的无机条件与其他自然物同属一类的，是与牲畜并列的，或者是土地的附属物"（MEGA Ⅱ/1：393f.；参见《马克思恩格斯全集》第46a卷，人民出版社2003年版，第488页）。所以，"资产阶级以前的关系"中，个人能够作为"劳动的主体"从事活动（MEGA Ⅱ/1：393f.；参见《马克思恩格斯全集》第46a卷，人民出版社2003年版，第487页）。正如福富所指出的，从劳动者主体中能发现，作为直接生产者进行劳动的农奴拥有个体自由发展的潜在性（1989：72ff.）。农奴即使在人格的统治下还原为单纯的客体条件的一部分，因为与土地的统一性，他们就在生产过程中有一定的独立性，从小生产中获得了自己的生产资料和劳动产品。这种特殊的关系在封建制向资本主义过渡期，为"自由个性的发展"

提供了物质条件。

马克思把这个过渡期称为"劳动自我解放的黄金时代",这与14—15世纪的英国自耕农的状况很相似(MEGA Ⅱ/1:412;参见《马克思恩格斯全集》第46a卷,人民出版社2003年版,第514页)。另外,在《资本论》中也有如下表述:

> 劳动者对他的生产资料的私有权是小生产的基础,而小生产又是发展社会生产和劳动者本人的自由个性的必要条件。……但是,只有在劳动者是自己使用的劳动条件的自由私有者,农民是自己耕种的土地的自由私有者,手工业者是自己运用自如的工具的自由私有者的地方,它才得到充分发展,才显示出它的全部力量,才获得适当的典型的形式。(MEGA Ⅱ/6:681;参见《马克思恩格斯全集》第23卷,人民出版社2009年版,第830页)

劳动者的"自由个性的发展"虽然是马克思用来描绘由联合的生产者组成的未来社会时使用的表达方式(vgl. MEGA Ⅱ/1:90;参见《马克思恩格斯全集》第46a卷,人民出版社2003年版,第104页),但这里马克思意外地在前资本主义社会的小生产中——当然承认其局限性——发现了其可能性。因为政治的、人格的从属关系的解体,使人与自然的关系在没有统治关系的情况下能够共同构筑起"温情脉脉"的关系,人们能够享受其自由。尽管如此,这种小生产由于"不适合于把劳动发展为社会劳动,不适合于提高社会劳动的生产力"而不得不没落下去(MEGA Ⅱ/3:1855;参见《马克思恩格斯全集》第26c卷,人民出版社2014年版,第466页)。

总之,正是因为与土地的紧密联系阻碍了劳动能力的一般商品化,资本的统治必然要寻求这种联系的解体。不只是从人格的统治,而且从与土地的联系中分离出来的劳动者,在双重意义上成为自由的、无保护的劳动者,马克思把他们所处的"从所拥有的劳动中分离"的状态称为"绝对的贫穷"。他们的劳动:"是同一切劳动资料和劳动对象相分离的,同劳动的全部客观性相分离的劳动。是抽掉了劳动的真正现实性的这些要素而存在的活劳动(同样是非价值);这是劳动的完全被剥夺,缺乏任何客体的、纯粹主体的存在。是作为绝对的贫穷的劳动:这种贫穷不是缺少物质财富,而是完全被排除在物质财富之外。"(MEGA Ⅱ/1:216;参见《马克思恩格斯全集》第46a卷,人民出版社2003年版,第252—253页)

由此可知,就资本主义生产方式的特征而言,与自然的异化是决定性的。正因如此,马克思一直把与此相对比的形式,即克服人与自然的分离、实现二者原有的统一,当作未来社会实践的课题来研究。"原有的统一的恢复,只有在资本创造的物质基础上,并且只有通过工人阶级和整个社会在这个创造过程中经历的革命,才有可能实现。"

（MEGA Ⅱ/3：1885；参见《马克思恩格斯全集》第26c卷，人民出版社2014年版，第466页）当然，这种有意识的统一是基于"联合"才能得以实现。"要扬弃资本家对于劳动的他人所有，只有通过变革他的所有，取得具有独立的、个别性的，并非个别者的人的所有，也就是联合的、社会的个人所有的形态才能实现。"（MEGA Ⅱ/3：2145）①

如上所述，在《巴黎笔记》中已存在马克思对未来谋划的根本性的洞察。然而，也不应像人道主义者那样把《巴黎笔记》的内容绝对化。因为当时的论述还不是确定的内容，费尔巴哈哲学的异化概念很快就遭到彻底批判。至于"关于费尔巴哈的命题"和《德意志意识形态》中的哲学批判对马克思人与自然关系的把握会带来什么变化，笔者将在本书的最后再进行考察。

五、告别哲学

上述分析中揭示了阿尔杜塞和广松的"中断"观点的问题，即它掩盖了马克思理论的重大相继性。然而，从另一方面看，它也保留下了1845年后马克思对一直予以盛赞的费尔巴哈哲学进行批判的事实。因此，必须重新思考的问题是，既然马克思理论有相继性，为什么还要批判费尔巴哈的唯物论和异化论呢？这样做的结果岂非掩盖了如何

---

① 关于联合，详见大谷（2011）、田畑（2015）。

篡改马克思的"人道主义即自然主义"理念吗？

这里重要的是马克思"唯物主义方法论"（MEGA Ⅱ/6：364；参见《马克思恩格斯全集》第23卷，人民出版社2009年版，第410页；佐佐木2011，39ff）的确立。《德意志意识形态》中，马克思对黑格尔左派进行批判时看到了这一点。也就是，黑格尔左派面对异化的现实，只从认识论角度把握异化的真正"本质"，未能在特定的社会关系下阐明异化必然产生的客观条件，所以遭到了批判。例如，费尔巴哈把神的无限的万能性放在前面，试图超越有限的个人所感受到的宗教异化。同时，费尔巴哈批判道：神是人类在头脑中对自身类存在本质的错误认识折射到外部所产生的"幻觉"。为什么这样的批判还不充分呢？

马克思在《〈黑格尔法哲学批判〉导言》和《巴黎笔记》中高度评价了费尔巴哈的宗教批判，并曾想把它适用于经济学领域。进而，设想通过革命实践，即通过克服劳动异化的对私有制的扬弃来实现类本质。与此形成鲜明的对比，到了1845年，马克思对费尔巴哈的宗教批判作出了严厉的批判，认为费尔巴哈的宗教批判只不过是一种无法实现社会变革的"纯粹的经院"哲学（MEGA Ⅵ/3：20；参见《马克思恩格斯全集》第3卷，人民出版社1998年版，第7页）。因为费尔巴哈用哲学家的"眼光"，即戴上"眼镜"（MEGA Ⅰ/5：20；参见《马克思恩格斯全集》第3卷，人民出版社1998年版，第48页）来考察现实，只要求将认识上的转变作为社会变革的手段而已。费尔巴哈试图通过哲学的"启蒙",让众人认识神的本质就是人类的本质这一真理。然而,用这样的手段就能克服异化的错误想法遭到了批判,人们开始强调有必要通过"实践"来变革社会关系(佐藤1979)。

通过关注"实践"这一概念,马克思立场的变化更加明确。从1843年起,马克思开始批判只从理论上试图超越二元对立的黑格尔哲学,并谋求扬弃现实的矛盾。例如,1843年9月在致阿尔诺德·卢格的信中,他提出通过"对现存的一切进行无情的批判"(MEGA Ⅲ/1:55;参见《马克思恩格斯全集》第47卷,人民出版社2004年版,第63页,"致阿尔诺德·卢格"),干预实践,并要求:

> 意识的改革只在于使世界认清本身的意识,使它从对于自身的迷梦中惊醒过来,向它说明它自己的行动。我们的全部意图只能是使宗教问题和政治问题具有自觉的人的形态,像费尔巴哈在批判宗教时所做的那样。(MEGA Ⅲ/1:56;参见《马克思恩格斯全集》第47卷,人民出版社2004年版,第63页,"致阿尔诺德·卢格")

与费尔巴哈的启蒙主义相同,"意识的改革"成为社会批判的主要问题。因为它强调了,唯有认识上的解放,才是唤起在现实中得到解放的实践前提。事实上,在当时马克思提出的政治的解决方法中也反映出这样的理论框架。

在《〈黑格尔法哲学批判〉导言》中，马克思虽然批判了近代的"国家"与"市民社会"二元对立，但把克服这样对立的现实，使个人能够超越市民社会，参与到公共圈中的社会形态作为"民主主义"的"理念"，与现实相对立。基于此，按照这一理念，马克思呼吁人们参与民主主义运动。

但是，马克思在《论犹太人问题》中很快认识到这样的"政治的解放"的局限性，并放弃了民主主义的理念（渡边 1989：67）。因为政治解放不是克服了近代社会的二元对立，只是完成了这种二元对立。在国家与市民社会还处在现实分离的前提下，试图通过政治领域的变革给社会整体带来很大变化是不可行的。因为二者的分离会使政治领域本身成为保护"利己的个人"的私人利益领域，由于已经去政治化，政治也就无法克服市民社会中的不自由和不平等问题了。因此，马克思开始反思，民主主义的理念并不是变革的工具，只不过是现实政治国家的抽象性反映，并开始认识到市民社会本身就是近代的现实矛盾。就这样，当时的马克思开始认识到哲学理念的局限性，并已经与费尔巴哈的认识存在重大差异了。

尽管如此，马克思还是对费尔巴哈哲学的另一面给予了肯定，即与基于抽象货币的利己主义相对的、具体的人类的"感性"才是为了人类真正得到解放的原理这一唯物论思考。在《〈黑格尔法哲学批判〉导言》中，马克思不再依据"政治的理念"，而是通过强调"被动因素"（MEGA Ⅰ/2：178, 179；参见《马克思恩格斯全集》第1卷，第462页）

的"普遍苦难"(参见《马克思恩格斯全集》第1卷,人民出版社2016年版,第466页)来说明市民社会变革的必然性。与此相对应,马克思提出了基于感性欲望的"实践"是解决矛盾的现实基础。"对思辨的法哲学的批判既然是德国过去意识形式的坚决反对者,那它就不会集中于自己本身,而会集中于只用一个办法即通过实践才能解决的那些课题上去。"(MEGA Ⅰ/2:177;参见《马克思恩格斯全集》第1卷,人民出版社2016年版,第460页)从这里可以看到两面性:一方面,马克思认识到只将抽象的理念与现实相对应是不充分的,比费尔巴哈更明确地强调了实践的必要性;但另一方面,仍继续以费尔巴哈的"感性"作为实践的基础。并且在《巴黎笔记》如下的表述中也同样蕴含着两面性。

理论的对立本身的解决,只有通过实践方式,只有借助于人的实践力量,才是可能的;因此,这种对立的解决决不只是认识的任务,而是一个现实生活的任务,而哲学未能解决这个任务,正因为哲学把这仅仅看作理论的任务。(MEGA Ⅰ/2:271;参见《马克思恩格斯全集》第42卷,人民出版社2016年版,第127页)

诚然,马克思认为,为了克服反映现实矛盾的理论对立,实践是不可或缺的。因此,乍一看,可能会认为他与费尔巴哈的"启蒙主义"不同,好像是在强调实践第一性。但是,马克思这里的论述也效仿了费尔巴哈哲学,把以往所谓的"主观主义和客观主义,唯灵主义和唯物主义,活动和受动"(MEGA Ⅰ/2:271MEGA;参见《马克思恩格斯全集》第42卷,人民出版社2016年版,第127页)的思辨哲学只在理论上探讨的问题,试图依靠现实的、感性的人来解决。马克思认为,将劳动的具体感性作为"真正的"唯物主义原理,与被异化的现实相对立,在此基础上,首先认识自身的类存在,是实现革命实践的第一步。换言之,当时的马克思虽然把黑格尔的"精神"和鲍威尔"自我意识"的抽象性视为主要问题,但他相信通过参照费尔巴哈所关注的感性的欲望或活动,可以把作为"类存在的人"设定为具体的历史运动的主体。简言之,在1844年的时候,唯心主义讨论的根本问题正是对正确哲学原理的错误认识,马克思也针对诸如"精神"和"自我意识"之类颠倒的主体,将现实的真正的主体(即感性的人类)置于认识论上相对立的位置。为此,可以说这时马克思也是在黑格尔左派的框架内进行思考的。

与此相对,在《德意志意识形态》中,马克思却放弃了哲学内部真正原理上的所谓"对立"研究本身。这里发生了很大的转变。

> 既然根据青年黑格尔派的幻想,人们之间的关系、他们的一切举止行为、他们受到的束缚和限制,都是

他们意识的产物，所以青年黑格尔派完全合乎逻辑地向人们提出一种道德要求，要他们用人的、批判的或利己的意识来代替他们现在的意识，从而消除束缚他们的限制。这种改变意识的要求，归根到底就是要求用另一种方式来解释现存的东西，也就是说，通过另外的解释来承认现存的东西。(MEGA I/5：7；参见《马克思恩格斯全集》第3卷，人民出版社1998年版，第22页)

诚然，马克思与过去一样，强调通过实践来解决社会矛盾的重要性。但是，这里马克思开始明确强调，以哲学为基础的"改变意识"的要求，又是完全不充分的。因为，基于"真正的"哲学为基础的"启蒙"只不过停留在单纯的"道德要求"之上。也就是说，与以往不同，马克思认为与黑格尔左派的争论本身毫无意义，断言他们对世界的解释无法带来根本性的社会变革。

费尔巴哈的目的是启蒙大众这样的真理：神是一种幻想，其术语本应回归到作为类存在的人本身。但是马克思批判道，费尔巴哈并没有回答这样的问题："人们是怎样把这些幻想'塞进自己头脑'的？"(MEGA I/5：291；参见《马克思恩格斯全集》第3卷，人民出版社1998年版，第261页) 如果不变革"现实的、物质的前提"，宗教的"幻想"就会不断地通过社会实践客观地被再生产出来。因此，仅仅从哲学的立场指出世界的颠倒，无法超越异己敌对的现实。因为，这里的问题不在于关于真理的认识论谬误，而在于从各种社会关系中产生的现实的颠倒。因为每个人的意识和行为都已经受到社会关系的制约，所以费尔巴哈提出的"改变意识"的诉求无论多么正确，都无法带来社会变革。不过是相对于黑格尔哲学，把所谓的"感性"和"爱"的原理置于认识论上相对立的位置，从而停留在毫无实践有效性的非实践立场罢了。

马克思认为，其实现实中本就不存在费尔巴哈所设想的，能够把握人类"本质"，又能够向大众阐释的哲学家的特权立场。

有一种唯物主义学说，认为人是环境和教育的产物，因而认为改变了的人是另一种环境和改变了的教育的产物，——这种学说忘记了：环境正是由人来改变的，而教育者本人一定是受教育的。因此，这种学说必然会把社会分成两部分，其中一部分凌驾于社会之上。(MEGA Ⅳ/3：20；参见《马克思恩格斯全集》第3卷，人民出版社1998年版，第7页)

即便站在"教育者"的立场——当然这里的"教育者"是指费尔巴哈——我们也无法保证从现实的社会关系中自由地，像接近本质一样获得纯粹的感性。因为就连哲学家的直觉也不是在世界的外部，而是在颠倒的现实中形成并受到制约的。因此，不问颠倒的现实是如何产生的，就当作真理提出来的费尔巴哈的"感性"和"爱"必然停留在抽象的理念上,其提出的"学说"也就不具有改变现实的力量。哲学并没有阐明变革现实的条件,只是一味地强调改变意识的必要性,这反而阻碍了社会运动。或许可以说只要改变意识就能改变现实的立场观点,低估了颠倒的现实的力量。与此相对,马克思首先通过阐明从现实社会的各种关系中"为什么""如何"产生颠倒的原因,明确了一定要揭示变革的物质条件的独特的唯物主义方法论(佐佐木 2011:71)。

1844年时的马克思就认识到,人类通过劳动与自然产生关系,人与自然关系的急剧变化是近代异化的原因,另一方面他也跟费尔巴哈一样,根据"人道主义即自然主义"这一哲学构想的理念倡导了共产主义。然而,面对人与自然分裂的现实,如果仅仅要求人与自然的绝对统一,就会陷入"浪漫主义"的调子(阿恩特 2013a:84)。也就是说,每当马克思试图用"类存在"的概念构想实现"人道主义=自然主义"的社会主义时,围绕类存在本质的"友情""感性""爱"等非历史术语就会出现,将其对资本主义特殊性的批判拖入抽象的、非历史的层面。其结果就是,以往的研究完全忽视了马克思在1844年的"地租"讨论中就阐明的关于近代社会历史特殊性的洞察。

对此,马克思在《德意志意识形态》中通过与哲学保持距离,开始注意避免陷入费尔巴哈非历史的抽象议论的危险。马克思认为,"费尔巴哈在关于人与人之间的关系问题上的全部推论无非是要证明：人们是互相需要的，并且过去一直是互相需要的"（MEGA Ⅰ/5：57；参见《马克思恩格斯全集》第3卷，人民出版社1998年版，第47页），而这种证明不能揭示资本主义异化的原因。进一步说，费尔巴哈所追求的"现实的"自然和"现实的"人的本质原本就不存在，在特定的社会关系下自然和人已经发生了变化。把握带来这种变化的"历史的特殊的媒介过程"（阿恩特2013a：85），正是《德意志意识形态》以后的马克思的科学分析的核心。

> 因为他（费尔巴哈）在这里也仍然停留在理论领域，没有从人们现有的社会联系，从那些使人们成为现在这种样子的周围生活条件来观察人们——这一点且不说，他还从来没有看到现实存在着的、活动的人，而是停留于抽象的"人"，并且仅仅限于在感情范围内承认"现实的、单个的、肉体的人"，也就是说，除了爱与友情，而且是理想化了的爱与友情以外，他不知道"人与人之间"还有什么其他的"人的关系"。……正是在共产主义的唯物主义者看到改造工业和社会结构的必要性和条件的地方，他却重新陷入唯心主义。（MEGA Ⅰ/5：25；参见《马克思恩格斯全集》第3卷，人民出版社1998年版，第50—51页）

在这里，费尔巴哈因为把理论与实践相分离，遭到严厉的批判。"离开实践的思维"（MEGA Ⅳ/3：20；参见《马克思恩格斯全集》第3卷，人民出版社1998年版，第7页），"人"是不存在的。唯物主义必须从人总是以特定的社会关系为媒介这一事实出发。

同样的道理也适用于"自然"。费尔巴哈追求的"自然"是思维的产物，"这是除去在澳洲新出现的一些珊瑚岛以外今天在任何地方都不再存在的，因而对于费尔巴哈来说也是不存在的自然界"（MEGA Ⅰ/5：22；参见《马克思恩格斯全集》第3卷，人民出版社1998年版，第50页）。因此，费尔巴哈在论述自然的时候，就必须将现实的各种关系抽象化，依靠哲学的直觉，逃入"永恒"的世界。但是，现实的自然总是在一定的社会关系中，通过人类的生产活动而改变。而且，这一历史环境也决定着人类和动物的生活。正因为如此，有必要分析人与自然关系的变化。

当然，马克思在1844年写作《巴黎笔记》时已经认识到，将人与自然分开进行研究是不行的（MEGA Ⅰ/2：304；参见《马克思恩格斯全集》第42卷，人民出版社2016年版，第178页）。但是，从1845年以后马克思的立场来看，仅仅阐述人与自然的关系是原始统一的，两者处于相互决定的关系这一不言自明的事实是不够的。或者，只是指责人与自然原本应该是统一存在的，但是资本主义使两者关系产生了异化，也是不恰当的。如果遵循马克思的"唯物主义方法",必须分析在资本主义社会,人与自然的历史的特殊的媒介过程是如何形成的,阐明人与自然的关系"为什么"和"是如何"必然表现为异化、敌对的关系的。尽管马克思在《德意志意识形态》中已认识到了必须阐明的理论课题,但未能给出解决理论课题的具体方案。也就是说,正是后来的与经济学研究并行的自然科学研究推动了这一课题,展开了揭示人与自然关系的历史变化的尝试。而这一课题的关键就是"物质变换"的概念。

第二章　物质变换理论的谱系

所有生物都在与外界的不断互动中进行各种活动，同时维持生命。恩斯特·海克尔（Ernst Haeckel）在把由植物、动物以及人类形成的整体关联称为生态（Ökologie）之前，研究者们常常将这样的状况用"物质变换"这样的生理学概念进行考察，而且还将这一概念超越自然科学领域，适用于哲学和经济学领域，与有机体的摄入、吸收、排泄相类比，用于生产、消费、废弃等社会活动的分析（Haeckel 1866）。

受到当时化学和生理学快速发展的冲击，马克思也把"物质变换"作为自己的经济学批判中的重要概念来使用。马克思认为，人与其他生物一样，具有受到自然界的制约、服从于自然规律的生理学一面，也有与其他动物不同，以"劳动"为媒介，能"有意识"且"有目的"地与外界互动的一面。因此，如前文所示，相比于其他动物，人能

"自由"地与自然界进行物质变换。其结果，作为"永恒的自然条件"的人与自然之间持续不断的物质变换，以与劳动的社会应有方式相适应的形式，发生着巨大的改变。也就是说，与前资本主义社会相比，资本主义引发的极为深刻的环境危机，不只是因为生产力飞跃发展，更为重要的是因为以人与自然的物质变换为媒介的劳动发生了质的变化。

鉴于此，"物质变换"概念是阐明马克思环境思想的线索。然而，该概念在以往的研究中没有被正确理解。因此，这里首先将物质变换概念重新置于当时的自然科学的文脉中，以阐明其对马克思的经济学批判所具有的意义。这样不仅可以避免强调以雅各·摩莱肖特（Jacob Moleschott）和路德维希·毕希纳（Ludwig Büchner）为代表的自然科学的唯物主义与马克思的物质变换理论具有相似性的错误，也可以区别于将德国化学家尤斯图斯·冯·李比希（Justus von Liebig）的影响绝对化的阐释，从而有可能重构更为有意义的理论形成过程。不仅如此，这样的理解也为我们把握以"形式"和"物质"的辩证法为特征的马克思独特的经济学方法论开辟了道路。

一、所有财富的物质来源——自然界

马克思反复被批判为"在资本主义分析中把人的劳动绝对化"，结果是"把产生价值的自然界整体地排除了"（Immler 2011：10）。然而，如前文所示，马克思早在1844

年就已经把自然界视为劳动实现中不可或缺的要素,把感性的外部世界视为人的"无机体"了。"无机体"绝非描述人的肆意支配的概念。① 因为就如同我们不会把自己的身体任意使用——如果这样做只会受伤或生病——一样,对自然界也不允许采取肆意剥削的举动。也就是说,在这里马克思强调的是人对自然的本质依赖,是"人靠自然界生活"的贯穿历史的事实。自然界是"工人的劳动得以实现、工人的劳动在其中活动、工人的劳动从中生产出和借以生产出自己的产品"的"物质","没有自然界,没有感性的外部世界,工人什么也不能创造"(MEGA Ⅰ/2:236f;参见《马克思恩格斯全集》第42卷,人民出版社2016年版,第91页)。人也是"自然界的一部分",不能超越自然界、支配自然界,而只能在整个自然界中通过生产活动来维持生命。从这种意义上讲,"自然界是人为了不致死亡而必须与之处于持续不断的交互作用过程的、人的身体"(参见《马克思恩格斯全集》第42卷,人民出版社2016年版,第95页)。

尽管如此,只有思想史的梳理还是不够的。如前文所示,重要的是,在人与自然界的关系中,其原本的统一在近代已经瓦解,并发生了很大的转变。当时,马克思提道:"异化劳动,是由于(1)使自然界同人相异化"(MEGA Ⅰ/2:240;参见《马克思恩格斯全集》第42卷,人民出版社

---

① 克拉克完全错误地理解了这一点(Clark 1989)。

2016年版，第96页）。这里所说的首要的、根本性的异化是来自自然界的异化，并非偶然。因为正是从客体的生产条件的土地的分离，才是导致人与自然界的关系发生决定性变化的原因。然而，在《巴黎笔记》中很难找到生态学的视角——换句话说，就是缺少关于对物质变换中的自然界一方如处理不当，会有哪些消极影响的分析。因此，为了研究马克思的环境思想，有必要深究《德意志意识形态》以后的经济学和自然科学的研究过程。

这里参考的是《大纲》中的一节。在《德意志意识形态》出版十几年后，马克思再一次回到同样的主题时，还是将生产者从自然界的"分离"问题描绘为向资本主义生产方式转换的决定性契机。然而，值得注意的是，这里马克思没有再将同样的现象用费尔巴哈的"异化"这样的术语，而是用自然科学的术语来说明，并将其视为对进行"与自然界的物质变换"的客体条件的剥夺。

> 需要说明的，或者成为某一历史过程的结果的，不是活的和活动的人同他们与自然界进行物质变换的自然无机条件之间的统一，以及他们因此对自然界的占有；而是人类存在的这些无机条件同这种活动的存在之间的分离，这种分离只是在雇佣劳动与资本的关系中才得到完全的发展。（MEGA Ⅱ/1：393；参见《马克思恩格斯全集》第46a卷，人民出版社2003年版，第488页）

人与自然界的关系，在资本将劳动过程变为媒介，并在形式和实质上处于从属地位的状况下发生着变化，而且在两者之间产生了"分离"。当然，这并不意味着人与自然界的物质变换完全中断，因为人类为了生存依然必须与自然界继续发生关系。然而，人类与自然的物质变换由于只能在"分离"的基础上产生——即由于劳动过程向"雇佣劳动与资本的关系"发生转变——其形式与前资本主义社会相比，发生了很大的变化。正因为如此，代替"原本统一"的近代特有的"分离"，被称为经济学不得不"解释"的"历史过程的结果"。如下所述，在《资本论》中，近代社会中的"分离""裂缝"也用物质变换概念进行分析，而且共产主义构想也被确定为是对"物质变换"的有意识的修复和管理。

面对这种明确的概念变更，宽特主张"即使马克思没有使用人类学、哲学范畴，而是使用自然科学范畴的'物质变换'来描述"，马克思哲学的自然概念也具有连续性（Quante 2009：312）。然而另一方面，宽特批判了在哲学和自然科学之间摇摆的马克思的"暧昧"（Quante 2009：315）和"反哲学的特征"（Quante 2008：137）。不过，宽特对马克思自然科学的概念所具有的理论意义几乎没有进行考察，对其中的积极意义完全不予认可。这种拒绝的背后也许是，宽特在马克思的后期著作中很难找到马克思青年时期的哲学痕迹而产生的苛责吧！实际上，不去分析物质变换的概念，而只是以它是自然科学的概念为由就批判——为何就不能是自然科学的概念呢？——这与把证明哲学的连续性这样的自我解释的困难苛责为马克思的"暧昧"，没有什么不同。可以说，宽特的解释具有片面性。实际上，马克思和恩格斯在《德意志意识形态》中进行了哲学批判之后，采用自然科学概念这一做法，不只是用语上的变换，更是与确立"唯物主义的方法"密切相关，这里丝毫不存在所谓的"暧昧"。

以下将看到，1845年以后的马克思没有相对于"分离"和"异化"，只是把"统一"理念置于对立位置，而是着手分析作为"永恒的自然条件"的人与自然界的物质变换，是如何通过资本主义特殊的劳动经济规定，成为媒介的。也就是说，马克思的研究一方面是用经济学批判地分析了纯社会性的经济形式规定，另一方面通过分析以自然科学为中心的自然领域的物质的特性，试图把握两者的关联。基于此，马克思的生态观阐明：根据资本的价值增殖理论，社会与自然的物质变换在物质层面是如何被重构的，又最终产生了怎样的矛盾和冲突。

马克思的研究计划磅礴浩瀚，为了完成这一计划，尽管他花费了很多的时间和精力，但仍未能完成《资本论》就去世了。但这并不意味着计划本身的失败，马克思为分析"物质变换裂缝"使用的方法论早已在《资本论》及其准备的手稿中确定下来。现代马克思主义面临的理论课题是，把该方法论的遗产进一步继承与拓展下去。不过，我们首先要把物质变换概念置于当时的自然科学和经济学逻辑中，一起来理解一下。

二、关于物质变换理论的起源

"物质变换"这一术语早在19世纪初便已在生理学中使用，"最初正式概念的使用"常常被归功于李比希（Garrison 1929：472）。① 在吉森大学执教的李比希，通过与弗里德里希·维勒（Friedrich Wohler）共同研究，揭示了碳、氢、氧等少数的原子组合中可以产生无数的结合。尤其是1837年以后，李比希在实验室中首次进行了马尿酸的人工合成，从而进入生理化学领域。他先后出版了《化学在农业和生理学中的应用》（1840）、《化学在生理学和病理学中的应用》（1842），并基于最新的化学知识，试图将植物和动物的生命活动当作化学过程进行把握。在此过程中，李比希主张"动物是高级的植物"（Liebig 1842a：50），开创了用化学的物质变换（即新陈代谢）理论和能量守恒定律说明生命活动的道路。针对当时仍然以"植物和动物两者

---

① 富兰克林·宾（Franklin C. Bing）认为，1815年的希格瓦特（G. C. Sigwart）的论文中有最早的物质变换概念的用法（Bing 1971：168）。然而，如果使用如今的数字化检索的话，很容易找到更早的用法。1809年出版的奥古斯丁（F. L. Augustin）的《人类生理学教科书》就是其中一例（Augustin 1809：279）。不过，宾所认为的从1840年代开始物质变换概念被广泛使用的观点是正确的，对此有重大贡献的无疑是李比希。但是，除了李比希以外，例如鲁道夫·瓦格纳（Rudolf Wagner）在李比希之前于1838年执笔的《特殊生理学教科书》中，用一节的篇幅论述了物质变换（Wagner 1842：290f.；vgl. Mocek 1988）。可见，如果只关注李比希，就会忽略当时言论的复杂性。当然全部罗列是不可能的，以下仅对理解马克思的物质变换理论有必要的内容进行考察。

的国度"（Goodman 1972：117f.）的形式发现两者之间存在明显区别的二元论的活力论（Vitalismus）所主导的：动物无法自产糖分和淀粉，只能消费和破坏植物所生之物的观点，李比希通过实验，证明了动物也能产生糖分和淀粉，试图跨越动物和植物的绝对区别。进而，由于当时有机化合物是通过动物的活力这样的特殊力量所产生的想法占据主导地位，而马尿酸这样的有机化合物的人工合成，催生了与活力论不同的关于生命物质变换过程的解释。①

李比希的"物质变换"的定义是指，有机体中随着物质的形成和排出不断进行的化学更新过程。

> 血液中的物质变换，是指血液成分转化为脂肪、肌肉纤维、神经和脑物质、骨骼、毛发等，即血液中的营养物质在形式上的转变，这个过程必然伴随着形成新的结合物，进而（旧的结合物）通过排泄器官再次从体内排出的过程，才能实现。[……所有的]运动、力量、有机活动都通过物质变换，即物质成分产生新的形式而产生。（Liebig 1840：332）

---

① 尽管如此，李比希并没有放弃活力论。例如，李比希主张"生命力"是化学过程中无法还原的力量的存在（Lipman 1967：175ff.）。当时罗伯特·迈尔（Julius Robert Mayer）已经在《与有机运动相联系的新陈代谢》中主张，由于机械的、化学的力量可以与热量相互转变，因此李比希的"生命力"的设想没有必要（Mayer 1845）。受到迈尔的批评，李比希在《化学通信》第四版（1859）中虽修正了观点，但仍然没有放弃"生命力"的设想（vgl. Brock 1997：312f.）。关于李比希和活力论，请参见本书第七章。

李比希的物质变换概念被广泛使用，不仅用于个体的动植物的生命维持过程，还用于与生态系统中的相互作用有关的分析当中。甚至该生理学概念在哲学和经济学领域中也以"社会的物质变换"的形式使用，马克思也在这样的多样性基础上展开了自己独特的物质变换理论研究。这与如今"变换"（metabolism）的概念以"产业变换"（Ayres 1994）和"社会变换"（Fischer-Kowalski/Hüttler 1998；Fischer-Kowalski 2014）的形式，用于分析人与自然界的关系是一样的。

然而，由于概念的多样性，在以往的研究中围绕马克思是如何把物质变换理论应用到经济学批判中的，展开了各种各样的争论（椎名 1976；吉田 1980；小松 2001；Schmidt 1993［1962］；Pawelzig 1997；Foster 2000；Wendling 2009）。的确，由于马克思展开了自己特有的物质变换理论研究，因此对其最初的想法来自哪里很难下定论。尽管如此，仍然必须避免由这种多样性导致的与马克思无关的肆意无羁的解释。当然，即使李比希的物质变换理论很重要（吉田 1980：57 ff.；Foster 2000：155ff.），但是仅有这一认识是很不够的。因为这仍然无法对明显受到李比希影响的《资本论》，以及上面引用的《大纲》中的 19 世纪 50 年代的用法给出充分说明。① 那么，马克思是从哪儿得到了物质变换的想法呢？

---

① 而且，李比希的《农业化学》第一版中"物质变换"一词只出现过两次。

为了发现马克思的物质变换理论的形成过程，有必要考察至今为止被忽视的研究笔记——《伦敦笔记》中包含的题为《反省》的、写于1851年3月的简短文本，因为该文本记录了在1851年7月编制的李比希的摘录之前，马克思就已经把"物质变换"术语用于自己的分析当中的事实。然而，因为在《马克思恩格斯全集》第四部中收录的马克思摘录笔记至今仍没有得到充分研究，所以围绕物质变换的争论中也完全没考虑《反省》中的相关内容。

物质变换概念在《反省》中出现了三次，以下引用其相关内容：

> 这里已经不是像古代社会那样，只有特权人物才能交换这个或那个，而是所有人都能够获得一切，每个人都能够按照他的收入转化成的货币的数量来进行任何的物质变换。娼妓、科学、庇护权、勋章、地租、阿谀者，一切都完全像咖啡、糖、鲱鱼一样成为交换物。在等级的范围内，个人的享受，个人的物质变换，取决于个人所从属的一定的分工……
>
> 凡是收入的性质仍然取决于谋得收入本身的性质，不是像现在这样单纯取决于一般交换手段的量，而是取决于谋得收入本身的质的地方，工人能够与社会发生的并且能够掌握的那种联系，是无比狭窄的，而进行社会的物质生产和精神生产的物质变换的社会组织，从一开始就受到一定方式和特殊内容的限制。（MEGA Ⅳ/8：

233f；参见《马克思恩格斯全集》第44卷，人民出版社2001年版，第161页）

《反省》中试图阐明货币制度下形式上的自由、平等的背后隐藏着阶级对立。为了讲述货币制度下的收入规律的特殊性，马克思从"社会物质变换"的不同这一观点出发，对资本主义的收入与前资本主义社会的产品获得进行了比较。① 据此，前资本主义社会中，是通过特权和暴力对人进行统治而取得对他人劳动占有的。劳动的选择受限于每个特定的"身份"，与其相应的形式是"为了进行社会的物质和精神的生产相关的物质变换的社会的器官"也受限在狭小的范围中。相比之下，资本主义社会表面上取得了形式上的自由和平等的人，通过使用货币，可以在市场上大规模获得和交换产品。因此，商品交换乍一看是从所有阶级对立中被解放出来，社会的物质变换也随着货币量的增大而扩大。然而，在市民社会的深层中，"无阶级特征"的自由和平等实际上是"假象"（MEGA IV/8：233；参见《马克思恩格斯全集》第44卷，人民出版社2001年版，第162页）。因为，货币量与个人的具体的欲望没有关系，它决定的是"个人的享受、个人的物质变换"。就这样，市场的抽象的自由和平等转化为现实中对自由和平等的限制。总之，在资本主义的获得方式下，由于工人大众缺乏满足自己需要

---

① 从这个用法中可见物质变换概念历史性的一面。

的货币，所以导致个人的和社会的物质变换变得越来越贫乏。

  在这之前的《伦敦笔记》中并没有出现"物质变换"这一概念，所以在这里出现似乎很唐突。然而，这里却可以推测出马克思是从哪里得知了这个想法的，这个人就是在科伦当医生的罗兰特·丹尼尔斯（Roland Daniels）。马克思和恩格斯曾高度评价丹尼尔斯是"卓越的有学问教养的医生"（MEGA Ⅰ/11：480），并将其作为共产主义者同盟的同志亲密交往，甚至将《哲学的贫困》献给丹尼尔斯（Bagaturji 1965）。在1851年2月的信中也记录了丹尼尔斯把《小宇宙——生理人类学概论》的手稿寄给马克思审阅。

  在1851年2月8日致马克思的信中，丹尼尔斯请求给予自己的手稿"苛刻、无情"的批判（MEGA Ⅲ/4：308），而且在接下来的信中介绍《小宇宙》是以通过"行为生理学的叙述"揭示"用唯物主义把握人类社会的可能性"的著作（MEGA Ⅲ/4：336）。实际上，丹尼尔斯试图利用生理学知识，把个人以及社会层面的人类行为作为唯物主义自然科学的对象来考察。而其核心概念是"物质变换"，并在致马克思的信中丹尼尔斯也使用了该概念。"我可能为了精神的物质变换将自己的有机物质变换置于危险中了。然而，我疑虑的是，这样的话最终能够再生产什么有体系的东西呢，还能否消化、吸收这些东西呢。"（MEGA Ⅲ/4：308）马克思仔细阅读了丹尼尔斯的手稿，在3月20日的信中表达了对《小宇宙》的批判性见解（MEGA Ⅲ/4：78）。① 考虑到这些，同月执笔的《反省》中的物质变换理论应该与《小宇宙》的阅读有着密切关系。②

《小宇宙》中多次出现"物质变换"。丹尼尔斯把物质变换定义为"通过同时的破坏和创造，身体自己不断地更新和维持个体性——无机物类中找不出相似的特性——"的过程（Daniels 1988［1851］：29）。这个表述与李比希的物质变换理论有共性，同时丹尼尔斯把"有机物质变换"与"动物物质变换和精神物质变换"相区分，通过批判活力论的"生命力"假设，以凸显他与李比希的不同（Daniels 1988［1851］：20）。③ 而且丹尼尔斯对精神物质变换的唯物主义把握，也有趋于"心"与"身体"的哲学二元论和黑格尔的"绝对精神"的倾向（Daniels 1988［1851］：

---

① 遗憾的是，马克思致丹尼尔斯的信，由于丹尼尔斯害怕被警察发现而销毁了，没有保留下来。

② 格德·帕维里希（Gerd Pawelzig）关注了丹尼尔斯的《小宇宙》中出现的物质变换概念，但是没有考察《反省》，因此他对于1851年的内容作了错误的叙述："但是，说到马克思和恩格斯，他们的笔记和信中找不到使用'物质变换'的证据。"（Pawelzig 1977：133）帕维里希在1856年6月21日致燕妮（Jenny）的信中列举了马克思最初使用物质变换一词的事例（MEGA Ⅲ/8：31；Pawelzig 1977：134），并由此推测马克思受到摩莱肖特的影响。然而，以下将看到，马克思和摩莱肖特的物质变换概念完全不相容。而且，在该信中不仅把摩莱肖特的"物质变换"与费尔巴哈的"爱"并列，以否定的行文予以提及，而且完全看不到受到了影响。

③ 说到"精神物质变换"，李比希明确采取了活力论的立场。因此，丹尼尔斯的物质变换理论与李比希相比，更受到鲁道夫·瓦格纳的《生理学小词典》的影响（Daniels 1988［1851］：158）。可见，马克思的物质变换理论无法只限于李比希的影响。

135）。丹尼尔斯试图展开从物质运动出发解释万物的激进的一元论。

然而，丹尼尔斯的唯物论把思维、自由、人类史等一切都归为"精神刺激"，试图用"生理学意义上的刺激"（reizphysiologisch）来把握，具有陷入朴素物质主义的危险（Mocek 1988：269）。有时，即便丹尼尔斯也像《德意志意识形态》那样，要求按照"当时的物质生活需求的生产方法"进行历史说明，但是丹尼尔斯的唯物论中有把所有人类的活动都归为纯生理学的、从社会生产中独立的"反射运动"的倾向。因此，《小宇宙》具有机械论的特质，含有与决定论的观点很相似的缺陷。马克思当然无法认同这样的朴素唯物论，并私底下向恩格斯说出了自己的本意，"丹尼尔斯的信中半合理的东西是我信中意见的回声"（MEGA Ⅲ/4：86；参见《马克思恩格斯全集》第27卷，人民出版社2011年版，第247页）。

尽管如此，马克思对丹尼尔斯的批评并没有包含轻蔑的意思。从丹尼尔斯给马克思的回复中可以推测，马克思对原稿做了详细的评论。即使马克思因丹尼尔斯的机械论存在缺点而没有接受，但从《小宇宙》受到了启发，在《反省》中很快就把物质变换的概念引入自己的考察中，并对生理学和化学产生了兴趣。而且，从同年7月开始，马克思着手研究李比希的《农业化学》等著作，并摘录到《伦敦笔记》中。虽然马克思试图用物质变换概念分析由生产、交换、消费形成的社会关系，但从中也可以看出在以下要求中与丹尼尔斯所产生的共鸣:"对人类有机体与其社会和自然的关系的研究,是进行共同制度的改良,即社会改良的唯一确切的基础。"(Daniels 1988[1851]:119)

不幸的是,马克思和丹尼尔斯的深度理论交流不久便无法进行下去了。1851 年 6 月 13 日,丹尼尔斯在科伦因政治活动被捕。在恶劣的拘留条件下,丹尼尔斯的病情恶化,在释放后的 1855 年 8 月 29 日就去世了。马克思致信其遗孀阿马利亚·丹尼尔斯,表达了追悼之意和愤怒之情:

> 惊悉亲爱的、永不能忘却的罗兰特逝世的噩耗,简直无法向您描述我的悲痛。……当我在科伦人中间看见丹尼尔斯的时候,他总是使我感到他是一尊被任意丢在一群霍屯督人中间的希腊神像。他的早逝,不仅对他的家庭和朋友来说是不可挽回的损失,而且对科学界以及受苦受难的广大群众来说也是一个不可挽回的损失。……希望有一天会出现一种情况,使那些缩短了他的寿命的人受到比这个讣告所给予他们的更为严重的惩罚。(MEGA Ⅲ/7:205;参见《马克思恩格斯全集》第 28b 卷,人民出版社 2011 年版,第 626 页)

丹尼尔斯的物质变换理论是为了"受苦受难的广大群众"而进行的斗争,马克思继承并进一步发展了这一理论。这一成果在马克思数年后执笔的《大纲》中得到了充分的体现。在上面引用的内容中,马克思已经把人与自然的不断相互作用描述为"与自然界的物质变换",即自然界中的劳动、原材料、生产资料等物质的相互作用。据马克思介绍,该"生产过程本身"(MEGA Ⅱ/1:223;参见《马克思恩格斯全集》第46a卷,人民出版社2003年版,第268页)是贯穿所有社会共同的历史的物质条件。也就是说,不论什么样的社会,人类都必须通过改变自然界,从中获取所需要的东西、抛弃消费掉的东西,并在这个循环过程中维持生活。劳动也是这个过程中不可或缺的物质要素,被称为"劳动的起死回生的自然力"(参见《马克思恩格斯全集》第46a卷,人民出版社2003年版,第328页)。马克思研究的问题是,贯穿人与自然的历史的物质过程在出现"价值增殖过程"的经济形式后,产生了怎样的变化。这一点对理解马克思的方法论具有决定性意义。为此,关于物质变换理论,在下一章将结合《资本论》进行更为详细的叙述。

本章首先确认《大纲》中的两种"物质变换"的用法(韩2001:74;小松2001):一种是与"形式变换"(Formwechsel)相对,也可以译作"物质变换"(Stoffwechsel),是商品生产社会的流通过程中,在 W—G—W(商品—货币—商品)和 G—W—G(货币—商品—货币)的形式变换的基础上所形成的使用价值的运动。

简单流通是由许多同时并存的和前后连接的交换

行为构成的。……这一整套交换行为，从使用价值来看，是物质变换，从价值本身来看，则是形式变换。(MEGA Ⅱ/1：522；参见《马克思恩格斯全集》第46b卷，人民出版社2003年版，第142页)

这种"物质变换"是在流通过程中以货币和商品的形式变换为媒介，通过各种各样的商品之间的交换而产生的，就如同血液向全身输送必要的养分，向全社会输送再生产所需要的使用价值。在这种情况下，马克思附加了"社会的"这一形容词："交换过程使商品从把它们当作非使用价值的人手里转到把它们当作使用价值的人手里。就这一点来说，这个过程是一种社会的物质变换。……因此，我们只是从形式方面考察全部过程，就是说，只是考察为社会的物质变换作媒介的商品形式变换或商品形态变化。"(MEGA Ⅱ/6：129f.；参见《马克思恩格斯全集》第23卷，人民出版社2009年版，第122页)这里所作的物质变换和形式变换的对比是马克思所特有的方法，即考虑了"物质"和"形式"两个方面。

马克思的物质变换和形式变换的比较用法，与《大纲》之前使用同样术语的威廉·罗雪尔（Wilhelm Roscher）相比较，更能显示其独特性。马克思在执笔《大纲》之前阅读了罗雪尔的《国民经济学体系》，在自用书的空白处写下了旁注（MEGA Ⅳ/32：Nr. 1135）。罗雪尔也积极吸收生理学知识，把自己的"历史的、生理学的"方法与以前的经济学的"唯心主义方法"相对应(Roscher 1854：26)。马克思应该也从罗雪尔的尝试中找到了与自己的研究方法相契合的点。值得注意的是，罗雪尔也使用了形式变换（Formwechsel）和物质变换（Stoffwechsel）的比较。

> 国内资本的大部分通过消费和再生产处于不断的形式变换中。然而与全国人民的立场相同，我的经济立场是资本价值的增或减决定着资本的增或减。(Roscher 1854：65)

在文章的后半部分的注释中，罗雪尔附有如下内容："请参阅萨伊（Jean-Baptiste Say）的《政治经济学概论》第一卷第十章，可以思考一下生理学中著名的物质变换原理。"（Roscher 1854：67)

罗雪尔参照萨伊的《政治经济学概论》，论述了生产过程中的资本的"形式变换"和"物质变换"，即在生产过程中的资本处于不断转化为其他形式，又不断被新的形式所替换的过程。[1] 这种生产和消费的不断的又同时发生的过程，被罗雪尔称为"物质变换"。这正如李比希所描述的生

---

[1] 萨伊在此处有如下叙述："在工业中与农业相同，在拥有经过多年保持耐久性的资本的部分——工厂的建筑物、机械、特定的工具的同时，剩下的部分会完全改变形式。肥皂工人使消费的油和苛性钠不再是油和苛性钠而变成肥皂。"（Say 1827：71）遗憾的是，马克思自用书中遗失了第63—112页（MEGA Ⅳ/32：Nr.1135，《马克思恩格斯全集》第44卷，人民出版社2001年版，第438页），所以无法找到了解马克思在这个地方是如何阅读的线索。

产和消费保持平衡的状态。然而，这种比较也显示出罗雪尔理论的局限性。因为这里对比的虽然是"形式"和"物质"，但是罗雪尔并不是在讨论"商品"和"货币"的经济形式的变换，而是把经济形式的变换描述为生产过程中的物质所具有姿态的改变，这就模糊了与物质变换的区别。在下文中将看到，马克思的经济学批判正是对罗雪尔这样的混淆"形式"和"物质"的批判。尽管如此，罗雪尔的用法很好地揭示了同时代的经济学家热衷于引入生理学知识的现象。

受到这样的经济学尝试的启发，化学家李比希在《化学通信》中也指出，有机体和经济的"物质变换"具有相似性。

> 与个人的身体一样，形成国家的全部个人的总体也在进行物质变换。这里的物质变换是（个人的）生活和共同生活的所有条件的消费。银和金在国家这个有机体中扮演着如同人类有机体中的血球一样的作用。这个圆形的血球如同是……物质变换、热、力产生的媒介，货币成为国家生活中全部活动的媒介。（Liebig 1851：921）

李比希的类比非常粗糙，没有明确界定货币的功能。然而，他本人在普及物质变换概念时也意识到，生理学和经济学是相关联的。因此，他讲述了物质变换概念向经济学普及的情况。

慕尼黑的农学家卡尔·尼古拉·弗腊斯（Carl Nicolas Fraas）——马克思于1868年集中阅读了弗腊斯的书籍，关于这点将在第五章中讲解——也强调了物质变换概念对于经济学的重要性。"有机体和物质变换——即国民经济学的物质变换！不断发展数理经济学的结果就是物质变换迄今为止几乎被完全忽视，而其却构成了国民经济学的自然科学基础。然而，现在的经济学只注重通过数据处理获得结论，并不去彻底地探究数据背后的原因！"（Fraas 1858：562）。虽然没有直接证据证明马克思阅读过李比希的《化学通信》和弗腊斯的论文，但是考虑到当时马克思的一些表述，可以认为马克思在自己的经济学体系中应用了生理学概念，这也是符合时代潮流的判断。

《大纲》中还有另外一种物质变换的用法。这是与人类无关地进行着的"自然的物质变换"。使用价值是"如果它们不被实际使用，它们作为使用价值就会失去自己的价值，会由于自然界的单纯物质变换作用而解体；如果它们被实际使用，它们就更是会消失。"（MEGA Ⅱ/1：195；参见《马克思恩格斯全集》第46a卷，人民出版社2003年版，第228页）。这样作为物理的和化学的过程的"自然的物质变换"，通过损耗、氧化、腐烂而产生。《资本论》中也论述了"自然的物质变换"："机器不在劳动过程中服务就没有用。不仅如此，它还会受到自然的物质变换的破坏力的影响。铁会生锈，木会腐朽。"（MEGA Ⅱ/6：197；参见《马克思恩格斯全集》第23卷，人民出版社2009年版，第207页）人类通过劳动，给"自然实体"赋予"外在形式"（MEGA Ⅱ/1：271；参见《马克思恩格斯全集》第46a卷，人民出版社2003年版，第330页）。例如，木制的桌子是木的实体通过劳动被赋予了外在形式。木在自然中按照"再生产的内在规律"生长着，但一旦被采伐，有了桌子这样被赋予的外在形式后，会面临老化的自然物质变换力量。按照马克思的说法，劳动一方面能够有意识和有目的地改变外部世界，另一方面不可避免地无法超越自然条件和自然规律的作用。而且，通过劳动赋予的人工形式和自然的再生产规律之间总存在一定的紧张关系。正因为存在这样的紧张关系，为了避免自然的荒废，人类开始意识到管理自然的物质变换极为重要。

总结以上的讨论可以看出，马克思对于《大纲》中的三种不同的物质变换的用法（吉田1980：41-46），都有独特的解读。从这个意义上讲，其最初的构想无法完全归功于丹尼尔斯和罗雪尔。然而，这并不意味着为了符合自己的解释就可以肆意歪曲马克思的原意。这种错误解读的典型例子是，以摩莱肖特为代表的自然科学唯物主义者与法兰克福学派（Frankfurt School）的阿尔弗雷德·施密特围绕马克思物质变换理论所展开的讨论。

三、人类学的唯物主义界限

自然科学的唯物主义问题并不仅仅是马克思的物质变

换概念从何而来的琐碎的文献学问题，而是与马克思的整体解释有关的问题。如果过分强调其与费尔巴哈和自然科学的唯物主义者们有理论的相似性及受其影响的话，就无法发现1845年以后马克思向非哲学立场的转变了。然而，在也许是对于马克思自然概念的最有名的研究——施密特的《马克思的自然概念》一书中却写道，物质变换的构想"在一定程度上确实"是来自摩莱肖特（Schmidt 1993 [1962]：86）。这种观点已被广泛接受（Böhme/Grebe 1985：30；Fischer-Kowalski 1998：64；Martinez-Alier 2007：223）。但也有人指出，摩莱肖特的《生命的循环》中探讨的物质变换概念与马克思的概念并不相容（椎名1976；Foster 2000：161）。现在一并讨论一下。

其实，施密特的解释并不具备学术上严谨的态度，在抬高摩莱肖特的同时，毫无根据地贬低李比希对马克思的影响。施密特以马克思的物质变换概念"不能因为具有自然科学的色彩，就因此而认为没有思辨性"为由，没有想要去论述马克思与李比希的《农业化学》的关系，只在脚注中简短描述为："马克思也不是没有受到该观点的影响。"（Schmidt 1993 [1962]：74，78）这样的态度也许表现出施密特无论如何要坚持青年马克思哲学的自然概念的决心。与宽特一样，施密特也认为，李比希过于偏重自然科学了，因此无法成为分析的对象。那么，最初为何对于物质变换概念必须要进行"思辨地"理解呢？马克思除了李比希，还读了各种有关自然科学的书籍，写了大量的摘录笔记，而施密特的"思辨地"解读却无法很好地说明这一事实。①

虽说如此，还应再讨论一下施密特的观点。施密特为了给自己的解释提供依据，引用了摩莱肖特的《生命的循环》中的内容：

> 人的排泄物培育植物，植物使空气变成固态成分，并养育动物。肉食动物吃草食动物而生存，自己也成为死的饵料，又使植物界新的生命的胚芽得到发展。这样的物质交换被称为物质变换。（Moleschott 1855：40，zitiert in Schmidt 1993［1962］：86）

摩莱肖特把物质变换概念在别处又称为"轮回"（Moleschott 1852：83）。这样的定义具有一般性、抽象性，无法像施密特一样直接推论出对马克思有影响。因此，有必要更详细地探讨摩莱肖特的物质变换理论。

身为医生兼生理学家的荷兰人摩莱肖特在19世纪50年代跟路德维希·毕希纳（Ludwig Büchner）和福格特（Karl Vogt）一同参加了"唯物主义大争论"，主张精神活动"只不过是大脑中的物质活动"，"思想对大脑的关系，差不多同胆汁对肝脏或尿对肾脏的关系一样"（Vogt 2012［1847］：6）。摩莱肖特也把思想归为大脑中的物质活动，并认为

---

① 虽然恐怕就只剩下这样一条路了，即解释为马克思一直像恩格斯一样致力于对整个宇宙进行唯物主义说明，但是西欧马克思主义从一开始就堵住了这条路。这一内容将在第七章中讨论。

"思想是物质的活动"（Moleschott 1852：401）。摩莱肖特因为认同李比希的《农业化学》强调的磷对植物生长的作用，所以提出"没有磷就没有思想"（Moleschott 1852：369）。摩莱肖特等人在认识到，为了弄清大脑中物质的正确活动，需要进一步发展生理学的同时，还认为，不论肉体的、精神的活动或能力，其根本都是由物质的摄入和排出决定的。因此，食物对文化和生活方式的形成具有极大的影响力。"应该没人不知道，从烤牛肉获取力量的英国工人比意大利乞丐具有优势吧？很多人的解释是，后者具有懒惰倾向大多是由于只吃植物类食物导致的。"（Moleschott 1850：101）

　　摩莱肖特的唯物论也与其关于自然的物质变换的独特见解有关联。摩莱肖特赞同乌得勒支大学的穆尔德（Gerardus Mulder）提出的"腐殖质学说"（Humusthoeire），对李比希的"矿质养分学说"——有机物中包含的四元素（碳、氢、氮、氧）以外的无机质（磷、钾、硅）是植物生长所必需的营养的说法——进行了批判（椎名 1976：208）。腐殖质是指土壤内的有机物分解后与土壤混合形成的暗褐色的土，德国农学家阿尔布雷希特·泰伊尔（Albrecht Thaer）等人认为，植物的养分来自腐殖质。对此，李比希通过各种实验，主张土壤内的腐殖质对植物生长发挥作用的是通过进一步分解，形成水和二氧化碳后才显现的。然而，摩莱肖特等人没有接受这样的见解，他们认为腐殖质中包含的至今被认为不存在的"腐殖酸"（Dammsäure）的物质，是植物生长不可或缺的养分（Moleschott 1857：80）。

然而，摩莱肖特过于强调腐殖酸是"尤为重要的养分"了（Moleschott 1852：81），李比希显然过于低估无机质对植物生长的作用了。摩莱肖特对空气、土壤、植物中进行的各种各样的物质的结合和分解的化学反应又没有给予足够的关注，李比希则通过土壤的化学分析，揭示了不同的土壤需要什么样的养分，并建议使用高效的化学肥料。与此相对，在摩莱肖特对物质变换的理解中，自然的物质变换是土壤中常有的"腐殖酸氨"（Dammsäureammoniak）的轮回这样一个非历史的、抽象的循环过程中消解的。

在包含万物的轮回这一自然物质变换中，人的行为没有独立的意义和功能。人如果死了，就会被土壤分解成"腐殖酸氨"，变成植物的养分。

> 植物吸收碳酸、腐殖酸、氨，同样碳和氮依次转化成牧草、苜蓿、小麦、动物、人，最后再被分解成碳酸、水、腐殖酸和氨。这就是自然循环的奇迹。……这一奇迹的秘密是通过形式变换（Wechsel der Form）的物质（stoff）永恒，即从一种形式向另一种形式的物质转换（Wechsel des Stoffs），是这个世界生命根源的物质变换（Stoffwechsel）。（Moleschott 1852：83）

在摩莱肖特的一元论的理解中，人只是永恒的物质变换中的一个要素，并没有去关注"人与自然的物质变换"

的历史性。以"物质的永恒"为依据的这一抽象的物质循环消解了万物,以非历史的方式去解释自然中的全部过程。

这种粗糙的理解,受到李比希的嘲笑。李比希评价摩莱肖特是自然科学的"外行","对自然规律的认识水平等同于儿童"(Liebig 1859a：362)。马克思也受到丹尼尔斯观点的启发,开始热心阅读李比希的《农业化学》和约翰斯顿(James Finlay Weir Johnston)的《农业化学与地质学讲义》,由此也可以推测他对摩莱肖特持有同样的评价。而且,马克思把摩莱肖特的思想归为物质的运动的解释也与丹尼尔斯的《小宇宙》类似。① 就此而言,马克思关于丹尼尔斯的物质变换理论"有时过于机械性,有时过于解剖学性质"(MEGA Ⅲ/4：336)的评价,同样适用于摩莱肖特。这是因为丹尼尔斯和摩莱肖特都轻视劳动对社会的作用,他们试图只从超历史的物质和力的作用来解释世界整体,忽略了特殊的历史性经济形态规定这一马克思经济学的本质。因此,施密特所主张的马克思受到摩莱肖特的物质变换理论的影响完全没有说服力。

此外,还需要考虑摩莱肖特的立场与费尔巴哈的哲学有相似性这一事实。实际上,摩莱肖特和费尔巴哈从1850年开始就有书信往来,以此为契机,费尔巴哈开始研究生理学和医学。摩莱肖特本人也在晚年回顾道：费尔巴哈的

---

① 丹尼尔斯也比较了"吃肉的印第安人"和"吃草的印度人",指出了他们的"思考模式"的不同(Daniels 1988 [1851]：112)。

人类学是"我一生的课题"（Moleschott 1894：251）。特别是，摩莱肖特高度评价费尔巴哈的哲学是超越身与心、物质与精神、神与世界等的二元对立的唯物主义。

> 费尔巴哈认为，包括所有的直觉和思维的人类的基础认识都是从意识出发的。费尔巴哈举起了人类研究、人类学的旗帜。该旗帜通过物质和物质运动的研究会变得无敌。……物质变换理论是使当今世界理论围绕着它转动的轴心。（Moleschott 1857：393f.）

可以看出，摩莱肖特对费尔巴哈唯物论的关注，似乎有着与马克思曾经为了超越黑格尔思辨哲学而以费尔巴哈为依据相似的理由。

找到了新的赞同者的费尔巴哈也盛赞摩莱肖特的作品阐明了"自然科学的普遍的、革命性的意义"（FW 10：356）。在为摩莱肖特所著的《营养学》一书写作的题为《自然科学与宗教》的书评中，费尔巴哈接受了摩莱肖特的"生命就是物质变换"的命题，对"人就是他所吃的东西（Der Mensch ist, was er isst），素食主义者是没有气力的存在，不具有活力"的新唯物论表示赞同（FW 10：358）。费尔巴哈在1848年的革命失败后，从自然科学中找到了改变大众意识的新可能性。他认为，正是摩莱肖特的物质变换论，蕴含着颠覆基督教世界观的激进的政治归宿。由此，我们可以了解到，摩莱肖特的物质变换理论是试图从把所有身体的和精神的现象、存在称为物质这一基础出发进行说明，而将这一物质变化理论称赞为"一即一切"（FW 10：358）思想的费尔巴哈，实际上直到革命失败后依然坚持着《基督教的本质》的哲学立场。①

从费尔巴哈和摩莱肖特的理论共同性可以推测，1845年以后马克思并没有接受或评价科学的唯物主义。因为摩莱肖特与费尔巴哈一样，满足于把所有知觉和现象归为"本质"的"物质"和"力"，自称用新哲学原理克服了二元论。因此，自然科学的唯物主义对人与自然的关系的具体的历史变化漠不关心，以不灭的物质来解释一切。然而，摩莱肖特的唯物主义在陷入把现实看作与物质和力等同的朴素的存在论的同时，又陷入了无法证明这种物质和力存在的独断论（Gerhard 2007：138）。对此，马克思一直批判把"现象"归为"本质"的做法。因为他认识到，只是进行本质认识的启蒙是无法带来社会变革的。因此与费尔巴哈不同，革命失败后，马克思为了阐明资本主义的历史特殊性，在伦敦开始潜心研究经济学和自然科学。

施密特不顾马克思和费尔巴哈理论的差异，偏爱摩莱肖特的物质变换理论是因为施密特的"存在论"对自然的把握与摩莱肖特的哲学有相似性。根据施密特的"否定的

---

① 尽管如此，费尔巴哈也没有完全接受摩莱肖特的理论。在1852年6月24日的信中表明，他与摩莱肖特的观点保持着距离（FW 19：393 f.；Jaeschke 2000：32）。对费尔巴哈来说重要的是保持"人类学"哲学的立场，或许他感觉到把万物都归为永恒的"物质"过于极端了。

存在论",自然是包括社会和自然的整体,社会也是以自然为媒介的。"像所有的自然都以社会为媒介一样,反过来社会也作为全部现实的成分,以自然为媒介。"(Schimidt 1993 [1962]：77)而且由于自然具有无法改变的"物质的一面"(stoffliche Seite),因此所有的东西无法完全归为"第二自然"。"直接的生产过程,也就是在人与自然的物质变换中,在物质的一面的历史形态规定上,它贯彻的是自己。"(Schimidt 1993 [1962]：91 f.)

然而,由于施密特对"物质的一面"贯彻什么、怎么贯彻没有具体说明,这反而使之神秘化了。但是,这种神秘化并非偶然结果。因为就像费尔巴哈和摩莱肖特把人与自然的关系归为超历史的存在论一样,施密特的哲学也受到了其自然观的影响。因此,马克思的物质变换理论也没有完全理解其意图,最后只是指出,在"存在论的品位"之下,任何社会的规定性也都缺乏"永恒的自然必然性"(Schimidt 1993 [1962]：87)。也就是说,由于施密特的"否定的存在论"在关于"物质的一面"没有具体的规定,即便生命支配自然规律,自然以社会为媒介了,也总是停留在阐明这种显而易见的事实上:"最一般的必然性,即依然通过人与自然的物质变换来规定。"(Schimidt 1993 [1962]：85)与此相对,马克思为了分析"物质的一面"的历史的、社会的变化,潜心研究了自然科学。事实上,如下文所示,马克思本人已经对人与自然的关系中的"形式的一面"和"物质的一面"的关联,作出了更具有丰富内容的论述。①

　　如上所示,施密特轻视了作为资本主义生产方式下的历史性变化的原动力,只强调了所谓的自然的存在论层面的事实背景。这与他高度评价为"人类学的唯物主义"的费尔巴哈哲学颇为相似(Schimidt 1977)。然而,该理论的局限性在《生态唯物主义》第四版序文的观点中已明显表现出来。序文中,施密特坦率地承认《马克思的自然概念》中没有对环境破坏的分析,是个欠缺。并且为了反省这一欠缺,施密特在序文中试图重新探讨马克思的环境思想,但是最终却得出了批判马克思是反生态的"人类中心主义"这样一个否定的结果(Schimidt 1993:XI)。这是因为施密特的基本解释是,马克思把自然只当作是技术性剥削和操作的对象。他认为:"马克思的理论——尽管是〔后期〕才展开——但也很明显是在基于管理、支配和压制自然的历史先验的基础上叙述的。"(Schimidt 1977:34)为了弥补把自然工具化的缺陷、确立真正的"生态唯物主义",施密特认为马克思的观点不充分,因此寄希望于再次回到费尔巴哈的"基督教的本质"问题中。费尔巴哈将人与自然的和谐赞美为在"美丽对象"中展现出希腊的世界观。在引出该观点的同时,施密特进行了如下阐述:

---

　　①　施密特的导师西奥多·阿多诺(Theodor W. Adorno)曾批评马克思陷入了相信自然规律的"废弃可能性"的乐观主义,考虑到这一事实(Adorno 1982〔1966〕:348),从对阿多诺的误解以加修正的角度来看,施密特的否定存在论或许也有意义。但是,这些与马克思的研究没有任何关系。

费尔巴哈引用希腊人的史前技术、神话的世界形象作为例证，这显然并非只是反映浪漫主义的憧憬。费尔巴哈使人们记起，在他的时代已经被掩埋了几层的自然不只是作为科学的对象和原材料来体验，而且具有在感性、艺术性的意义上来感受"美的"体验的可能性。（Schimidt 1993：XII）。

从上述引用中可以清楚地看出，在施密特的《生态唯物主义》中，确实不过是谋求认识自然时的意识转变。这其实就是借助真正的感性和直观，用新的自然形象试图替换近代工具主义自然观的启蒙主义做法。然而，《德意志意识形态》中的费尔巴哈批判的核心，正是这样的启蒙主义对于改变现实是不够的，施密特的理论也还不具备变革现实的力量。

四、《大纲》中的生理学

那么马克思本人是如何看待自然的"物质的一面"的呢？在《大纲》中，马克思把资本的形式变换与有机体的各种器官的同时更新、再生（即物质变换）相类比，作了如下描述：

这种〔资本的〕形式变换和物质变换，就像有机体中发生的这种变换一样。例如，假定身体在24小时内被再生产出来，那么这并不是一下子完成的，而是分为一种形式下的排泄和另一种形式下的更新,并且是同时进行的。此外,在身体中,骨骼是固定资本;它不是和血、肉在同一时间内更新的。(MEGA Ⅱ/1:544f.;参见《马克思恩格斯全集》第46b卷,人民出版社2003年版,第171页)

不同的器官根据各自的物质特性,即使在同样的物质变换过程中也有不同的更新周期。而且这个区别对应着生产过程中长期留存的"固定资本"与每个生产过程中必须投入的"流动资本"的区别。

与这一点相关联,虽然温德琳(Amy E. Wendling)提到了自然科学的唯物主义——特别是毕希纳——的影响(Wendling 2009:64),但如果看马克思的书信的话就会明白,这样的主张是错误的。因为马克思在1858年3月5日致恩格斯的信中,已明确批判了"摩莱肖特派"的缺点。

在机器设备的再生产不同于流动资本的再生产这个问题上,使人不禁想起摩莱肖特派。他们像经济学家那样,也是很不重视骨骼更新周期的长短,而是满足于人体的整个更新周期的平均数。(MEGA Ⅲ/9:92;参见《马克思恩格斯全集》第29卷,人民出版社2021年版,第284页)

这里的问题在于摩莱肖特等人的研究方法,即不考虑物质变换过程中个别物质的性质的差异，满足于对所有东西都用腐殖酸等超历史的物质"本质"去消解。因此，马克思在这一时期撰写的《大纲》中，讨论了这种物质性质在经济学中发挥了怎样的规定性作用。例如，马克思提及"物质"与"经济形式规定"的关系时，以如下方式确定了经济学的课题：

> 在阐述各篇章时，首先并且必须说明，使用价值在怎样的范围内作为物质前提处在经济学及其形式规定之外，又在怎样的范围内进入经济学。（MEGA II/1：190；参见《马克思恩格斯全集》第46a卷，人民出版社2003年版，第223页）

《大纲》中的分析暂且舍去了使用价值层面，通过系统性地研究"价值""货币""资本"等经济学范畴，尝试叙述纯经济形式规定。然而，马克思的分析并未止步于此，他努力将研究推向了更深的层次，即"作为物质前提"的使用价值，通过经济形式规定会发生多少变化，并且这种物质能保持（或不能保持）多少独立性，也必须进行分析。为此，马克思经济学范畴的系统性阐述中，不仅对于物质层面给予了很多的关注，而且对于经济形式规定所面临的各种各样的物质世界的限制也进行了讨论。

可见，自然科学为马克思进行经济学批判提供了在经济学研究过程中必须要考虑到的物质性质方面的知识。这在上面引用的致恩格斯的信中指出的"固定资本"与"流动资本"的区别中也有体现。实际上,在《大纲》中马克思也列举了同样的例子:

> 在人体上,也同在资本上一样,各个部分在再生产中并不是在同一时间更替的。血液的更新比肌肉快,肌肉比骨骼快,从这方面来说,可以把骨骼看作人体的固定资本。(MEGA Ⅱ/1:552;参见《马克思恩格斯全集》第46b卷,人民出版社2003年版,第182页)

资本的消耗与补充的时间差就如同身体的再生产一样,以各个组成部分所具有的物质性质为条件。生产过程中也是如此,每次开始劳动过程时必须新投入油、钉子、木材、煤炭等原材料和辅助材料的同时,还要常年使用机器和建筑物等生产资料。为了将这样的差异从经济形式规定中独立出来,姑且将其视为纯粹的物质上的差异,从考察中舍去。

"固定资本"与"流动资本"的经济学区别目前有必要从"仅仅是形式上的区别"来考察(MEGA Ⅱ/1:598;参见《马克思恩格斯全集》第46b卷,人民出版社2003年版,第236页)。因为这两种类型的资本的区别是以投入部分的价值回流后的时间差来区别的。因此,即使是同一种物品,在不同的生产过程中,有时发挥固定资本的功能,有时发挥流动资本的功能。例如,造船的时候,如果锤子用了一次就坏了，那么这把锤子是流动资本；如果木匠在盖几间房子时一直使用同一把锤子，那么这把锤子就作为固定资本发挥功能。就像这样，"作为价值来说，资本对采取任何特定的使用价值形式都是无所谓的。"（MEGA Ⅱ/1：573；参见《马克思恩格斯全集》第46b卷，人民出版社2003年版，第210页）

但是，马克思很快又补充道，与经济形式规定无关并不意味着与物质性质完全无关。相反，物质属性有"规定"的作用。例如，为了发挥固定资本的功能，就必然马上要考虑材料的耐久性。另一方面，在耐久性提高的同时折旧补偿的时间就会变长，资本周转速度会变慢。"不变资本"与"可变资本"是从价值增殖的观点产生的纯粹的形式上的区别，相对于使用价值被作为"资本的形式规定的外在表现"，如果考察整个资本主义生产，"在流动资本（原材料和产品）和固定资本（劳动资料）之间的差别上，作为使用价值的各要素之间的差别，同时表现为资本在形式规定上的差别，资本形式规定上的差别"（MEGA Ⅱ/1：571；参见《马克思恩格斯全集》第46b卷，人民出版社2003年版，第207页）。也就是说，使用价值的物质层面对经济学范畴具有规定性作用。

就这样，在经济形式规定的考察中被舍去的生产过程中的物质一面，如今表现为"资本本身的质的差别，决定资本的总运动（周转）的东西"（MEGA Ⅱ/1：571；参见《马克思恩格斯全集》第46b卷，人民出版社2003年版，第

207页)。这是因为资本的物质性存在成为区别固定资本和流动资本的物质承担者。如果没有承担者，经济形式规定就无法在现实中存在，因此根据使用价值所具有的物质性质，资本就必然会受到限制。"价值借以存在的使用价值，或者说，现在表现为资本躯体的使用价值所具有的特殊性质，本身在这里表现为规定资本的形式和活动的东西。"（MEGA Ⅱ/1：530；参见《马克思恩格斯全集》第46b卷，人民出版社2003年版，第154页）这种物质的限制对于资本的价值增殖过程也具有重要意义。例如，由于固定资本具有的长期的耐久性，使资本的周转变慢，价值增殖也会变慢。进而，这个关联中蕴含着从机器的使用和发展中引发的利润率趋向下降的资本主义发展趋势。马克思试图通过分析纯粹的经济形式规定来研究特定的物质承担者是如何被具体化、如何被限制的问题。

实际上，马克思联系固定资本与流动资本的再生产时间的差异，对资本价值增殖的物质限制进行了更为详细的探讨。为了不中断并持续生产过程，必须比固定资本更早地再投入流动资本。这时，廉价的原材料会提高利润率。相反，严重依赖于自然条件的原材料和辅助材料会由于歉收等影响而遭遇供给中断的状况。这不仅会使生产因意外状况而陷入困难，有时甚至会被强制中断。随着生产规模的扩大，生产会需要更多的原材料（棉花和铁）和辅助材料（煤炭和石油），不确定的因素也会增多。

既然材料的再生产不仅取决于花费在其中的劳动，而且取决于这一劳动的同自然条件有关的生产率，那么，甚至同一劳动量的产品量也可能减少（在歉收时）。于是材料的价值增加，材料的量则减少。为了以原有规模继续生产，货币必须再转化为资本的不同组成部分的比例被破坏了。用于材料的部分必须增加，剩下用于劳动的部分就减少，因此就不能吸收和以前相同的劳动量。第一是物质上不可能，因为材料不足；第二是因为产品价值中必须有比原来更大的一部分用于材料，因而只能有较小一部分转化为可变资本。再生产不能按原有规模重新进行。一部分固定资本要闲置起来，一部分工人会被抛到街头。（MEGA II/3：1138；参见《马克思恩格斯全集》第26b卷，人民出版社2014年版，第589页）

马克思指出，从生产过程对自然的依赖性和对无限制的资本积累的冲动之间的矛盾中，必然会产生危机的可能性。资本周转是价值的纯形式的运动，但在现实中作为价值承担者的物质具有规定性，没有流动资本与固定资本的合理的物质分配，其价值增殖在物质层面就变得不可能（Perelman 2002：105 f.）。由此可见，危机产生于社会的物质变换与自然的物质变换之间的平衡被扰乱。

当然，资本面临这样的物质限制时，并不会自己放弃对价值无限增殖的冲动，相反资本会试图去克服自身所面临的所有限制。① 实际上，资本会发展运输和交通手段，进而无偿地利用自然力，不断地发明可以更廉价地使用劳动力和自然资源的技术。资本的弹性是配合资本的欲望，建立于能够内涵地和外延地都利用物质世界所持有的各种弹性的基础上。为此，马克思这样阐述资本创造出的"普遍有用性的体系"：

> 于是，就要探索整个自然界，以便发现物的新的有用属性；普遍地交换各种不同气候条件下的产品和各种不同国家的产品；采用新的方式（人工的）以便赋予它们以新的使用价值。……要从一切方面去探索地球，以便发现新的有用物体和原有物体的新的使用属性，如原有物体作为材料等的新的属性。（MEGA II/1: 321f.；参见《马克思恩格斯全集》第46a卷，人民出版社2003年版，第392页）

资本为了追求比以往更有用、更廉价的原材料和新市场，探索全世界、发展自然科学和技术，并为阻止因歉收和资源枯竭所导致的经济混乱而采取全面的防御措施。资本还试图通过技术的、科学的控制来克服自然界中的所有

---

① 考虑到资本的这种"弹性"，罗莎·卢森堡（Rosa Luxemburg）提出，近年以罗伯特·库尔茨（Robert Kurz）为代表的"崩溃论"（Kurz 1991）是对可以通过各种各样的手段应对物质变换扰乱的资本韧劲，评价过低了。关于"资本的弹性"将在第六章中详细讨论。

物质限制。马克思把这样对世界的普遍开发和利用称为"资本的伟大的文明作用"（MEGA Ⅱ/1：322；参见《马克思恩格斯全集》第46a卷，人民出版社2003年版，第393页）。这一作用并不是皆大欢喜的东西，只要把资本的价值增殖作为最优先的课题来对待，就会破坏以往的生活方式，带来更大规模的物质变换的扰乱。

这里重要的是，马克思所提出的通过支配自然来克服一切限制，是"观念的"而非"实际的"观点。"但是决不能因为资本把每一个这样的界限都当作限制，因而在观念上超越它，所以就得出结论说，资本已在实际上克服了它。"（MEGA Ⅱ/1：322f.；参见《马克思恩格斯全集》第46a卷，人民出版社2003年版，第393页）只要物质的弹性不是无限的，无论怎样扩大市场和发展技术，资本无法超越的界限都会一直存在下去。不过，该限制不是固定的，通过技术的发展等也有扩大利用无偿或者廉价自然力的可能。马克思把资本主义中这种矛盾的倾向性称为"活生生的矛盾"（MEGA Ⅱ/1：334；645；参见《马克思恩格斯全集》第46a卷，人民出版社2003年版，第408页；第46b卷，第298页）。也就是说，资本主义一方面通过彻底开拓自然力——能源、食物、原材料，克服所有的限制，另一方面为了获取利润而进行的开发会在全世界引发物质世界的冲突。也就是说，尽管有不断的创新和技术革新，资本仍然会把自然与人的物质变换的裂缝在全球范围内不断深化，从而阻碍人的个性自由和可持续地发展。可见，这里有资本主义生产力的发展在现实中所无法克服的界限。

虽然这些还只是粗略的描述,但在体现马克思的研究与施密特的"否定存在论"有很大的不同,以及"物质的一面"必须与经济学批判和自然科学相联系起来进行研究方面还是有说服力的。进一步而言,这并不意味着马克思的物质变换理论停留在《巴黎笔记》中抽象的"人与自然的辩证法"上,即所谓"物质"并非与人无关地存在着,也不是将其当作自然的本质的浪漫主义理念。相反,马克思在《德意志意识形态》以后,彻底放弃了用存在论的立场来看待这种非历史的人与自然关系,开始联系资本主义的形式规定去分析物质变换的从属关系。从而,马克思的经济学批判的核心问题就成为"由于劳动从属于资本而产生了怎样的变化"(MEGA Ⅱ/3:57;参见《马克思恩格斯全集》第23卷,人民出版社2009年版,第330页)这一问题。也就是说,正是《资本论》分析了因资本的物化而产生的劳动过程的变化,以及由此产生的人与自然的物质变换的裂缝。因此,本书的第二部将以物质变换理论为中心,解读《资本论》中的生态学。

第二部
《资本论》与物质变换的裂缝

第三章 《资本论》中的物质变换论

正如在序言所述，尽管对"马克思生态学"的研究不断深入，但批评和排斥的声音却依然根深蒂固，因为从散见于马克思的各种文本里的相关表述中，并未看出马克思对环境问题的特别关注（Engel-Di Mauro 2014：137；Löwy 2015：3），由此，福斯特等人的"物质变换裂缝"论也陷入了僵局（Moore 2011：4）。这些批评错看了马克思环境思想所具有的理论意义，同时也对迄今为止拥护"物质变换裂缝"论的研究提出了重要的挑战。因为福斯特和伯克特的研究没有把物质变换论与《资本论》中的价值论联系起来，没有进行充分的、系统性的论述，因此给人们以只是把马克思和恩格斯的论述随意拼凑起来的印象。为此，要有说服力地回应洛伊（Löwy Michael）等人的批评，就必须证明马克思的物质变换论是经济学批判体系中的内在要因，在此基础上，必须阐明资本主义生产方式是如何引发各种环境问题的，而且为何根本性的社会变革对实现可持续的自然的和社会的物质变换是不可缺少的。这正是本章的课题。

其实，马克思对于扰乱人与自然物质变换的批判，一直都可以从《资本论》中的价值论里梳理出来。事实上，《资本论》第一卷第一章关于抽象劳动的分析已经揭示了商品生产与可持续性之间的紧张关系。要把握这一点，关键在于物化论。正是物化论为分析资本主义生产方式如何重构了人与自然的物质关系并最终破坏了这个关系提供了方法论基础。

进而，对"物化"和"生态学"的关注揭示出，正是"形式规定"和"物质世界"的辩证规定关系才是马克思经济学批判的中心课题。但是，近些年，"物质世界"却没有得到以"新马克思解读"为代表的西方马克思主义的重视（Backhaus 1969；Reichelt 1970；Heinrich 1999；Arthur 2002）。为了避免这种片面的认识，日本马克思研究的成果很有参考价值。具体而言，通过参照久留间鲛造（和大谷祯之介）的论述来解读《资本论》，可以明确环境破坏不仅是资本主义的矛盾，也是反抗资本的契机。

一、劳动过程是贯穿历史的物质变换过程

为了理解经济形式规定是如何改变人与自然的物质变

换的,首先要暂时舍去社会规定性,从而把握生产过程中贯穿历史全过程的一面。在《资本论》第一卷第五章"劳动过程"中,马克思就是进行了这样的抽象化,他把生产使用价值的人与自然的物质变换描述为"它不以人类生活的任何形式为转移"(MEGA Ⅱ/6:192;参见《马克思恩格斯全集》第23卷,人民出版社2009年版,第208—209页)。尽管可以有上述的抽象性,但这里的规定是重要的。因为正如内田義彦所指出的:"仅从劳动过程论是完全无法了解资本主义所特有的东西,但如果去掉劳动过程,马克思所关注的,在资本主义这种特有的私有财产制度下,人与自然的关联这一根本性重要事项是如何进行的这一问题点也就不存在了。"(1996:83f)

在这里值得注意的是马克思把"劳动"定义为物质变换的媒介这一点:"劳动首先是人和自然之间的过程,是人以自身的活动来引起、调整和控制人和自然之间的物质变换的过程。"(MEGA Ⅱ/6:83f;参见《马克思恩格斯全集》第23卷,人民出版社2009年版,第202页)马克思认为,劳动是人类所特有的活动,它与动物本能的生产活动不同,能"有目的地"影响自然,把在头脑中构想的内容"有意识地"变为现实。这就是人类劳动中的"构想"与"实践"的统一(Braverman 1974)。

当然,劳动作为物质变换媒介,就必须利用自然提供的原材料和动能,因此要依赖自然,并受到自然条件的限制。可见,人类在劳动过程中是不能随意改变自然的,只能在一定的限制条件下改变自然物质的形态。马克思也指出，作为物质财富之"母"的自然不仅为我们提供劳动对象，而且自然力在生产过程中也发挥着不可或缺的作用（MEGA Ⅱ/6：76f；参见《马克思恩格斯全集》第23卷，人民出版社2009年版，第57页）。自然对所有财富的生产发挥着本质的作用，自然的限制在后资本主义社会也将持续。在生产过程中，人类依赖自然生产、消费、废弃自身生活所需要的东西。该循环过程是人类无法克服的"生活的永恒的自然条件"。

> 劳动过程，就我们在上面把它描述为它的简单的抽象的要素来说，是制造使用价值的有目的的活动，是为了人类的需要而占有自然物，是人和自然之间的物质变换的一般条件，是人类生活的永恒的自然条件，因此，它不以人类生活的任何形式为转移，倒不如说，它是人类生活的一切社会形式所共有的。（MAGA Ⅱ/6：198；参见《马克思恩格斯全集》第23卷，人民出版社2009年版，第208—209页）

上述劳动过程的定义说明，人类的生产和再生产必须通过与感性的外界不断发生联系才能进行，这是贯穿历史过程的事实。因为人类只有在这种联系中才能生存。

然而，根据上述的一般规定，劳动过程只不过被描述为"简单的抽象的要素"（MEGA Ⅱ/6：198；参见《马克思恩格斯全集》第23卷,人民出版社2009年版,第208页)。事实上,指出人类在生产中依赖自然,在某种意义上是再平常不过的事实。马克思在其他部分也有如下表述:这种贯穿历史的条件"实际上不过是摆出一切生产的基本要素","这些要素实际上归纳起来不过是几个十分简单的规定"。也就是说,"所谓一切生产的一般条件,不过是这些抽象要素,用这些要素不可能理解任何一个现实的历史的生产阶段"(MEGA Ⅱ/1:24-26;参见《马克思恩格斯全集》第46a卷,人民出版社2003年版,第23—25页)。因此,不能从这种"简单的规定"出发对马克思的生态学进行批评。如果想要言及比"人类的生活依赖于自然,所以要珍惜自然"这一不言自明的事实以上的东西,就需要更进一步的规定。因为那是经济的形式规定,为了理解这一点,首先需要了解价值论和物化论。

二、价值和物化

众所周知,《资本论》是从商品分析开始的。马克思认为,商品具有"使用价值"和"价值"两个因素。与此对应,生产商品的劳动具有"具体劳动"和"抽象劳动"的二重性。如纺纱劳动或裁缝劳动等属于前者,是有质的区别的具体劳动形式。它产生出纱或上衣等具有质的区别的使用价值。与此相对,抽象劳动是表现人类劳动一般耗费的概念,其产生出价值。从物质变换的观点来看,劳动无疑是生理学的、物质的活动，具体劳动无疑是贯穿历史全过程的。这里值得注意的问题是，马克思主张抽象劳动是物质的。

在商品生产社会中，形成价值的劳动由于抽象掉了所有的具体形式，既看不见又摸不到，而且"价值"本身被认为是具有纯粹的社会属性。尽管如此，马克思仍说作为价值"实体"的抽象劳动是物质的："一切劳动，从一方面看，是人类劳动力在生理学意义上的耗费；作为相同的或抽象的人类劳动，它形成商品价值。"（MEGA Ⅱ/6：79；参见《马克思恩格斯全集》第23卷，人民出版社2009年版，第60页）进而说道："不管有用劳动或生产活动怎样不同，它们都是人体的机能，而每一种这样的机能不管内容和形式如何，实质上都是人的脑、神经、肌肉、感官等的耗费。这是一个生理学上的真理。"（MEGA Ⅱ/6：102；参见《马克思恩格斯全集》第23卷，人民出版社2009年版，第88页）"生理学上的真理"当然适用于劳动力的所有耗费，在此意义上，抽象的人类劳动与具体的有用劳动一样，被认为是物质的、贯穿历史全过程的。

反对上述观点的是伊萨克·伊里奇·鲁宾（Rubin1972 [1924]：135），而且近年来追随鲁宾等提倡"新马克思解读"的研究者们广泛提出抽象劳动既不是"物质的"，也不是贯穿历史全过程的，而是"单纯的社会劳动"的主张（Bellofiore 2009：183；Bonefeld 2010：266），并同时提出马克思对抽象劳动的解释具有理论"暧昧性"（Heinrichi 1999：210ff.）。然而，根据鲁宾和海因里希（Michael Heinrich）的解释，不仅不能正确理解马克思的问题意识，也无法展开对马克思的生态学研究。

日本学者久留间鲛造和大谷祯之介选择了与"新马克思解读"的研究者不同的解释路径，他们对于《资本论》的解释提供了诸多的有益参考。① 前者因为编辑《马克思政治经济学辞典》（共15卷）而广为人知，后者在该辞典的出版发行过程中发挥了重要作用。如上所述，《资本论》从商品分析开始，但久留间认为，这里的问题在于商品生产社会中基于历史的特殊分工的社会生产的方式。② 久留间和玉野井芳郎合著的《经济学史》（1954）认为，商品社会的决定性特征是"私人劳动"。久留间提出上述观点时想到的是《资本论》中的这样一段表述：

> 使用物品成为商品，只是因为它们是彼此独立进行的私人劳动的产品。这种私人劳动的总和形成社会总劳动。由于生产者只有通过交换他们的劳动产品才发生社会接触，因此，他们的私人劳动的特殊的社会

---

① 这里主要选取了久留间的解释，其他国家也有批判鲁宾的解释、赞成抽象劳动的物质性的研究。其中重要的研究有 Wolf（2004）、Kicilof 和 Starosta（2007）等。

② 对于《资本论》（商品章）的解释，把重点放在"生产"的久留间的解释与把重点放在"交换"的宇野弘藏的解释大相径庭，曾引起一场著名的争论。

性质也只有在这种交换中才表现出来。换句话说，私人劳动在事实上证实为社会总劳动的一部分，只是由于交换使劳动产品之间，从而使生产者之间发生了关系。（MEGA Ⅱ/6：103f.；参见《马克思恩格斯全集》第23卷，人民出版社2009年版，第90页）

如上所述，只有通过"私人劳动"生产出来的产品才能转化为商品，才能进行交换。当然，这里的"私人"劳动，并不是指只为个人的兴趣或消费而与社会无关的个人劳动，而是在社会分工中，社会成员尽管彼此依赖相互的劳动产品，但是始终是在不知他人具体需要什么、需要多少的情况下进行的劳动，被称为"私人劳动"。

久留间也指出，在任何一个社会中可利用的劳动总量都是有限的。之所以这么说，是因为每个成员在一天中只能工作一定的时间。这正是生理学上的事实。在这样的限制下，当个人不是通过自给自足，而是不得不通过他人劳动所生产的产品来满足自己的需要时，社会总劳动必须以"某种形式"适当地分配至各生产部门，也必须适当地分配其劳动产品（大谷1993：88f.）。如果只大量生产特定的产品，而过少生产其他必需品，或产品被特定的个人垄断，就无法持续进行社会生产并无法满足社会需要。所以，对社会总劳动和社会总产品的合理分配成为贯穿历史过程中决定社会存立的物质条件。

为了更好地理解近代社会分工的特殊性，将商品生产社会与非资本主义社会进行比较也许会有帮助。在不以私人劳动为基础的社会分工中，社会总劳动的分配和社会总产品的分配在进行劳动之前就已经基于人们的意志——是否以专制的、传统的、民主的形式决定，因时代和地域的不同而不同——决定了，并以与之相适应的形式，调节对各个具体劳动的分配，进而分配其产品。这样的社会生产之所以能够进行，是因为社会需求在生产之前就能够被预知，并能够根据需求进行生产。因为事先可以保证每种劳动都对社会再生产作出确实的贡献，所以劳动直接具有了社会的属性（佐佐木 2018）。

当然，商品生产社会也不能忽视贯穿历史过程的物质条件，必须以"某种形式"组织劳动的分配和产品的分配，并解决"经济问题"（Heilbroner/Milberg 2012：6）。但这里与其他社会生产相比的决定性的区别在于，分散的个人劳动以私人行为进行，即在无法确保成为社会总劳动的组成部分的情况下进行。也就是说，整个社会的生产早已不以人们的意志和决定为转移。为此，私人劳动不具有直接的社会属性，劳动在进行阶段没有成为社会总劳动的一部分。因此，对产品的适当分配和对劳动分配的调整不是在劳动完成之前，而必须是在此之后追溯进行。也就是说，在生产阶段，绝对不能排除劳动被浪费在没有需求的产品上的可能性。商品生产社会的现实矛盾在于尽管所有生产者之间存在物质上的相互依存关系，为满足自己的需求彼此也必须进行社会接触，但每个人的劳动却完全基于个人的判断和考虑下进行。久留间认为，为消除上述矛盾并保持社会生产和分配的可持续性，需要走"迂回道路"（久留间、玉野井 1954：85）。

久留间认为，这种"迂回道路"使私人生产者们以自己的劳动产品为媒介，进行相互接触成为可能。也就是说，因为每个人无法通过自己的行为直接与他人建立社会关系，所以需要通过"劳动产品的交换"，即借助物的力量，建立社会关系。如果劳动产品通过商品交换，能够满足他人的需要，且能证明其社会的使用价值，就可以追溯生产出来的产品中已耗费的私人劳动，也就能够作为社会有用劳动，取得社会属性。通过这样的交换，一方面社会总劳动得以分配，另一方面总产品也在各成员之间得到分配。这就是满足商品生产社会中物质生产和再生产条件的方法。①

尽管如此，在交换时，困难依然存在，尤其是不同材质的产品相比较的尺度问题。因为使用价值有质的多样性，所以乍一看各种商品之间似乎不存在统一的尺度。但马克思认为，这样的尺度是存在的，正是它赋予了商品交换的可能，即商品交换所特有的价值关系。"劳动产品只是在它们的交换中，才取得一种社会等同的价值对象性，

---

① 有必要指出，这一社会关系是以劳动产品的物质性质为基础的。即以劳动产品为媒介的社会接触成为可能，是因为物质的使用价值能成为他人的需要对象。所以，基于这种物质性质，私人生产者能够建立起相互的社会关系。在这里，劳动具有二重的社会属性。一方面，具体的有用劳动带来社会的使用价值；另一方面，抽象的人类劳动构成社会总劳动的一部分。

这种对象性是与它们的感觉上各不相同的使用对象性相分离的。"（MEGA Ⅱ/6：104；参见《马克思恩格斯全集》第23卷，人民出版社2009年版，第90页）具有不同质的使用价值的商品，因为有"价值"这一共同的尺度具备了相互比较的可能。这意味着借助价值这一物的属性，私人生产者们才有可能了解自己私人劳动的社会评价。这时，价值并不是物的自然属性，而是在商品生产社会中，分散的个人为了结成社会关系，人们无意识地赋予了物的"纯粹的、社会的"属性。①

必须注意的是，马克思虽然是在《资本论》第一章"商品"的第四节中对私人劳动的概念进行了论述，但在该章的第一节论述价值的"实体"是抽象劳动时，已经开始考虑上述的关联了。② 也就是说，在抽象掉私人劳动中所有具体形式，将生理学意义上的人类劳动的耗费对象化时，商品生产社会就出现了在私人劳动的基础上，社会总

---

① 仅仅因为人们赋予了物、认识到这一事实，并不能消除价值，因为它受到社会结构的限制。"可见，人们使他们的劳动产品彼此当作价值发生关系，不是因为在他们看来这些物只是同种的人类劳动的物质外壳。恰恰相反，他们在交换中使他们的各种产品作为价值彼此相等，也就使他们的各种劳动作为人类劳动而彼此相等。他们没有意识到这一点，但是他们这样做了。"（MEGA Ⅱ/6：104f.；参见《马克思恩格斯全集》第23卷，人民出版社2009年版，第90—91页）在现实中，市场上如果没有以价值为媒介的物与物的关系，就不可能有人与人的社会接触。在这种情况下，给"物"赋予价值这一社会力量的行为其实是为了社会的物质存续，无意识地被强制进行的。因此，要消除价值，就只有改变社会分工方式，废除私人劳动。

② 例如，如果忽略了这一点，庞巴维克的"蒸馏法"批判（Böhm-Bawerk 1986）似乎就变得有说服力了。

劳动必须进行合理分配的社会状况。所谓价值，就是除了有必需的纯粹的社会属性外，不具有看得见、摸得着的感性现象形式。因此，马克思把价值的不可捉摸的对象性称为"幽灵般的对象性"（MEGA Ⅱ/6：72；参见《马克思恩格斯全集》第23卷，人民出版社2009年版，第51页）。①

但是，在这里要注意的是，不能基于上述内容就直接得出抽象的人类劳动也是"纯粹的社会的"这一结论。价值之所以是纯粹的社会性的，是因为只有将人类劳动的一个方面作为物的对象进行对象化，人们才能在由诸多个人分散组成的商品生产社会中结成社会关系。在商品生产社会，通过无意识的但却强制产生的特殊社会行为，抽象劳动作为物的属性被对象化了。因此，价值完全没有物质的要素。与此相对，抽象劳动本身表现为人类劳动的一个方面，是贯穿历史过程的、物质的东西。在社会总劳动有限的情况下，劳动的合理分配对于社会再生产具有重大的意义。马克思也强调："在一切社会状态下，人们对生产生活资料所耗费的劳动时间必然是关心的，虽然在不同的发展阶段上关心的程度不同。"（MEGA Ⅱ/6：102；参见《马克思恩格斯全集》第23卷，人民出版社2009年版，第88页）

---

① 为了表现这种"幽灵般的对象性"，需要走通过其他使用价值来表现自己价值的"迂回道路"（久留间1957：6）。该问题可以用"价值形式论"解释，这里不赘述。

综上所述，在商品生产社会，由于"私人劳动"这一历史上特殊的社会分工方式，只能通过以物的社会属性（社会的使用价值）为媒介的商品交换来实现社会联系。在不同质的使用价值进行交换时，需要有共同的尺度，那就是"价值"。这样，人类劳动的一个方面的抽象劳动通过社会实践，作为物的纯粹的社会属性被对象化，从而使商品交换成为可能。结果就是，个人通过追逐价值和价格变动，调整产品及其数量，并由此组织起社会总劳动的分配。

总之，有用劳动因为有各种不同的形式，劳动之间无法相互比较。与此相对，无论哪一种劳动都是消耗有限的社会总劳动的一部分，在这一点上——即作为抽象的人类劳动——在生理学上又是相同的、可以比较的。因此，在商品生产社会中，抽象劳动又以私人劳动的"社会通用的特有形式"发挥着作用（佐佐木 2014；Sasaki/Saito 2015：165）。关于这一点迪特·沃尔夫（Dieter Wolf）作了如下表述：

> 在一切社会形成过程中，抽象的人类劳动是具体的有用劳动的抽象的一般属性。但是，只有在由劳动产品交换而构成的具有历史特殊性的社会过程中，这种抽象的一般属性才能形成各种具体的有用劳动的特殊的社会形式。（Wolf 2004：58）

当劳动完成前，就算在生产还没有社会化的其他社会形式中，具体的有用劳动即便有各种各样的形式，也可以直接作为社会的劳动形式。因为社会总劳动的分配是基于预先开始的具体劳动而进行的。与此相对，在商品生产社会中，私人劳动不具有直接的社会属性，社会总劳动的分配不能基于具体劳动来进行。因此，在商品生产社会，抽象劳动取代具体劳动，在交换中以历史的、特殊的劳动社会形式发挥作用，从而使私人劳动能够在社会中通用。换言之，私人劳动通过拥有作为抽象劳动（人类劳动的耗费）的"劳动一般性"，取得社会通用的劳动一般形式。马克思在这里强调的重点是，在近代特有的社会关系下，人类活动的物质层面受到特殊的经济形式规定，从而获得新的社会意义。这里存在着形式和物质的结合。

商品生产社会中物质的抽象劳动所取得的经济形式规定，对于下面的考察来说很重要。因为它对于贯穿历史全过程的人与自然的物质变换也会带来变化。通过追逐市场上的价格变动作决策的私人生产者，在无整体的有意识的决定下进行着社会的生产活动。其结果就是，以价值为媒介进行人与自然的物质变换。然而，在这种情况下，实际要考虑的只是抽象劳动的耗费，物质变换中的其他因素（具体的有用劳动或自然的作用）——尽管依然在劳动过程中作为本质的要素发挥作用，但只能作为附属因素来考虑。当然，只要抽象的人类劳动也是物质的，其耗费就不能完全忽视劳动过程中的其他物质要素。但是，由于各要素具有物质的弹性，所以可以根据价值需要，在一定程度上使其从属于抽象的人类劳动。这样一来，人与自然的物质变换被卷入价值之中，被单方面地编排在一起。在此可以看出商品生产社会里的人与自然的关系中存在的潜在的紧张关系，随着资本主义生产方式的发展，它使社会与自然的更大的敌对关系日益凸显出来。以价值为根本媒介的商品生产社会生产过程中，已经出现商品生产的物质冲突萌芽，正是这一点，对马克思的生态学研究具有决定性意义。

尽管如此，为接近现实中的现象形式，有必要进一步探究《资本论》中的叙述。其中重要的是关于"物化"（Versachlichung）的讨论。虽然关于马克思的物化论有诸多争论，但首先需要把"物"（Ding）和"物象"（Sache）区别开来（大谷 2001）。私人生产者的劳动之所以能够获得社会属性，是因为以价值为媒介进行了商品交换，在进行交换时他们为了把自己的"产品"转化为商品而产生关系。通过这种社会行为，产品（上衣或桌子）被赋予纯粹社会的力量（价值）。"物"通过获得这种纯粹社会的力量，"物"向"物象"转化。这就是物化。

如上所述，私人生产者只有借助物的社会力量，才能结成社会关系。于是，人与人的关系表现为颠倒的物与物的关系。马克思本人对物化的根本规定作了如下表述：

> 因此，在生产者面前，他们的私人劳动的社会关系就表现为现在这个样子，就是说，不是表现为人们在自己劳动中的直接的社会关系，而是表现为人们之

间的物的关系和物之间的社会关系。(MEGA Ⅱ/6：104；参见《马克思恩格斯全集》第23卷，人民出版社2009年版，第89—90页)

马克思把近代社会的颠倒现象称之为"人格的物化"(MEGA Ⅱ/6：138；参见《马克思恩格斯全集》第23卷，人民出版社2009年版，第133页)。由于客观世界中的颠倒现象，私人生产者的社会关系不直接表现为人格的关系，而表现为物化的关系。这样一来，"劳动的社会属性"颠倒为"劳动产品的价值属性"，"劳动时间的延续"颠倒为"劳动产品的价值量"，并且"生产者的社会关系"颠倒为"劳动产品的交换关系"，表现为物与物的关系（大谷1993：96）。也就是说，这种颠倒并不是隐藏"本质"的费尔巴哈式的认识上的错觉，而是私人生产者在现实中产生的实践性结构。因此，人类的实践不只是在头脑中颠倒着，而是在现实中以劳动产品的运动形式颠倒着，人们又被它控制着。"在交换者看来，他们本身的社会运动具有物的运动形式。不是他们控制这一运动，而是他们受这一运动控制。"(MEGA Ⅱ/6：105；参见《马克思恩格斯全集》第23卷，人民出版社2009年版，第91页)①

---

① 当然这不排除认识论上的颠倒和谬误的可能性。物的社会属性被误认为自然属性的现象，马克思称之为"拜物教"（Fetischismus）。例如，金子生来就有价值这一认识上的谬误就是拜物教的产物。对此，货币作为一般等价物能与所有商品进行直接交换，这是商品生产社会中因物化现象而产生的现实力量，而不是认识上的颠倒。

具体来说，生产者为满足自己的需求，他们非常关心自己的商品与其他商品的交换比例，然而，这个比例是无法自由决定的。市场价格具有不断波动的特征，也经常会发生不可预测的大幅度的变化。因此，生产者们在无法保证是否能够与特定的使用价值进行交换，或者能够与何物进行交换的状态下，随着市场变动而摇摆不定。也就是说，物的运动将生产者的行为与其意识分离开来，作为自立的异己的力量与人们对立起来。在这里主体与客体的关系发生了实际性颠倒，马克思在此发现了与宗教的类似之处。"这是物质生产中，现实社会生活过程（因为它就是生产过程）中与意识形态领域内表现于宗教中的那种关系完全同样的关系，即把主体颠倒为客体以及反过来的情形。"（MEGA Ⅱ/4.1：64f.；参见《马克思恩格斯全集》第49卷，人民出版社2016年版，第49页）如下所见，这种颠倒通过价值作为"货币"的"独立化"，以及作为"资本"的"主体化"，以更加强势的姿态扩展到整个社会。

尽管如此，物并没有获得完全的自主性和独立性。尽管物能独立于生产者进行独自的运动，但商品本身并不能作为"主体"自己进入市场。物终究还是物。因此，正如在《资本论》第一卷第二章所述，商品需要由它的"承担者"（Träger），即人把它带到市场并与其他商品进行交换。然而，这样会导致更深的颠倒。因为在市场上占主导地位的价值理论将人界定为"商品的承担者"，所以物化会逐渐改变人的行为和意识。

首先，商品所有者为使商品顺利地得到交换，在市场上"商品的承担者"彼此发生关系，也必须彼此承认是"商品所有者"。这样一来，人的作用就还原成了物的承担者（大谷1993：101；MEGA Ⅱ/6：138；参见《马克思恩格斯全集》第23卷，人民出版社2009年版，第102页）。这就是"物的人格化"。而且，随着商品、货币、资本的社会力量的独立化，人类的各种作用中也会充满这种物化的经济关系，并被价值理论所规定。由此，近代主体性的雏形逐渐浮现。

在许多情况下，以近代主体性为前提的世界观发挥着强制力的作用。因为如果不遵循这个世界观，就无法在现代社会生存下去（就会失业、破产、陷入贫困）。在这种情况下，人们只要不是富翁，就不会有其他更好的选择，甚至会将这个颠倒的社会形态内在化，并根据这个颠倒来判断行为是否"合理"。借助马克思的表述就是，市场上的"自由、平等、所有、边沁"变成了一般的社会规范和价值观。这样，即便市场原理内在化产生，也不会出现对颠倒的社会结构进行批判的声音了。大谷把上述状况称为"经济人幻想"，而诸多个人因"经济人幻想"把物化世界的特定的需求和行为方式当作合理行为而内在化，有意识地去追求市场中的"自由""平等""所有""效用"（大谷2001：81）。其结果，使现实的颠倒进一步强化。因为人类通过主体性的经济变革，能主动地发挥作为商品和货币的承担者的作用，从而自然地接受商品生产社会的规范。

例如，资本家受到竞争的影响，总是要强制地削减包括卫生、安全、环保设备等在内的"多余"成本，尽可能地压榨劳动力，将抽象的人类劳动转化为产品，甚至不去考虑生产的可持续性，总是竭力要生产和销售更多的产品。工人也在竞争的驱使下，受到因担心一旦失业就无法维持生计的恐惧所驱使，只能被迫服从资本家的命令、忍耐恶化的劳动条件。这种态度更大地再生产出客观颠倒，使人们对货币和商品的依赖度进一步提高。

从上述考察可知，物质世界的形态变化已经从"价值"这一范畴开始了。人们不仅受物的运动支配（"人格的物化"），而且以这种支配为前提，自觉地使自己的需求和态度与物的承担者的作用保持一致（"物的人格化"）。通过"资本"这一价值的主体化，这种颠倒究竟是如何进一步被强化的问题，将在下一节中进行考察。

三、"物质"与"形式"的辩证法

从上一节我们得知，经济形式规定不仅改变了人们的认识，而且也改变了需求和行为等物质维度，最终影响到贯穿历史过程的人与自然的物质变换。这里正如第二章所涉及的，运用了马克思独有的围绕"形式"和"物质"的方法论。人们对马克思经济学批判意义的理解，大多只停留在经济的形式规定的社会形式把握上，但对马克思的生态学来说，先行研究中被低估的、对物质维度意义上的把握，却是必不可少的。

为理解上述关联,下文将探讨《大纲》中批判的将社会形式规定视为物质的自然属性的"拜物教"观点。

> 经济学家们把人们的社会生产关系和受这些关系支配的物所获得的规定性看作物的自然属性,这种粗俗的唯物主义,是一种同样粗俗的唯心主义,甚至是一种拜物教,它把社会关系作为物的内在规定归之于物,从而使物神秘化。(MEGA Ⅱ/1:567;参见《马克思恩格斯全集》第46b卷,人民出版社2003年版,第202页)

例如,马克思引用了李嘉图对资本的定义,即资本是"作为手段被用于新劳动〔生产〕的那种积累的〔已实现的〕劳动〔确切地说,物化劳动〕"(MEGA Ⅱ/1:179;参见《马克思恩格斯全集》第46a卷,人民出版社2003年版,第211页)。李嘉图的这种把握,其问题在于舍弃了资本的"形式",片面地强调只有资本的内容和物质("物化劳动")才是"一切人类生产的必要条件"(MEGA Ⅱ/1:179;参见《马克思恩格斯全集》第46a卷,人民出版社2003年版,第212页)。在李嘉图的分析中,资本的形式规定转化为物的物质属性,就自然地表现为生产的贯穿历史过程的物质条件的一部分了。举具体例子来说,像机器类的生产资料被直接赋予了资本的属性。因此,马克思经济学批判的第一要点就在于,批判古典经济学中"形式"

与"物质"的不完全分离以及因混淆两者而引起的"拜物教"。

尽管如此,马克思承认,在古典经济学内部也已逐步将形式和物质分离开来。与此相关联的是,迄今为止被忽视的马克思对古典派经济学批判的第二要点。马克思认为,将"形式"与"物质"两者分离开来,仅把形式作为经济学的分析对象是不够的,还应把物质作为经济学范畴来分析。这是因为,正如前一章关于固定资本与流动资本的相关论述,在资本主义的社会关系下,物质属性起到了经济作用。

下面看马克思在《大纲》中的论述,其实一开始就有如下叙述:

> 商品本身表现为两种规定的统一。商品是使用价值,即满足人的某种需要的物。这是商品的物质的方面,这方面在极不相同的生产时期可以是共同的,因此不属于政治经济学的研究范围。(MEGA Ⅱ/Ⅰ:740;参见《马克思恩格斯全集》第46b卷,人民出版社2003年版,第411页)

在此,政治经济学考察中舍弃了商品的物质的方面。但马克思又立刻作了如下补充:

> 使用价值一旦由于现代生产关系而发生形态变化,或者它本身影响现代生产关系并使之发生形态变化,

它就属于政治经济学的范围了。在这方面，通常为了严整起见而作的一般论述，都只是老生常谈。这些老生常谈在这门科学最初形成的时候还有一些历史价值，那时人们还在极其艰难地把资产阶级生产的各种社会形式从物质材料上剥离下来并竭力把它们作为独立的考察对象固定下来。(MEGA Ⅱ/Ⅰ：740；参见《马克思恩格斯全集》第46b卷，人民出版社2003年版，第411页)

古典经济学"极其艰难地"将形式与物质逐步分离，使形式成为"独立的考察对象"。这当然是经济学的巨大进步，但它也只是"科学最初形成的时候"只具有学术价值而已。结果，由于以前的经济学只能在抽象的形式上把握范畴，所以最终不得不变成"老生常谈"。为避免这种庸俗，有必要对"物质"和"形式"进行更为细致的分析。

如引文所述，在所有生产阶段，财富的物质方面（使用价值）目前都被置于政治经济学的研究范围之外。也就是说，揭示资本主义财富及其生产特殊性的"社会形式"成为首要问题。尽管如此，资本主义商品生产也和其他生产方式一样，离开劳动力和劳动对象等物质要素是无法进行的。因此，马克思把生产过程的"物质基础"视作"既定的前提"，置于考察对象之外（MEGA Ⅱ/Ⅰ：740；参见《马克思恩格斯全集》第46b卷，人民出版社2003年版，第411页）。

但这并不意味在经济关系的叙述中一定不能把物质层

面纳入考察对象中，实际上恰恰相反。马克思认为，使用价值根据形式规定而"改变"，进而在"改变"形式规定的时候，物质会进入政治经济学的考察之中。马克思在《大纲》中阐述经济形式的同时，明确指出：因经济的形式规定而导致使用价值发生形态改变是政治经济学重要的分析对象。这并不是马克思偶然的想法，因为马克思在《大纲》中反复提及了这一点：

> 因此，正如我们在许多场合看到的，以为使用价值与交换价值的区别……根本不属于经济的形式规定，那是莫大的错误。相反，我们看到，在经济关系发展的不同阶段上，交换价值和使用价值是在各种不同的关系中被规定的，而且这种规定性本身就表现为价值本身的不同的规定。使用价值本身起着经济范畴的作用。(MEGA II/I: 530；参见《马克思恩格斯全集》第46b卷，人民出版社2003年版，第154页)

可见，马克思批判了把物质与形式进行绝对的对立[1]，

---

[1] 值得注意的是，马克思一直到晚年都在关注同样的问题。在《评阿·瓦格纳的〈政治经济学教科书〉》中，他指出："所以在我看来，使用价值起着一种与在以往的政治经济学中完全不同的重要作用。"在这里与往常相同，强调了理解资本主义的本质的物质东西的经济作用。"但是——这是必须指出的——使用价值始终只是在这样一种场合才予以注意，即这种研究是从分析一定的经济结构得出的，而不是从空谈'使用价值'和'价值'这些概念和词得出的。"(MEW 19: 371；参见《马克思恩格斯全集》第19卷，人民出版社1963年版，第414页)

因为这两者的各种关系本身构成了政治经济学的分析对象。在现实中不可能存在脱离物质承担者的形式规定，在很多情况下，使用价值本身"起着经济范畴的作用"。使用价值是"承担者"、是"物质基础"，其物质属性通过经济的形式规定贯穿始终。正因为如此，使用价值的规定性成为把握资本主义概念的经济范畴。当然，在这里颠倒的世界中经济的形式规定的客体性的"骨化"（Verknochung），并不是单纯的认识论的颠倒，这种"物的物化"（Verdinglichung der Sache）必须作为使用价值的物质属性的深层的变化来理解（平子 1979；Trairako 1982：73；平子 1991：192；MEGA Ⅱ/4.2：852）。①

这里的重点在于因物化引起的物质世界的形态变化，不仅限于人格，也会扩展到物的世界。马克思认为，社会关系中的物不只存在于现存的自然属性之下，而且根据经济形式规定发生社会形态变化，这种形态变化反映为物本身的属性，并逐步变得自然化。"恰好，作为物的属性的价值和作为商品的物的经济规定性，与表现为物本身的物的本质一样，劳动以货币形式取得的社会形式与表现为物的属性一样。"（MEGA Ⅱ/4.1：64）随着资本主义生产的发展，"物化"即形式与物质的结合所导致的物质属性的变化——也在深化，资本为了在更有利的条件下使自己的价值增殖，在物质层面不断重组、变化。然而，这个过程却

---

① 马克思的"骨化"与"物化"具有同样的含义（MEGA Ⅱ/4.2：869）。

孕育着矛盾，因为这一重组机制会扰乱整个物质世界。在这个意义上，对物质层面的分析与对形式的分析同样是揭示资本主义生产的特殊性，进而揭示了其矛盾的东西。因此，不仅从资本的观点，而且也从人与自然的物质变换的这一贯穿历史过程的视角，考察了物质属性的变化过程的，正是马克思的经济学批判。①

关于这一点，都留重人作了正确的归纳，虽然篇幅有点长，但还是要引用一下：

> 当然，虽然"物质面"无论如何都会因技术进步等而改变其样态，但它始终可以用具有普遍性的技术层面来描述，与此相对，"体制面"的规律性是作为特定的"形式"（这是马克思主义术语）内在的东西来把握的，所以通常具有历史特征。那是"形式"这种说法，就像有一定形状的容器，只要它继续下去，就显示着有符合它固有的内在规律的稳定性，只有这样，体制逻辑才能在一定时间段内有效。但看似搁置于稳定的容器中的"物质面"，并非一直不变。它受到容器自身特征的规定影响，在容器中发生着变化。这种

---

① 如果只停留在"使用价值"和"价值"，或者"具体的有用劳动"和"抽象的人类劳动"的简单的对立，只赞美不受经济的形式规定玷污的物质的前者，会导致止步于费尔巴哈的立场。这里的问题是物质层面本身发生了形态改变，不过是将"真正的欲望"置于"虚假的欲望"对立面的立场（Löwy 2015：43），使人们只看到精英主义罢了。同样的问题对于深层的生态学而言也一样适用。

"物质面"的变化,会成为改变容器形状的压力,根据该容器的柔软性,可能会出现某种程度上的"形式"改变,但一旦超过限度,就不得不更换容器了。这正是"体制面"的历史特性,用马克思的语言更准确地说,这种关系就是"生产力和生产关系的矛盾"。(都留 1972:37)。

都留在这里明确定义了马克思的研究是着眼于"物质"与"形式"的矛盾,并将马克思的洞察纳入环境经济学中。然而,物质的作用几乎被所有的以前的研究所轻视了。[1] 只要支持抽象的人类劳动具有"纯粹的社会性"的解释——即从《资本论》一开始就完全将物质层面的考察置于一边的解释——占统治地位,就难免会有这种倾向。

阿尔弗雷德·索恩-雷特尔(Alfred Sohn-Rethel)关于"实在抽象"(Realabstrakition)的讨论就是典型的例子。他认为,劳动抽象化为抽象的人类劳动是在商品交换的瞬间现实发生的。因此,抽象的人类劳动只是存在于交换中纯粹的社会性东西。"实际上,交换的社会化作用在所依赖的商品的价值对象性中,'一个原子的自然物质'都进不来。这里的社会化纯粹是依靠人的因素产生的东西,与人的自然之间的物质变换割裂开来。"(Sohn

---

[1] 都留以外的例子有平子(1979)、佐佐木(2011)和 Burkett(2014[1999])。

Rethel 1989：22）索恩-雷特尔的形式分析虽然认识到价值对象性的纯粹社会性，但是仍将价值还原于交换中的社会关系，并将抽象劳动消解于社会的构成物之中。这样一来，将价值和物质变换联系在一起的东西就消失了。① 就这样，索恩-雷特尔把价值作为纯粹的社会属性完全与物质的要素割裂开来，陷入了"第一自然"和"第二自然"的二元论之中：

> 我把商品交换的形式方面整体归纳在第二自然这一表现之下。因为它作为纯社会的、抽象的、能动的现实，应作为与人和动物共存的第一自然的对立物来理解。在作为货币的第二自然的表现形式中，我们所具有的特殊的人类的东西获得了历史中最初的对象的、被分离出来的、客体的和实在的表现。第二自然的产生是从与人和自然的物质变换的所有作用方式中被分离出来的社会化的必要结果。这种作用方式本身是第一自然的一部分。（Sohn-Rethel 1989：5）

---

① 海因里希·迈克尔（Heinrich Michael）也断言，由于抽象的人类劳动是在"交换过程中形成的通用关系"，所以"不能完全无法'消耗'掉"（Heinrich 2005：49）。这样一来，海因里希也没有看到"价值"和"人与自然的物质变换"的关联。事实上，海因里希在关于抽象的人类劳动的总和的"社会总劳动"这一概念的注释中，作了如下阐释："'社会总劳动'的概念，马克思并没有从社会全部生产活动这种贯穿历史过程的意义上使用，反而是将商品生产社会中的社会总劳动当作问题进行研究。"（Heinrich 2009：172）但是，"社会总劳动"是贯穿历史过程的概念，说其总和是有限的，是因为它与商品生产社会中的"价值"这一概念密切联系在一起了。

索恩-雷特尔把第一自然（动物的、自然的）与第二自然（人类特有的、纯社会的）对立起来，商品的"物质的内容"当然就无法进入作为社会行为的结果而产生的价值中了。然而，却不能由此就直接得出价值对象性与生产中贯穿历史过程的自然条件无关这样的结论。

事实上，马克思的观点正好相反。《资本论》中的问题——而且正是这个问题是斯密和李嘉图未曾提过的（MEGA Ⅱ/6：110）——"为什么"这种价值的纯粹社会的对象性会成为必要呢？而且这里强调的是，在私人劳动下贯穿历史过程的人与自然的物质变换的困难，即价值规定的根本在于对人与自然的物质变换进行管理这一物质的和自然的必然性。可见，这与索恩-雷特尔有明显的区别。事实上，索恩-雷特尔无法说明抽象劳动为何不得不对象化为价值的问题，并且由于失去了抽象劳动的物质性这一连接点，导致价值与"物质变换"被完全分离开，使他陷入了二元论的框架中。

索恩-雷特尔把贯穿历史过程的东西和历史性东西进行对立并固化，就孕育着一种危险性：就好像价值是在商品交换中结成的通用关系，与生产的贯穿历史过程的物质方面完全没有关系。当然，如果将马克思的经济学批判理解为"形式分析"，也轻视物质方面的分析，也许不觉得这有什么问题。因为马克思本人似乎看起来也把物质方面作为"给定的前提"，从考察中舍去了。但是如果想对马克思的理论进行整体性把握，在对摘录笔记进行分析时，就会思考马克思为什么会如此热心于研究自然科学这个问题，从而发现"价值"和"物质变换"的二元论是极其有问题的。因为在索恩-雷特尔的框架中，并没有弄清楚，如何通过讨论"第一自然"来对研究"第二自然"的经济学有所帮助。

从这个意义上说，把握本章所论述的抽象劳动的物质属性，有助于研究马克思的生态学。如果只是把抽象劳动作为"纯粹的社会的东西"来把握的话，就无法说明为什么对抽象劳动的支配会极大地扰乱人与自然的物质变换的物质方面，也就封闭了通往生态学的道路。这也说明西方马克思主义的代表施密特和雷特尔对于马克思的生态学只字未提，并非偶然。

为了避免抽象地断言自然被破坏是因为社会构成物受到支配，有必要说明抽象劳动和物质变换在物质上的联系，有必要把价值与贯穿历史过程的自然的和社会的物质变换的"永恒的自然条件"关联起来考察。马克思试图分析物质属性本身取得社会的规定性后，是如何由此产生了现实矛盾的。自然属性相对于资本的形式规定还具有弹性，所以它既没有完全从属于资本的形式规定，又具有无法克服的局限性。虽说如此，由于这种矛盾仅仅在商品生产社会的维度是无法充分展开的，所以需要通过研究"资本"这一范畴，进一步探讨物化是如何改变整个世界的。

四、资本主义生产对物质变换的形态改变和扰乱

在商品生产社会中,总劳动分配和总产品分配都是以价值为媒介进行的。人与自然的物质变换的组织和构成也是在一定意义上通过抽象劳动对象化为价值实现的。可见,这时只要还是把物质变换中其他具体的、物质的方面都只当作附属的东西进行考察,就会包含一定的紧张关系,但也许人们还没有意识到事态远比这更严重。

随着资本这一范畴的出现,抽象劳动物化后所产生的物质变换问题变得更加显著。因为在资本的作用下,价值不再只是社会生产的单纯"媒介",还转化为其"目的本身"。这样,资本通过压榨抽象的人类劳动,使其对象化为产品就成为生产的目的,这导致与为实现人与自然的物质变换的可持续性所需要的物质条件之间的关系更加紧张。

首先,随着货币的出现,物化的力量逐步增强。因为作为"一般等价物"、能够直接交换的社会的使用价值,又催生出"贮藏货币"这一新的欲望("黄金欲")。然而,产生的更大变化却是因价值作为资本"主体化"所导致的。

> 相反,在 G—W—G 流通中,商品和货币这二者仅仅是价值本身的不同存在方式:货币是它的一般存在方式,商品是它的特殊的也可以说只是化了装的存在方式。价值不断地从一种形式转化为另一种形式,在这

个运动中永不消失,从而变成一个自动的主体。……但是实际上,价值在这里已经成为一个过程的主体,在这个过程中,它不断地交替采取货币形式和商品形式,改变着自己的量,作为剩余价值同作为原价值的自身分出来,自行增殖着。(MEGA Ⅱ/6:171f;参见《马克思恩格斯全集》第23卷,人民出版社2009年版,第175—176页)

在 W—G—W 的简单流通中,特定的使用价值成为商品交换的终点。在这里,为比较各种各样的私人劳动,价值作为一个共通的东西发挥着作用,并通过在这一过程的终点的商品被个人消费,价值与使用价值一同消失。也就是说,价值成为社会物质变换的媒介。

与此相对,作为资本的价值规定则导致完全不同的状况。作为资本的价值是"自动的主体",反复进行着 G—W—G′的过程,使价值得到增殖。这一以追求量的增大作为唯一目的的过程是无止境的,因为价值本身愈发成为生产的目的。无论是货币还是商品,都只是资本暂时的形式,价值增殖在商品和货币两种形式之间不断交替实现。这样,价值成为 G—W—G′过程的"扩张着的主体"(MEGA Ⅱ/6:172;参见《马克思恩格斯全集》第23卷,人民出版社2009年版,第176页)。虽然生产和流通过程还是依赖于作为物质承担者的使用价值——如果没有使用价值,生产和交换也不会产生了,但其物质实质却从属于纯粹的资本量的增殖运动。这一结果导致，贯穿历史过程的劳动过程以与作为资本的价值形式的规定相对应的形式，也在"价值增殖过程"这一新的形式规定下被重构。

作为以劳动为媒介的、人与自然的物质变换的劳动过程，只在称为"永恒的自然条件"时，才是抽象的。但是，从资本的价值增殖方面看，社会生产过程取得了更为具体的形式。于是，与此相适应，抽象劳动也取得了追加的、特殊的经济职能，即资本主义条件下财富的唯一源泉的职能。

然而，还需要注意，资本的积累冲动并不满足于特定的使用价值和一定量的货币，它是无止境地持续增殖的"无休止的运动"（MEGA Ⅱ/6：170；参见《马克思恩格斯全集》第23卷，人民出版社2009年版，第175页）。因此，资本这一新的主体随着"对剩余劳动的狼一般的贪欲"而翩翩起舞（MEGA Ⅱ/6：268；参见《马克思恩格斯全集》第23卷，人民出版社2009年版，第272页），试图彻底有效地将抽象劳动对象化。其结果就是，人类劳动变得以只注重抽象劳动的扭曲形式被耗费着。对于资本而言，劳动力和自然都不过是价值增殖的手段，资本完全轻视二者所包含的多样的物质面。这种轻视会给人类的生活和环境带来什么样的变化呢？

马克思在"工作日""机器和大工业"这两章中，运用工厂视察员报告等资料，详细描述了资本主义生产所带来的破坏性后果。这两章中的具体描写常常被认为脱离了

《资本论》的"辩证法"的叙述而受到轻视。① 然而，如果认为《资本论》的目的不只是重构资本主义的范畴，还要对导致主客颠倒的社会生产中的物质世界被扰乱进行批判，那么这两章正是马克思关于资本的逻辑是如何扭曲工人的道德的、身体的、精神的生活的进行具体分析的重要章节。

这里值得注意的是，马克思在这两章中不仅论述了资本对物质世界的形态改变，还论述了从中产生的矛盾以及为解决矛盾而主体采取的措施等。马克思认为，资本即便试图利用技术和自然科学来克服和操纵自然的各种限制，最终也会扰乱自然和社会的物质变换，甚至引发主体对资本逻辑的反抗。

首先，马克思研究了对人类方面的物质变换的扰乱。从资本的价值增殖观点出发，工作日的外延和内延都被重构了，具体劳动开始按照抽象劳动对象化所期望的形式来展开。当然，还要考虑"工人的身体界限"和"社会的道德界限"，这两个界限都有"伸缩性"（MEGA Ⅱ/6：239；参见《马克思恩格斯全集》第23卷，人民出版社2009年

---

① 换言之，马克思的《资本论》并非以超越黑格尔唯心主义哲学的形式在概念上重建资本主义的总体性，而是通过对现实工人的共鸣贯彻着这一点。作出正相反的黑格尔的解释的，有斯密（Smith，1990：35）。斯密把《资本论》理解为资本主义生产方式诸范畴的辩证法重构，认为工作日等章被遗漏了。宇野弘藏的《经济原论》(1964) 在进行科学性叙述时，也将这种维度作为历史的考察，从"原论"中排除了。但对马克思来说，物质的维度并不能从理论的考察中分离出来。宇野的观点在国外被庸俗化，贝尔（Bell 2009：8）甚至将原论视为基于"经济人"的一般均衡理论，但这里很明显，形式与物质是相分离的。

版，第260页）。因此，资本出自对"剩余价值的无节制的贪欲"（MEGA Ⅱ/6：242；参见《马克思恩格斯全集》第23卷，人民出版社2009年版，第265页），试图把物质弹性为己所用，超越应有的界限，"想在一昼夜24小时内都占有劳动"（MEGA Ⅱ/6：261；参见《马克思恩格斯全集》第23卷，人民出版社2009年版，第286页）。工作日异常延长的结果是，工人失去了自由时间，失去了恢复身体和涵养精神的机会。

当然，被视为工作日的延长的工人的物质弹性存在界限。工作日的过度延长也会引起工人的过早疲惫或消耗。

> 可见，资本主义生产——实质上就是剩余价值的生产，就是剩余劳动的吸取——通过延长工作日，不仅使人的劳动力由于被夺去了道德上和身体上的正常发展和活动的条件而处于萎缩状态，而且使劳动力本身未老先衰和死亡。它靠缩短工人的寿命，在一定期限内延长工人的生产时间。（MEGA Ⅱ/6：269；参见《马克思恩格斯全集》第23卷，人民出版社2009年版，第295页）

资本主义生产之所以如此"残酷又难以置信"地延长工作日，因为这不仅是获得剩余劳动和剩余价值的绝对扩大的最直接的方法，而且是为了规避不变资本的道德损耗，节约重新启动机器所需的额外时间和费用。就这样，资本不断牺牲工人的健康和安宁，一味地追求价值增殖。"为了迫使资本主义生产方式建立最起码的卫生保健设施，也必须由国家颁布强制性的法律。还有什么比这一点更能清楚地说明资本主义生产方式的特点呢?"（MEGA Ⅱ/6：461；参见《马克思恩格斯全集》第23卷，人民出版社2009年版，第528页）。长时间劳动、夜间劳动，甚至儿童劳动，都会导致工人遭受身体畸形、道德颓废，早死等苦难。如果使七八岁的儿童从早上工作到晚上十点，很容易想象其结果会是怎样。他们作为工人，其工作的时间不仅会变短，而且因为不会读书写字，连拥有作为人应有的文化生活的可能性也被剥夺了。尽管如此，如果没有法律的强制，资本家们也不会主动采取任何措施。

然而，这种放任却并不能只归咎于个别资本家的道德责任。因为如果他们不想在与其他资本家的竞争中失去自己的地位，他们就不得不这样做。而这种顺应资本"无止境的盲目的冲动，狼一般的贪欲"的行动，对资本家而言是合理的，担心工人的生活则是多余的。"我死后哪怕洪水滔天!"这正是"资本人格化"了的资本家的口号。因此，"资本是根本不关心工人的健康和寿命的，除非社会迫使它去关心"（MEGA Ⅱ/6：273；参见《马克思恩格斯全集》第23卷，人民出版社2009年版，第299页）。

然而，从可持续性的角度来看，资本的这种强制性的经济体制是完全不合理的。因为从长期来看，工人将完全无法进行生活的再生产。即便如此，资本运动也不会自然而然地认可"工作日的界限，即剩余价值的界限"（MEGA Ⅱ/6：241；参见《马克思恩格斯全集》第23卷，人民出版社2009年版）。因此，工作日的界限不得不顺应资本的形式逻辑向外延伸。换言之，必须通过限制物化的方式来有意识地抑制资本对物质世界的渗透，否则将无法阻止对劳动力的破坏。这样，就像马克思在"争取正常工作日的斗争"一节中所描述的，针对资本的无止境的欲望，工人们的抵抗开始了。

首先，工人要求限制工作日和禁止雇佣童工。当然，为在竞争中取胜，单个资本家无法接受这样的要求，就需要通过法律来限制一定的劳动时间。马克思仔细地追溯了工人为挣得正常工作日而斗争的历史过程。当然，实际确定下来的对工作日的限制，因阶级间的力量对比而产生了很大的差异。但无论如何，如果没有工厂立法，很长的时期里工人阶级的再生产将无法进行，从这个意义上讲，工厂法是"大工业的必然产物"（MEGA Ⅱ/6：460；参见《马克思恩格斯全集》第23卷，人民出版社2009年版，第527页）。

然而，还不只这些。颇为有意思的是，马克思将制定正常工作日视为"是社会对其生产过程自发形式的第一次有意识、有计划的反作用"（MEGA Ⅱ/6：460；参见《马克思恩格斯全集》第23卷，人民出版社2009年版，第527页）。对马克思而言，工作日的限制之所以如此重要，正是因为它是可以制约工人们物化力量的有意识的举措，是对产生物化力量的社会实践本身进行改变的尝试。当然，即使实施了法律，资本家对工人的剥削仍在继续，因而工人还需要为包括健康、工资、教育等附带条件的改善而进行斗争，这无疑是更进一步斗争的第一步。为此，把制定正常工作日看作是单纯的社会民主主义的改良，那就误解了马克思的变革战略。实际上，马克思从抑制物化力量的角度出发，高度评价了这一尝试，并通过引用自己执笔的日内瓦"国际工人协会成立宣言"，作了如下描述："限制工作日是一个先决条件，没有这个条件，一切进一步谋求工人解放的尝试都将遭到失败……我们建议通过立法手续把工作日限制为8小时"（MEGA Ⅱ/6：302；参见《马克思恩格斯全集》第23卷，人民出版社2009年版，第334页）。从这种物质观点出发来对资本的力量进行限制，给工人带来自由时间，为他们进一步的斗争奠定必要的基础。

关于工人对资本的"实质从属"，马克思在"机器与大工业"一章中，详细探讨了为了进行相对剩余价值的生产，生产过程中的技术发生大变革的过程。机械化剥夺了工人的技能，用非熟练的工人取代熟练工人，使工人成为机器的附属物。犹如哈里·布雷弗曼（Braverman 1974）在《劳动与垄断资本》中所论述的，资产阶级的统治不仅仅是单纯地对生产资料的排他性占有，而且是建立在把工人们所拥有的、经过技能和经验所证实的知识和洞察力向资本集中，把劳动中的"设想"和"实践"分离的基础上。根植于对生产相关的技术和知识垄断基础上的资本统治，已经蚕食到劳动过程的更深层次。在大工业中，工人作为机器的附属物，配合机器的运动进行生产成为理所当然，进而由于无法掌握作为独立生产者不可缺少的知识和技术，工人的主体性从根本上被否定。也就是说，资本主义统治的根据并非只在于工人没有足够的货币和生产资料，反而在于工人被剥夺了生产所需要的主体能力。在劳动过程中被剥夺了知识和自律性的工人丧失了抵抗资本的手段，使资本的指挥和命令变得更为简单。结果就是，资本的专制形成了，工人日益贫困、劳苦、无知、道德堕落。在此可以看到，通过实质从属，工人的知识和技能等物质世界重构的进程。

然而，被竞争驱使的生产过程的不断革命，并没有同时创造出作为"全面发展的个人"的工人的多面性。因为是否存在顺应资本的各种劳动过程的变革，并能够灵活应对的工人，成为资本主义的"生死攸关的问题"。

> 但是，如果说劳动的变换现在只是作为不可克服的自然规律，并且带着自然规律在任何地方遇到障碍时都有的那种盲目破坏作用而为自己开辟道路，那么，大工业又通过它的灾难本身使下面这一点成为生死攸关的问题：承认劳动的变换，从而承认工人尽可能多方面的发展是社会生产的普遍规律，并且使各种关系适应于这个规律的正常实现。大工业还使下面这一点

成为生死攸关的问题：用适应于不断变动的劳动需求而可以随意支配的人员，来代替那些适应于资本的不断变动的剥削需要而处于后备状态的、可供支配的、大量的贫穷工人人口；用那种把不同社会职能当作互相交替的活动方式的全面发展的个人，来代替只是承担一种社会局部职能的局部个人。（MEGA Ⅱ/6：466；参见《马克思恩格斯全集》第23卷，人民出版社2009年版，第534—535页）

为此，资本主义被迫对工人进行技能培训。正如佐佐木（2011：390f）所指出的，马克思强调的、与制定正常工作日一样具有实践的意义的，是"职业学校""工人学校"（MEGA Ⅱ/6：466；参见《马克思恩格斯全集》第23卷，人民出版社2009年版，第535页）。也就明白为什么马克思把这种公共职业学校评价为"变革酵母"了。因为通过职业教育，工人可以将因资本垄断导致分离的知识和技能重新掌握在自己手中，可以部分地克服"设想和实践的分离"。这是恢复生产过程所失去的自律性和自由所不可缺少的条件。

从上述讨论可知，马克思在单纯地分析了从经济的形式规定中产生的破坏性后果之后，描述了来自劳动力的物质方面的抵抗。在这里的分析有两个阶段。首先马克思单纯地叙述了经济的形式规定，并在此基础上描绘了它如何从属、重构和破坏了生产过程。在此，马克思形式上的从属和实质的从属,高度评价了为有意识地抑制物化力量而进行的社会实践的变革。仅依靠缩短工作日和职业训练等改良手段,当然无法跨越资本主义本身。但能够从资本无止境地追逐剩余价值的欲望中,一定程度地保护工人,从而为更进一步的斗争创造出空间。

以上的考察也许看起来脱离了马克思的生态学。但是,马克思在"机器和大工业"一章中论述了关于资本对物质的和自然领域的影响。关于这一点,本书将在下一节中进行探讨。

五、存在于自然中的资本矛盾

马克思在阐释劳动过程时并没有忽视自然的作用,反而把"劳动"与"土地"作为人与自然的物质变换的"原要素(Urfaktor)"来看待(MEGA Ⅱ/3:87)。因为劳动力和自然力都是贯穿历史过程的物质,通用于所有生产形式,是任何生产都不可或缺的。那么,如果劳动过程片面地由价值作为媒介,就和劳动力的疲敝一样,可以预想到自然力也会出现枯竭。事实上,马克思自己也多次将对劳动力的无情剥削与自然资源的浪费相提并论。[1]

---

[1] 尽管从《资本论》中找不到像在"工作日"这一章中对于自然力枯竭的详细叙述,马克思也曾在《资本论》第3卷的"地租论"中试图讨论这一问题,但考虑到他没有完成《资本论》就去世了,这样的情况也就不奇怪了。如下文详细介绍的那样,马克思的意图可以通过研究他的摘录笔记来了解。

资本是不管劳动力的寿命长短的。它唯一关心的是在一个工作日内最大限度地使用劳动力。它靠缩短劳动力的寿命来达到这一目的,正像贪得无厌的农场主靠掠夺土地肥力来提高收获量一样。(MEGA Ⅱ/6:269;参见《马克思恩格斯全集》第23卷,人民出版社2009年版,第295页)

如果把劳动力作为一种自然力来考虑,我们知道上述描述并非偶然。马克思想要研究的不仅是劳动,还有自然对资本的从属。① 资本只关心获取利润,为此不仅要剥削劳动力,而且还只把自然力作为价值增殖手段来使用,完全不考虑自然的可持续性。因此,如同劳动力出现疲敝一样,人与自然物质变换裂缝这一矛盾也显现出来。

在此,必须联系"价值增殖过程"这一经济形式规定来理解这一矛盾。如非如此,我们就无法说明为什么生产力的提升会对自然造成更大的破坏。马克思在手稿中说明了资本主义生产过程是如何产生出掠夺自然的问题的。马克思区别了"物质的"方面和"形式的"方面,强调了自然力虽然进入了劳动过程,但没有进入价值增殖过程。

但是,固定资本另当别论,对于资本而言不耗费分文的生产力,即从分工、协作产生的全部生产力,

---

① 关于自然在形式上和实质上的从属,详见 Boyd et al. (2001)。

(例如，以水力、风力作为动力和从做工的社会组织产生的优越性等产生的生产力，全部不耗费分文），其使用与自然力的使用同样毫不费分文——或至少其使用丝毫不费分文的自然力相同——进入劳动过程，但不进入价值增殖过程。(MEGA Ⅱ/3：1675)

通过分工、协作和使用机器而提升的生产力，虽然进入了生产的物质层面（劳动过程），但没有进入形式层面（价值增殖过程）。因为新提升的社会生产力无须追加费用，而且在资本对生产资料排他性占有的情况下，为了组织和实现社会性力量，这种新的社会生产力就作为"资本的生产力"(MEGA Ⅱ/6：330；参见《马克思恩格斯全集》第23卷，人民出版社2009年版，第370页）显现出来。生产力的提升不仅能带来相对剩余价值，而且还能带来超额剩余价值，这成为对资本实质性从属的劳动过程不断爆发革命的诱因。

与分工、协作和机器的使用所产生的社会生产力同样，通过运用自然科学和技术，或无偿利用自然力，或降低生产费用的情况下，也可以提升资本的生产力。"科学根本不费资本家'分文'，但这丝毫不妨碍他们去利用科学。资本像吞并别人的劳动一样，吞并'别人的'科学。"(MEGA Ⅱ/6：377；参见《马克思恩格斯全集》第23卷，人民出版社2009年版，第424页）自然力进入劳动过程，虽然与人类劳动力共同发挥作用，但因资本家对所提升的生产力是

"无偿"地利用（MEGA Ⅱ/6：378；参见《马克思恩格斯全集》第23卷，人民出版社2009年版，第425页），所以并不进入价值增殖过程。即便不是无偿地利用，由于廉价的原料和辅助材料可以降低部分流动资本，也有可能降低成本价格。因此，资本要确保利用廉价而可靠的自然资源，就要试图在世界范围内搜寻。而自然力的枯竭和伴随原料的开采所造成的环境破坏以及对当地居民生活的破坏，对资本而言只是次要的、可以忽略不计的（Brand/Wissen 2017）。

"资本的无偿的自然力"（MEGA Ⅱ/4.2：833；参见《马克思恩格斯全集》第25b卷，人民出版社2001年版，第840页）——土地、水、风能和廉价的原材料和能源，即木材、煤炭，石油——对于资本的价值增殖具有巨大的影响力。从自然力完全为资本所用这一观点发展起来的自然科学，不断强化了工具理性。资本主义制度下的自然科学和技术学的发展原理，就是对劳动力的有效剥削和以最低费用利用自然力，即是一种并非为可持续性而使用，而是为带来利润而使用的观点。这样，就像劳动力超过界限地延长其工作日被消耗一样，为了不追加任何费用就提高生产力这一物质弹性，自然力也常常被超限度地利用，导致不断枯竭。但这样的做法并非对资本积累没有影响。这正是关于"原本只是表现为经济关系的物质基础的使用价值本身，是如何与经济范畴规定性关联"的又一例证（MEGA Ⅱ/3：1676）。

当然，这并不意味着资本可以完全无视物质界限。相反,只要原料等进入价值增殖过程,资本家为了将其价值毫无损失地转移到新产品中去,就会极为小心翼翼地、毫不浪费地去使用。因此,不变资本的"节约"是资本的内在倾向性,这也包括当今的循环再利用(MEGA Ⅱ/4.2:150)。但是,由此我们推测马克思乐观地认为"这种强大的力量终将把无用的副产品的生产减少到零"(Baumgärtner 2000:107),则是错误的。因为说到底只有存在价格优势的情况下,资本家才会进行循环再利用。循环再利用的目的不是为了可持续生产,而是为了削减成本。只要资本主义的大量生产、大量消费以及与此相伴的对自然力的浪费持续不停,资本主义生产就不可能在任何地方产生出依靠节约不变资本,实现可持续发展的经济。①

正如马克思所说的:"资本主义生产方式迫使单个企业实行节约,但是它的无政府状态的竞争制度却造成社会生产资料和劳动力的最大的浪费,而且也产生了无数现在是必不可少的,但就其本身来说是多余的职能"(MEGA Ⅱ/6:494;参见《马克思恩格斯全集》第23卷,人民出版社2009年版,第579页),反而加速了自然力的浪费。即使随着生产力的上升所需劳动时间减少了,总劳动时间也不会减少,反而为了获取剩余价值而被延长,劳动强度也会被提高。另一方面,随着生产规模的扩大和流通的复杂化,

---

① 或者,从近年来塑料瓶的再利用来看,在清洗过程中使用的各种各样的化学物质成为污染环境和危害健康的原因。塑料垃圾的问题只是转移到别的问题或者别的地方,不可持续的状况仍然没有改变。

产生出簿记、会计、广告业等"多余的职能"。甚至随着生产力的提升，产品的数量增加，与此相伴的自然资源和能源的消费也会增加，但另一方面，无计划的大量生产会产生出没有实际需求的供给，产生出未曾使用就被废弃的垃圾。这种浪费的倾向又抵消了资本对资源的节约。

马克思生态学的批评者常常认为，这种破坏性是因人类尚未充分支配自然所导致的，并对马克思要通过社会主义的技术进步来解决这些问题的想法提出批评（Clark 1989；Schantz 2012：XIV）。然而，这种普罗米修斯主义并没有反映出马克思的真正意图。马克思的物化论并没有把环境危机的原因只看作是技术问题，而是从对于人与自然的贯穿历史过程的相互作用的经济形式规定中寻找原因。由此可知，物质变换的扰乱问题是无法通过资本主义生产力的发展而得到解决。因为技术的和自然科学的发展并不是为了可持续发展，而是为了追逐更多的利润，从这一观点出发，对于自然界物质变换的干涉只会越来越强。然而，资本利用自然的冲动是无止境的同时，自然力和自然资源本质上却是有限的。这样一来，资本与自然之间就会产生无法以物质弹性为媒介的背离和裂缝。这种破坏性技术对向社会主义过渡没有任何作用。

因此，在《资本论》中，自然条件的破坏一直是从商品生产规律中推导出来的。资本只对抽象的人类劳动对象化的价值进行支付，对于没有进入价值增殖过程的社会力和自然力不但不予支付，还将由此产生的力作为资本的生产力,彻底地、无偿地使用殆尽。此时,对自然力再生所需要的费用,也由于抽象劳动没有被对象化,不予支付。资本因为对所有商品支付了相应的报酬,使自己的行为正当化。也就是说,资本对于自己引起的环境破坏的后果,只要进行了等价交换,就不再想承担任何责任。正是这种"商品价值"与"自然属性"逻辑之间的背离,显示出价值无法成为可持续生产的基准。

即使明知对现在的环境破坏不采取对策,将来为恢复环境会花费更多的费用,但在"我死后哪怕洪水滔天"精神支配下,资本主义的浪费性生产仍然无法停止"搭便车"与滥用自然。① 因为那样不仅会牺牲利润,而且还得放弃依赖于物质弹性的"资本弹性"。但是物质弹性不是无限的,就像过度驱使工人会导致劳动力不能再生产一样,对自然力掠夺性的使用也会破坏自然力本身,使其失去弹性。资本因此试图进一步通过技术的开发和发现新的使用价值来应对问题,结果却使矛盾进一步深化。这样一来,资本因扰乱了物质变换,将彻底破坏人类可持续发展的物质条件。为了防止这种情况的发生,马克思认为,只有抑制物化的力量本身,并最终克服资本主义。

从以上的考察中,我们对马克思为何热心研究自然科学可以得出以下的假设:马克思试图将资本主义导致的

---

① 就今天而言,尽管知道推迟实施全球变暖对策会带来不断膨胀的经济损失,但事实上从具体的例子可以看出,资本仍无法采取必要的全球变暖对策。

"物质变换裂缝"的具体构成作为资本主义生产矛盾的根源来展开。在下一章中,为了验证这个假设,本书将以迄今为止没有被关注的马克思的自然科学摘录笔记为中心进行探讨,其中主要人物是李比希和约翰斯顿这两位科学家。

第四章　近代农业批判与摘录笔记

正如新版《马克思恩格斯全集》出版后逐渐明确的那样，马克思在准备"经济学批判"的时候，做了大量的摘录笔记（大谷、平子2013）。这些笔记虽然包含了马克思自己的评论，但大部分还是他当时研究的图书、杂志、新闻报道等的摘抄。因此，苏联时期马克思恩格斯研究院的、由梁赞诺夫领导的计划发行的旧版《马克思恩格斯全集》中，这些摘录笔记甚至没有列入目录，之后大部分内容也没有以任何形式出版，长期排除在研究对象之外，被搁置了。但是，正如一些前期的研究所表明的，这些笔记与《资本论》的准备手稿和恩格斯的往返书信一样，是记录马克思思考过程的非常珍贵的一手资料（Schrader 1980；Anderson 2010）。这些笔记为我们了解马克思为完成《资本论》所付出的艰辛努力以及在晚年时对未完成的研究是怎样竭力推动理论发展的，提供了很多线索。揭示这些内容与马克思的环境思想的关联是本章的目的。

首先,在第四章中以摘录笔记为线索,将揭示在《资本论》的理论形成过程中马克思的现代农业观所发生的重要变化,这里对李比希和约翰斯顿两位科学家的摘录笔记就很有帮助。因为马克思在不同时期对这二人进行了多次研究①,所以通过比较研究马克思对二人的摘录笔记,可以回顾马克思的思想变化过程。实际上,这里已大致显示出,在19世纪60年代中期,马克思就已经具有了超越李嘉图级差地租论框架、对现代农业进行批判的视角。具体地说,虽然马克思在19世纪50年代对于应用自然科学和技术学可以增加农业收获持有相当乐观的看法,但是到了1865年,他的乐观主义消失了,反而开始对现代农业经营本身所引发的"人与自然物质变换的扰乱"的"掠夺农业"展开尖锐批评。一直以来,由于人们只关注年轻时期马克思的话语,所以批判马克思的思想是普罗米修斯主义。但是,通过对摘录笔记的研究,可以断定《资本论》与普罗米修斯主义毫无关系。

一、《资本论》与李比希

在《资本论》第一卷第十三章"机器与大工业"的最后一节——"大工业与农业"中,马克思曾这样写道:

---

① 在本章,主要探讨19世纪50—60年代的李比希和约翰斯顿的摘录笔记。此外,19世纪70年代的约翰斯顿的摘录笔记将在第三部有所涉及。

资本主义生产使它汇集在各大中心的城市人口越来越占优势，这样一来，它一方面聚集着社会的历史动力，另一方面又破坏着人和土地之间的物质变换，也就是使人以衣食形式消费掉的土地的组成部分不能回到土地，从而破坏土地持久肥力的永恒的自然条件。这样，它同时就破坏城市工人的身体健康和农村工人的精神生活。（MEGA Ⅱ/6：476；参见《马克思恩格斯全集》第 23 卷，人民出版社 2009 年版，第 552 页）

正如马克思在此明确指出的那样，置身于城市与农村对立之上的资本主义农业经营，为了获得利益，必然榨取土地的养分、消耗土地的肥力。因此，资本主义生产关系下的生产力和技术发展，就会使人与自然的物质变换产生裂缝，直接威胁人类的生存条件。正如一些前期的研究已经详细论述的那样，这里对破坏物质变换的批判是马克思通过研究李比希的《农业化学》（第七版，1862 年），特别是研究其"序论"中的掠夺农业论而形成的（椎名 1976）。马克思自己也在注释中盛赞："李比希的不朽功绩之一，是从自然科学的观点出发阐明了现代农业的消极方面。"（MEGA Ⅱ/6：476；参见《马克思恩格斯全集》第 23 卷，人民出版社 2009 年版，第 553 页）可见，李比希对马克思的影响，而且在近年的"物质变换裂缝论"研究中，李比希的掠夺农业批判也起到了核心作用（Foster 2000；Foster et al. 2011）。

那么，马克思又是如何对李比希的掠夺农业批判产生兴趣的呢？通过查阅已出版的新版《马克思恩格斯全集》第四部中的摘录笔记，我们发现一个颇具深意的事实。实际上，马克思在1851年就已经对李比希《农业化学》第四版作了细致的摘录。然而，直到《资本论》出版，仍无法看出马克思明确接受了李比希的观点。换言之，在马克思最初阅读李比希著作时，还没有着手进行生态资本主义批判。不过，通过研究《伦敦笔记》（1850—1853年）中的《农业化学》摘录可以肯定的是，当时的马克思对李比希所认为的，通过使用工厂生产的化学肥料进行土壤管理，就能够无限制地提高农业生产率这一乐观见解，是有共鸣的。

当然，李比希自己在19世纪50年代中期以后也加强了对现代农业的批判（Brock 1997：177），因为正是他在《农业化学》第七版"序论"中对掠夺农业进行的全面批判，对马克思生态学的形成产生了很大的影响。但是，这并不意味着马克思在写作《伦敦笔记》时还没有对资本主义农业的批判性见解。令人吃惊的是，尽管马克思实际上当时已经读过警告土壤贫瘠危险性的著作和报道，但对这些批判性的见解却几乎没有予以关注。而且更有意思的是，虽然马克思在写作《资本论》时多次参考了《伦敦笔记》，但似乎并没有参考19世纪50年代的对于李比希的摘录的迹象。这些事实或许暗示：由于某种原因，19世纪50年代有关《农业化学》的摘录笔记对马克思而言还不够充分。而以"马克思和李比希"为主题的前期研究既没有根据摘录笔记,对马克思接受李比希的过程进行研究,也没有揭示伴随马克思的现代农业批判的确立而出现的理论深化。然而,正是对《农业化学》的摘录,显示了马克思基于人与自然物质变换的唯物论来进行资本主义批判的范围和意义。①

二、《伦敦笔记》与"收益递减规律"批判

1849年以后马克思流亡伦敦,尽管经济上陷入严重的贫困状态,但他还是在大英博物馆图书馆开始着手经济学研究。他通读大量的书籍,完成了24册的《伦敦笔记》。其中也包含了很多经济学研究以外的内容,有一类就是占相当比例的自然科学相关的摘录。正如新版《马克思恩格斯全集》的编辑们所指出的,马克思自然科学研究的目的是批判当时被广泛认可的、与人口论和级差地租相关的"收益递减规律"(MEGA Ⅳ/9:31*-33*)。例如,李嘉图根据这个规律研究了级差地租论,根据他的观点,由于最优等的土地是有限的,随着人口增加,对粮食的需求必然增加,必然需要耕种劣等土地。虽然在劣等土地上要生产与之前相同量的农产品,所需的追加投入的资本必然会

---

① 实物笔记的复印版在网上已公开,下载后就能"阅读"高清版——连德国人都读不懂的马克思的潦草笔迹,要阅读需要相当大的本事——http://srarch.socialhistory.org/Record/ARCH00860。

相对增加，但是"所有商品的交换价值"是根据"最不利情况下的生产"来规定的（Ricaido 1951：73），所以农产品的价格也必然会上涨。结果就是，具有更有利的生产条件的土地，能够提供作为地租的差额。另一方面，马尔萨斯观察到，即便人口成比例地增长，农业生产率也只是递减式增大，基于此，他提出绝对过剩人口论，试图把工人阶级的贫困作为文明进程中不可避免的事态，予以正当化。当时的马克思通过思考农业革命的进步，想要批判这些古典学派的悲观看法。

马克思早在 1845 年完成的《曼彻斯特笔记》中就已经有了这样的见解。当读到詹姆斯·安德森（James Anderson）《关于导致不列颠目前粮荒的情况的冷静考察》（Anderson 1801）时，马克思就在笔记本中写下了关于大幅度改良土地肥力的可能性的文章，也是在这里，马尔萨斯成了明确批判的对象。例如，马克思概括了安德森的主张，并在笔记本上写道：马尔萨斯的"人口论"是"最危险的偏见"（《马克思恩格斯全集》第26b卷，人民出版社 2014 年版，第 158 页）。在此基础上，作为对马萨斯的反驳，马克思摘录了安德森的观点："农业生产率随着人口的增长而提高，随着人口的减少而下降。"（MEGA Ⅳ/4：64；《马克思恩格斯全集》第26b卷，人民出版社 2014 年版，第 158 页）而且，马克思还将安德森乐观的主张用德语记在了笔记上："通过化学作用和耕种，土地可以越来越得到改良"（MEGA Ⅳ/4：63；《马克思恩格斯全集》第26b卷，人民出版社 2014 年版，第158页）。安德森甚至作了如下表述："在合理的经营制度下，土地的生产率可以无限期地逐年提高，最后一直达到我们现在还难于设想的程度。"（MEGA Ⅳ/4：62；《马克思恩格斯全集》第26b卷，人民出版社2014年版，第158页）由于安德森时代英格兰的农业革命为土地生产率可以无限期地逐年提高提供了可信度，所以马克思热心地摘录了上述关于农业历史性进步的证词。①

1815年马克思读安德森的《关于至今阻碍欧洲农业进步的原因的研究》（Anderson 1779）的时候，也摘录了耕作土地会使土地的肥沃度发生大幅度变化的观点。"土地由于它们所经历的耕作方式不同，由于肥料等，可以从它们的原始状态改变成完全不同的状态"，所以有了"土地的无限多样性"（MEGA Ⅳ/9：119；参见《马克思恩格斯全集》第26b卷，人民出版社2014年版，第160页）。马克思后来在《1861—1863年经济学手稿》中，在对李嘉图收益递减规律进行批判时，引用了来自这些手稿中的安德森的观点，使我们可以确认其意图（MEGA Ⅱ/3：797，798），即相较于李嘉图的收益递减的看法，马克思更支持安德森农业进步的观点。他认为，通过排水设施和肥料投入来改善土地的生产力，可以增加足以弥补人口增长所需的谷物产品，不仅可以使谷物价格保持在现有水平，有时甚至会降低谷

---

① 但另一方面安德森批判了"在英国大量浪费肥料"的现象，提出通过实现更为合理的农业发展，养活更多的人口——"现在人口的四倍"。（MEGA Ⅳ/4：64f.）

物价格。①

1851年，马克思读了安德森的著作后，认为安德森与其说是学者，不如说是"实践的租地农场主"（MEGA Ⅱ/3：765；参见《马克思恩格斯全集》第26b卷，人民出版社2014年版，第120页），因此马克思对其有一定的保留——进一步研究了新的农业化学专业相关的著作，努力加深对于土地改良的科学认识，其中主要是对李比希和约翰斯顿的摘录笔记。

首先，马克思关注的是刊登在《经济学家》杂志上的、有关约翰斯顿的《北美札记》（1851）的两篇书评文章。这些文章对约翰斯顿的观点进行了简要总结，这很可能成为马克思后来研读约翰斯顿的更具理论性的化学和地质学相关书籍的契机。

在第一篇以《北美洲的农业》为题的文章开头指出，尽管英格兰已和北美洲的经济关系越来越密切，但人们关于新大陆农业的实际情况的信息依然掌握得很不够。在英格兰，人们普遍错误地认为，北美洲的处女地已经得到了充分的改良，那是一片不知枯竭为何物的土地。《经济学家》杂志的文章为了纠正这种幻想，高度评价约翰斯顿的报告："笔者在科学知识与农业实践的关系上，有着非常清晰正确的见解。"文章指出，约翰斯顿所指出的"结论中最重要的一点是……北美洲小麦出口的能力不只是被夸大了，

---

① 马克思认为，安德森才是真正的级差地租论的设计者（MEGA Ⅱ/3：689）。

实际上正以较快的速度在减退",甚至"正在衰弱"(Economist 1851a：475)。然而，尽管如此，北美洲的农业经营者对于通过适当的管理来维持地力仍然漠不关心。因为，如果土壤贫瘠了，他们就出卖农场，再去开拓位于西边的富饶的处女地，这样会更便宜。为此，正如第二篇文章所指出的那样，"很多地区的土地上除了每年向整个农场撒一吨石膏以外，并不施任何肥料地种了半个世纪的小麦"(Economist 1851b：559)。如果是这样的话，小麦的产量减少就是必然的结果吧。就这样，《经济学家》杂志的文章简要概括了约翰斯顿的著作，并得出这样的结论：由于北美洲的农业实际缺乏适当的投资和管理，还停留在"极其不发达的状态"，所以使土壤变得日益贫瘠(Economist 1851a：476)。

从马克思对这些文章中的摘录来看，关于北美土壤贫瘠的状况，我们只注意到以下一段话："以前北部大西洋一侧的诸州和纽约的西部是多产小麦的地区，现在已经基本上枯竭了，俄亥俄也经历了同样的过程。因此，在美国，现在只有西部的诸州是能够获得余量小麦的地区。"(MEGA Ⅳ/8：87)然而，这篇文章既没有分析导致土壤贫瘠的原因，也没有指出其严重程度，其实没有包含更多的相关信息。与此形成对比的是，马克思却通过更细致的摘录指出，北美洲因土地丰富、价格低廉，很难采取引进排水设备等改良方案，而且雇佣家族以外的工人进行大规模农场经营，不但"收益上不去"，也"不受欢迎"(MEGA Ⅳ/8：89)。

总的来说，马克思注意到，因农业经营者的知识和资本的不足，要通过使用机器和化学手段来进行土地改良是很困难的。"这个国家有人反对使用排水设备。因为这种改良所产生的费用，即使是以最低的汇率，例如每英亩4英镑，或20美元，也几乎与这片西纽约富饶地区的最优质土地的当前价格（相等）。"（MEGA Ⅳ/8：88）"很显然，几乎不需要追加劳动，即使没有技术投入，每年也能有适当收获的土地绰绰有余。"（MEGA Ⅳ/8：89）按照约翰斯顿的说法，由于缺乏知识和灌溉设备费用昂贵，北美洲还没有充分地进行农田改良。虽然篇幅很短，但从摘录的文章可知，比起北美洲土壤贫瘠问题本身，马克思更关心介绍不发达的、近代化落后的美国农业状况的约翰斯顿的报告。

当然，也许仅从上述摘录还无法断言什么，但同时期的其他摘录却可以带给我们更多的线索。因此，我们可以看看《伦敦笔记》第8册中最早研究土壤地质学构成与土地生产率关系的著作之一、约翰·莫顿（John Morton）的《关于土地的性质和特性》（1838）一书中的摘录。由于当时农业化学尚未发展，莫顿无法正确把握无机质在植物生长中的作用，认为无机质只是改变土壤的"质感"，提高植物吸收水分、大气、热量、有机质的效率（MEGA Ⅳ/8：306f.）。[1] 而且，由于莫顿忽略了无机质所具有的植物营养源的作用，为了强调腐殖土的重要性，他还对土壤贫瘠作

---

[1] 莫顿自身对"土壤"有如下表述："在植物生长的过程中，土壤只是支撑着植物的根。不能给植物提供任何意义上的养分。"（Morton 1840：123）

出如下乐观的描述:"仔细观察的话,就知道植物的生产绝不会使土壤贫瘠。"(MEGA Ⅳ/8:306f.)他还说:"虽然每种土壤的质量都是极不相同的,但是越是种植,越能提升土地价值"(MEGA Ⅳ/8:309),"每当新的资本投入时,土壤如果被精心使用的话,就能得到持续的改良"(MEGA Ⅳ/8:311)。可见,与安德森一样,莫顿也提倡对土地肥沃度进行永久性改良,这正是马克思摘录这本书的理由(MEGA Ⅳ/8:311)。

虽说莫顿的讨论从表面上看是乐观的,但必须注意这里有一个重要的前提条件:莫顿认为,之所以"植物生长的自然力被认为是不灭的",只是因为"一个收获物的腐蚀会成为下一个收获物的营养"(MEGA Ⅳ/8:305)。莫顿的考察虽然受到当时的理论和实践的限制,但另一方面,正是由于这个时代的限制,才能够产生出新旧植物间营养成分不断循环的观点,并成为实现农业可持续发展条件的朴素设想。

基于上述逻辑,我们还需要探讨《伦敦笔记》第10册亨利·查尔斯·凯里(Henry Charles Carey)的《过去、现在和未来》(1848)一书的摘录。因为凯里的这本书和约翰斯顿的书一样,都明确地批判了莫顿所提出的在北美洲植物营养成分的循环受到威胁的情况下土壤枯竭的状况。凯里认为,"合众国的全部制度的倾向是,将伟大机构(即土地)所提供的东西全部取出,却不返还任何东西。"(Carey 1848:304f.)凯里具体列举了几个实例,说明了作为结果产生的土壤贫瘠状况。

纽约的农场经营者种植小麦，导致土壤贫瘠。因为他卖的小麦，失去了谷粒和稻草。原本每英亩平均产量20蒲式耳的平均收益也下降了三分之一。

肯塔基州的人们因种植麻使土壤枯竭。而且，在向市场搬运肥料时把其浪费在道旁。

弗吉尼亚土地因种植香烟而枯竭。人们为了寻求西部新的土地而离开自己的家，但新的土地又枯竭了。这样一来，一方面浪费了劳动和肥料，另一方面人们又要为无法收获的大量食物供给而交税，伟大机构因此衰退下去。（Carey 1848：305f.）

凯里认为，在广阔的美洲大陆上，由于人口的分散，使植物从土壤中吸收的养分返还到原来的土壤变得极为困难。把谷物运送到遥远城市的市场的做法，使将来的肥料也会被浪费掉，因此土地变得枯竭。与此相对，"如果消费者和生产者在彼此相近的地方生活，就能发挥丰富的土地产出大量粮食的供给作用，并通过把全部的废弃物给予土地，实现有借有还"（Carey 1848：299）。因此，凯里从农业的可持续性观点出发，提倡自给自足的农工一体化的城乡共同体（高桥 2008：204）。

然而，尽管凯里明确地批判了北美洲农业的现状，但我们却没有发现马克思对这些记述予以关注的迹象。之前关于土壤贫瘠的相关引用，尽管对前后各页的多篇文章马克思都做了摘录，但对凯里的内容却没有进行摘录。如果考虑到凯里的批判对此后李比希的掠夺农业批判也产生过影响，马克思的这一做法令人吃惊（Liebig 1859：202f.；Foster 2000：153）。反过来说，这一做法也反映出当时的马克思并没有那么关心土壤贫瘠问题。

实际上，摘录还显示出马克思对其他问题的关注。例如，凯里关于北美洲不发达的农业随着人口的不断增长是如何被改良的记述，马克思就经常摘录："我们无一例外地发现，随着人口更加密集和财富数量的增加，较好的土地会越来越多地被耕作。"（MEGA Ⅳ/8：743）这正是对收益递减规律的批判。马克思很清楚地意识到了这一点，因此也在笔记本上记录了以下凯里批判李嘉图主义者麦克库洛赫（MacCulloch）所认为的，因最优土地的利用受到限制，农业发展无法克服自然限制这一主张的观点。"人总是从贫瘠的土地推移到较好的土地，然后再回到原来的贫瘠土地并且翻耕泥灰质或石灰质的土地，这样持续不断地反复进行……在这条道路的每一阶段上，人造出越来越好的机器。"（MEGA Ⅳ/8：746；参见《马克思恩格斯全集》第26b卷，人民出版社2014年版，第673页）

马克思在笔记的栏外画上强调的线，进一步引用了对收益递减规律提出异议的凯里的文章。相关引用认为，人口和土地肥力是相互促进而增长的："在人与土地结合较好的地方，随处可见人们对土地行使更大的力量。在新开垦的耕地、得到更多收获的地方，都会发现人口的急速增长，个人劳动者发挥着三倍的力量，二者合起来就产生更进一步的倾向。"（MEGA Ⅳ/8：744）虽然凯里强调了完全相反的观点，即"李嘉图体系"是"不和"的体系，是"企图用平分土地、战争和掠夺的手段来攫取政权的蛊惑者们的真正手册。"（MEGA Ⅳ/8：744；参见《马克思恩格斯全集》第26b卷，人民出版社2014年版，第183页）。

同样，马克思对于李嘉图和马尔萨斯的批判，也可以从阿奇博尔德·阿里森的《人口原理》（1840）的摘录中可见。"自1640年以来，美国人口以每33.5年增加1倍的速度持续着。这样长达两个世纪的长期惊人的倍增，即使是在最早增大的物种倍增之前，人类劳动产品仍能确保维持，这一卓越性是地球上历史上至今为止表现出来的最明显的事实。"（MEGA Ⅳ/9：257）当时普遍认为的，美国农业的快速发展能够养活持续增长的人口，的确部分地反映了当时的事实。如果是这样的话，马克思在阅读凯里和阿里森的著作时，只注意关于生产率提升的记述，而没有关心其背后的土壤贫瘠问题，也就不奇怪了。

当时通过阅读各种关于农业的书籍，马克思意识到，为了提高农业生产率，土地的适当管理是必要的，自然科学和技术学的发展在历史上第一次为农业生产率的提高提供了条件。因此，为了批判收益递减规律，马克思调查了近代自然科学的进步使土壤肥力飞跃式提升的可能性。但是，在那个时候，尽管约翰斯顿和凯里都对现实中农业滥用土壤养分，使土地急速枯竭的事实敲响了警钟，但是马克思却没有留下关于这方面的整理笔记。马克思反而有些性急地认为,应将土地消耗的问题归因于农业实践的不成熟,而在资本主义制度下提高农业生产率对于进行社会主义革命十分重要。总之,马克思的问题意识受到马尔萨斯的影响:"农业改革,以及基于此的所有权改革,是应该到来的变革的阿尔法,是奥米伽。如果没有这些,马尔萨斯老人的说法也会变得正确。"(MEGA Ⅲ/4:183)不过,马克思的生态学绝不是从这里产生的。

三、40年代的李比希和约翰斯顿的乐观主义

在《伦敦笔记》第12、13册对李比希的摘录中也延续着同样的倾向。作为19世纪最著名的德国化学家之一的、被称为"有机化学之父"的李比希,在其著作《农业化学》中,尝试将化学知识应用于农业实践。李比希认为,对于农业的进一步发展,分析土壤成分、阐明吸收养分机制的化学和生理学的作用极为重要。这时,成为批判对象的就是泰伊尔等人为代表的"腐殖说"。由于泰伊尔和摩莱肖特的化学知识不足,陷入了动植物在土壤中腐烂发酵而产生的暗褐色土壤直接成为植物养分的错误想法,李比希通过各种实验证明,之所以腐殖能促进植物的生长,是因为在腐败发酵过程中产生的碳和氮间接地供给了养分。李比希虽然没有完全否定腐殖的有效性,但却得出这样的结论:腐殖的重要性有限,主要是在根和叶还不茂盛、还无法从土壤和大气吸收足够的碳和氮的生长初期阶

段发挥作用。

李比希提出了与腐殖学说相对立的观点，即"无机营养说"（"矿物说"）。该学说重视土壤中碳、氢、氮、氧四元素以外的无机质（磷酸、钙、硅等）对植物生长不可或缺的影响，是至今仍被认可有效的洞察。根据李比希的观点，由于通过大气和雨水补充的土壤中的无机质的数量是有限的，如果不进行适当的管理就会导致无机质不足，土壤就会枯竭。因此，为了长期保持土地的肥沃度，必须避免无机质的浪费。作为对策，李比希列举了休耕、排水设施、轮作等方法（Liebig 1842：134）。但李比希也主张，不仅要维持土地肥力，为了提升肥力，常常还需要把无机质以肥料的形式人为地投入土壤中。"土壤的肥沃度只有在所有被夺走的物质再次返还到土壤中时，才能保持不变。这需要通过施放肥料来实现。"（MEGA Ⅳ/9：207）传统上，维持、提升和补充土地肥力中的无机质，主要是靠厩肥和骨粉来实现，但李比希认为，通过将科学和生理学的知识应用于农业，可以创造更有效的生产条件，并且他以对农场经营者有利的形式，以实现农作物的特定部分最大化的"合理的农业"作为追求目标（祖田 2013）。

这里，李比希作出的划时代贡献在于，将投入土壤中的肥料的效果作为纯粹的化学反应来分析，并得出"动物排泄物的作用可以由含有相同成分的其他物质代替"这一结论（MEGA Ⅳ/9：209）。在此基础上，通过分析植物生长所需的营养素，李比希主张总有一天可能实现用工厂配制的化学肥料来完全替代费时费力地收集和施撒动物的排泄物和骨头这类肥料。

> 必须看到，农耕的原则是土地必须重新完全接受自己所被剥夺的东西。这个返还无所谓是通过排泄物、灰、骨的哪一种形态。耕种地上施撒水玻璃（硅酸钾）、燃烧后的稻草灰，以及在化学工厂准备的磷酸盐肥料的时代即将到来。(MEGA Ⅳ/9：210)

李比希的这种言论反映了他对未来化学发展的极为乐观的见解，即可以大量生产肥料，可以完全用人类所生产的东西来代替自然的力量。然而，马克思显然已经发现，将著名化学家的见解用来反驳收益递减规律是很有说服力的。

的确，李比希认识到了在土壤无机质有限的情况下，农业就有可能导致土壤贫瘠。事实上，李比希在《农业化学》的某些地方，也指出了欧洲和美国的土壤贫瘠问题。然而，这种批判色彩太弱了（MEGA Ⅳ/9：202）。因为李比希的目的是反对腐殖说，强调无机营养说的重要性，最后设想被消耗的土地也可以通过投入含有无机质的化学肥料得以恢复。马克思在《伦敦笔记》中非常仔细地摘录了李比希的观点，这不是为了研究"人与自然物质变换的扰乱"，而是为了研究通过应用化学来提高农业生产率的方法。

从同时期的笔记第 13、14 册中所包含的约翰斯顿著作的摘录中，可以看出马克思研究李比希的目的。在 1851 年 10 月 13 日写给恩格斯的信中，马克思把约翰斯顿称为"英国的李比希"，给予了极为善意的评价（MEGA Ⅱi/4：232；参见《马克思恩格斯全集》第 27 卷，人民出版社 2011 年版，第 380 页）。马克思在写信之前，就已经阅读了约翰斯顿的《农业化学和地质学讲义》（1847）和《农业化学和地质学问答入门》（1849 年，以下简称《问答》），并进行了仔细的摘录。因为马克思把约翰斯顿与李比希同等看待，所以对约翰斯顿的摘录应该可以为我们了解马克思是如何接受李比希的《农业化学》的提供线索。

约翰斯顿是苏格兰的化学家和地质学家，和李比希一样，是 19 世纪农业化学的先驱之一。他游历欧洲和北美洲，从实践和理论两方面对应用自然科学推动农业发展，作出了巨大贡献。约翰斯顿也认识到植物的生长只有有机物是不够的，主张定期要补充无机质到土壤中（Johnston 1847：855f.）。约翰斯顿还认为，为寻找自然条件优越的土地，可以通过地质调查掌握地质和风化的影响，并提倡制作显示磷含量的"地质学地图"（MEGA Ⅱi/4：382；Johnston 1849：44）。

除此之外，约翰斯顿还论述了土壤的"自然特性和构成"可以通过物理和化学手段进行改良。"自然的差异很大。然而，通过管理产生这种差异的状况，却可以减少差异。"（MEGA Ⅳ/9：277）也就是说，约翰斯顿主张通过耕作改良土地的可能性："农场经营者可以改变土地本身的特性。不论是土地的物理性质还是化学结构,他都可以改变,并能够使土地处于适于培育自然生长的物种以外的植物的状态——或者根据选择,可以使同样的物种变得更加丰富,达到更加繁茂的状态。"(MEGA Ⅱi/4:299)在这里,虽然马克思没有直接提到李嘉图,但是他肯定关注到了约翰斯顿和李嘉图见解的不同。

这里重要的是,约翰斯顿明确指出,不恰当的土壤管理会导致破坏土地的肥力。不过,在《问答》中对于土壤贫瘠的回答,又反映出他有着与李比希相同的对化学肥料的乐观主义态度:"但是如果农业经营者在适当的时期,将适当的物质投入适当量的土壤中,他也许能够永远保持土地的肥沃度。农场经营者必须投入至少与从土地取走的同样的东西。要使土地更为改善,还必须投入得更多。"(MEGA Ⅳ/9:380)。约翰斯顿进而建议,为了保持和增强土地肥力,除了实施物理的和化学的改良外,还要从国外进口适合远距离运输的固体肥料,如"海鸟粪"(秘鲁太平洋沿岸等地大量发现的海鸟粪干燥后的东西)和"骨粉"(MEGA Ⅳ/9:381)。然而,正如后面章节所看到的,到了19世纪60年代,在李比希的影响下,马克思开始批判这种观点。

如今,马克思称约翰斯顿为"英国的李比希"的理由已经很明显了。李比希和约翰斯顿不仅都强调了无机质在植物生长方面的重要性,而且更重要的是两个人都确信通过利用自然化学和技术学的改良能够提高未来农业生产率。

对于试图批判收益递减规律的马克思而言，李比希和约翰斯顿的理论为马克思乐观地预测未来提供了科学基础。就这样，与强调农业改良的自然界限的李嘉图和马尔萨斯相比，马克思开始相信农业现代化能带来收益递增。

当然，这并不意味着马克思就认同农业完全没有自然的制约、农业生产率能通过集约化得到无限的提升。然而，在李比希和约翰斯顿的影响下，马克思将着力点放在了使用化学肥料和海鸟粪、骨粉来改善土地肥力上的话，他就很难发现有关土地自然界限和现实土壤贫瘠的具体分析。因此，《伦敦笔记》也常常带有乐观的倾向。为了批判李嘉图的非唯物史观的观点，马克思一方面强调土壤和土地肥力的历史性和社会性（特别是它的发展），另一方面却常常轻视自然的制约作用。为此，在当时马克思的理论框架中还没能充分研究物质世界的自然制约和资本主义的物质层面变化的相互关系。然而到了 19 世纪 60 年代，马克思的经济学批判开始集中分析这种相互关系，并将因掠夺农业而引起的物质变换的扰乱作为资本主义的矛盾展开研究。

四、资本家李比希的夸张

马克思在 19 世纪 60 年代写作《资本论》的时候，也曾两次阅读李比希的著作。第一次是 1863 年 6 月对《农业理论与实践》（1856）做摘录，第二次是 1865 年对《农业化学》第七版（1862）做摘录。这些摘录为我们弄清楚随着时代的变迁马克思和李比希的理论发生了怎样的转变，具有极为重要的作用。① 正如前一节所述，在19世纪40年代，李比希乐观地认为，可以通过在工厂大量生产无机肥料来解决土壤贫瘠问题。然而，当对夸大无机质重要性的批评声音越来越多的时候，李比希开始战略性地改变自己的论点。根据这一改变，李比希一方面开始说明土壤贫瘠的危险性，另一方面，更加竭力强调化学肥料所具有的万能功效。对于李比希的这种双重性，可以通过参考当时围绕是否需要在肥料中加入铵盐而展开的矿物说和氮素说之间的争论来理解。这一点我们参照马克思的笔记，一起来看看。

李比希已经在《农业化学》第五版（1843）中加入了有关氮对植物生长的必要性的见解的改变，开始主张氨通过雨水提供给土壤，并作为养分非常充足的观点（Liebig 1843：368）。李比希在《农业理论与实践》中虽然也重复了同样的主张，但马克思还是注意到了其中的变化，并写下了这样一段话："优质耕地含有着比收获足够多小麦时所需的量，甚至比投入了非常多的肥料的情况下高出500—1000倍的氮气。"（ⅡSG，MEN，Sign. B. 93：37）还说大气中的氨通过雨水"长期、永远"地供给土壤，"不会枯竭"（ⅡSG，MEN，Sign. B. 93：38）。

李比希的见解究竟发生了多大的变化，比较《农业化学》第四版就一目了然了。马克思在《伦敦笔记》的旁白

---

① 这些摘录分别刊发在新版《马克思恩格斯全集》第四部第17卷和第18卷中。

处划了三重线强调李比希所作的表述："农业植物从大气中接收与树木、灌木等野生植物相同量的氮。但从农业的目的而言，这是不够的。"（MEGA Ⅳ/9：189）这意味着，在这个阶段李比希还认为，要增加收获需要人为地投入铵盐。然而，在一年后出版的《农业化学》第五版中，该部分改成了相反的意思："农业植物从大气中接收与树木、灌木等野生植物相同量的氮。而且，氮对于所有农业的目的都是完全充足的。"（Liebig 1843：68）

这种突然的变化引发一系列的批判，主要是认为李比希轻视了氮的重要性。其中，约翰·本纳特·劳斯（John Bennet Lawes）——英格兰第一个在化学肥料制造方面取得成功的人物——对李比希的无机质说的片面性进行了严厉的批判。并且，劳斯通过与约瑟夫·亨利·吉尔伯特（Joseph Henry Gilbert）共同在罗瑟姆斯特德试验场进行的实验，证明了铵盐的投入无疑会增加土地收获量。李比希已取得专利的化学肥料（"李比希肥料"）也曾失败过——而且是因为氮成分过少所致，因此劳斯更加确信，不含氮的矿物肥料无法增加产量（Lawes 1847：243f.）。于是，劳斯得出结论，农户必须比任何东西都要重视土壤中氮枯竭的问题。因为"与这个过程中的氮相比，矿物物质是过剩的"（Lawes/Gilbett 1851：23）。就这样，围绕土壤贫瘠的原因，矿物说和氮素说之间展开了广泛的争论。

相对于劳斯的土地收获与土壤的氮含量成比例的主张，李比希在《农业理论与实践》中试图维护自己的无机质说。

依据李比希的观点，铵盐的投入可能会暂时增加产量，但从长期来看，总产量不会改变。这里的问题是"时间这个因素"（ⅡSG，MEN，Sign. B. 93：39）。马克思认真地摘录了李比希的反驳：

> 如果只投入氨和碳酸，或者氨，按照一年的收成增加两倍的话，也许耕地在50年时间的收获会与没有氨时100年时间的收获相同。耕地在50年内一定会转移并失去相当于没有氨时的100年的土地成分。使用氨，并不意味着耕地整体上会比没有氨的情况产出更多，只是在一定的时间内产出更多。（ⅡSG，MEN，Sign. B. 93：39）

李比希认为，植物要生长，所有的营养成分必须保证最低限度以上的量（李比希最小养分定律）。但是与氨不同，无机质是通过岩石风化这一自然作用形成的，到能够被植物所利用是需要相当长的时间的。因此，李比希认为，用肥料补充土壤中流失的无机质是必不可少的，而且为了满足最小养分定律，只有氨是不足的。不仅如此，如果只是投入氨盐，土地的消耗就会加快。因为要提高农作物收成，需要植物从土壤中吸收与氮一起的其他无机质，尽管这些无机质在土壤中的含量一直是有限的。由此，"在这种情况下，收获量肯定与土壤中所含矿物养分的量成正比"（ⅡSG，MEN，Sign. B. 93：38）。因此，"耕作造成的土壤贫瘠，与土地每年让渡给收获物的矿物质部分总量成正比"。尽管铵盐的过度投入会暂时增加产量，但这会导致无机质的不足，从而破坏最小养分定律，导致土壤贫瘠。

然而，这里必须注意的是，李比希指出的这种导致土壤贫瘠的可能性，并不意味着他开始批判性地看待现代农业。因为李比希的警告说到底不过是与"氮素说"进行争论时，被规定的、战略性的东西。这里的见解的改变具有战略性之处在于，李比希仍然认为通过大量生产化学肥料可以完全解决土壤贫瘠问题。李比希相信，化学开拓了新的可能性，即使不收集利用动物的粪便尿，也能更有效地补充土壤的养分。并认为，即使以当时的化学水平，不可能廉价生产出所需的化学肥料，也应该马上"开始农业的新时代"了。

在此，使我们想到，李比希不只是单纯的化学家，也是积极获得化学肥料专利等的资本家。对于李比希而言，拥护"矿物说"不仅仅是出于学术上的关心，而且有着作为投资矿物肥料的资本家的利益关心，这一点也很重要。因此，李比希以比19世纪40年代更为乐观的语调作了如下表述：

> 我们很高兴地告诉大家，这种肥料的利用是建立在现实中不存在的前提下的。这种肥料旨在进行全面的农业革命。完全不需要堆肥，并且被收获物夺去的所有矿物部分都会由矿物肥料来补充。像现在这样进行的轮作应该也消失了。……肥料是按照农场经营者

的意志和需要，在相同的一块耕地，既不用休耕也不会使土壤枯竭，就能够提供耕作同样的植物、紫苜蓿（三叶草）、小麦等的手段。（Liebig 1856：59f.）

在同时期出版的《农业化学的根本命题》中，李比希也有同样的预言：

> 用适当的肥料代替农作物的轮作是适合于我们时代的科学农业的课题。这样一来，农场经营者就可以在各自的耕地上根据情况和目的，种植最有利的农作物。（Liebig 1855：35f.）

19世纪农业革命的目标是利用化学肥料，可以不休耕也不轮作，而且不受各种土壤特性的限制，最大限度地种植在市场上最有利于销售的农作物。在此我们可以看到，与劳斯争论之后，李比希比以前更加乐观了。然而，这里也确实有对"矿物肥料的过高评价"（Müller/Klemm 1988：88）。更为重要的是，不承认自然的限制，从按照人类的欲望就能自由地对自然施加改变的这种工具式的自然观中，无法发现环境思想。

回顾上述情况，即使我们认为在1863年时马克思就已经仔细阅读了李比希的著作，但也得承认马克思并没有将现代农业视为"掠夺农业"予以批判。因此，即使在手稿中有的地方提到因"均衡的扰乱"可能产生土壤贫瘠

(MEGA Ⅱ/3：1445），但总体讨论的基调依然给人以乐观的印象。因为从李比希那里无法找到将物质变换的扰乱作为资本主义中心矛盾来展开的基础，这也是不得已的选择。然而，能够极大地改变这种近代主义乐观论的，也还是李比希。

五、《农业化学》第七版中的"掠夺农业"批判

马克思在写完《资本论》第3卷草稿的"地租"章后，于1866年2月13日给恩格斯写的信中提到李比希和舒贝因（schonbein）在农业化学方面的成就对地租论的影响时说："对这件事情比所有经济学家加起来还更重要"，并为近年的研究"完全证实了我的理论"而高兴不已（MEW 31：178；《马克思恩格斯全集》第31a卷，人民出版社2016年版，第181页）。马克思在写地租论的时候，对李比希的著作做了第三次摘录，究竟从中发现了什么呢？

1862年出版的李比希的《农业化学》第七版补充附加了100页以上的绪论。[①] 在绪论中，李比希全面批判了为获取最大利润而夺取土壤的无机质、破坏农业可持续性的"掠夺农业"。在本章开头提及的对马克思产生影响的有如

[①] 顺便说一下，日本虽然有北海道大学图书出版协会出版的由吉田武彦翻译的《农业化学》（第七版），但因其翻译得极为不严谨，对于理解李比希没有什么帮助。

下论述:"任何土地都不只是因为持续地输出粮食,而是因为人们浪费并失去了聚集于城市里的物质变换的产物,必然变得贫瘠。"(MEGA Ⅳ/18:129)产业化导致的工人人口增加使食物需求飞速增长,但是在城市消费的食物中所含有的土壤的营养成分绝不会返还到原来的土壤中去。而且,农场经营者为了提高收益,不但不会休耕,还会不惜将底层土壤翻出来连续耕种;他们不仅出卖所有的收获物,如果肥料可以销售的话,他们甚至连本应返还自己土地的干草和骨粉也会卖掉。就这样,土壤养分的循环被扰乱,农业可持续发展的条件被破坏。李比希将这种冲动的行为批判为"掠夺农业"。也就是说,根据李比希的观点,现代农业生产力的提高不过是表面上的,只是对土地掠夺的技术进步。例如,马克思还把这样的论述记录在笔记本上:

> 通过土地耕作——这里也必须考虑利用灌溉和堆肥——来实现提高收获量,当然是不可持续性的。更多的收获并不是因为耕地的营养变得丰富了,而是依靠使土地更早贫瘠的耕作技术带来的。(MEGA Ⅳ/18:133)

李比希这次没有提出化学肥料这一解决方案,而是接着作了如下的表述:"劳动本身使土地越来越贫瘠,最终会完全消耗掉,这是显而易见的。因为谁都知道,通过劳动什么也返还不到土地,就总是拿走谷物。"(MEGA Ⅳ/18:130)掠夺农业不会考虑维持土壤的肥沃程度,只是为了获取最大利润而无偿地榨尽自然力。

在此值得注意的是,李比希的掠夺农业批判并没有像以前那样伴有用化学肥料来解决的乐观论。相反,李比希把无视从土地上夺取的营养成分一定要返还到土地的"充足定律"(Gesetz des Ersatzes)的行为,明确指责为是对人类的犯罪。"如果相信今天这一代人有破坏自然规律的权利,那无疑是侵犯了最明智的自然规律中的一个。已经循环着的东西属于现在,是现在的东西。与此相对,土地是隐藏在其胎内的东西,并不是现在的财产。因为那是未来人类的东西。"(MEGA Ⅳ/18:133)

马克思在"大工业"一章关于物质变换扰乱的内容,很明显参考了李比希的上述阐释。根据李比希的说法,城市与农村这一近代特有的关系成为阻碍自然的物质变换周期的敌对关系。"英国很多城市都引入了水冲厕所,导致350万人的食物再生产条件每年都以不可再生的形式浪费掉了。"(MEGA Ⅳ/18:142)因此,李比希甚至说,解决城市的厕所问题"关系到农业和文明的发展"(MEGA Ⅳ/18:134)。

如果我们关注这一城市与农村的对立,就可以深刻理解马克思为什么高度评价李比希。这对于《德意志意识形态》以来,马克思一直研究的"城市与农村的对立"问题,无疑是赋予了新的自然科学的表达。

> 物质劳动和精神劳动的最大的一次分工，就是城市和乡村的分离。……城乡之间的对立只有在私有制的范围内才能存在。这种对立鲜明地反映出个人屈从于分工，屈从于他被迫从事的某种活动。（MEGA Ⅰ/5：71；参见《马克思恩格斯全集》第3卷，人民出版社1998年版，第56—57页）

而且根据李比希的观点，这样的城市与农村的对立不仅限于一个国家，而是以海鸟粪和骨粉的进口这一形式，扩展为资本主义的"中心"和"边缘"的对立。虽然大量的资源出口一方面维持了英国的土地肥力——这也只是暂时的效果——但由于破坏了其他国家的可持续生产条件，使物质变换的裂缝在世界范围内日趋严重。

> 英国掠夺了所有国家的肥沃条件。英国已经在莱比锡、滑铁卢、克里米亚的战场上反复寻找骨头，甚至用尽西西里亚地下墓地里积攒的几代骸骨，并且破坏了每年350万人的后代回归所需要的条件。尽管既没有说服力的理由，也没有自我可持续的功效，英国却像吸血鬼一样附着在欧洲和世界的背上，想吸尽他们的心血。（MEGA Ⅳ/18：143）

李比希提出，掠夺体制是近代特有的问题，其解决对策关系到整个人类的存续问题。这导致，开始将掠夺农业作为资本主义社会的矛盾来研究的马克思，对于李嘉图和马尔萨斯的收益递减规律，也开始改变以往所持有的观点。也就是说，马克思不再像以前那样，只是批判乐观地看待农业发展的可能性的观点，而是运用自己的经济学批判方法，从李嘉图非历史性的公式化的规律中剥去它的表象，将产生收益递减的资本主义生产的历史特殊性作为掠夺予以揭露。就这样，马克思把土壤贫瘠和自然资源枯竭作为资本主义的破坏性结果着手研究。

进而，马克思在同时期对约翰斯顿的著作《北美札记》所做的摘录，也带有对李比希的摘录相同的论调。如他在1851年阅读《经济学家》杂志的报道和凯里著作时，几乎不关心美国土壤贫瘠的具体状态。但是，马克思摘录了李比希这样的观点："这是掠夺农业的自然规律性趋势，再没有像北美那样大规模推进的地方了。"（MEGA Ⅳ/18：141）这显示出他对美国状况也非常关心。

李比希受到凯里的影响，详细描述了美国掠夺农业的现状。

> 在北美农业历史中有数不胜数的无法反驳的事实。它们所描绘的是，在没有休耕和肥料的情况下，在很短的时间内从耕地中可以收获谷物和经济作物。在不到几代人的情况下，数千年来积累下来的土壤中植物营养素的剩余部分已经枯竭，没有肥料就无法得到比较好的收获。……将康涅狄格、马萨诸塞、罗得岛、

新罕布什尔、缅因、佛蒙特加起来的话，10年间（1840—1850年）小麦收成减半，马铃薯收获减少三分之一，田纳西、肯德基、佐治亚、拉巴马以及纽约，小麦的收成也比以前减少了一半。（MEGA Ⅳ/18：138）

在这些记述的启发下，尽管平时不看游记之类的内容（MEW 31：178），马克思却开始阅读约翰斯顿的游记《北美札记》。而且，与《伦敦笔记》不同，他仔细地摘录了因掠夺农业而导致的土壤急速枯竭的美国现状。这一点，在后来整理笔记时，从马克思对约翰斯顿的摘录中，提出"北美的枯竭体系"这一特征也可以了解（MEGA Ⅱ/4.3：239）。然后，马克思以这样一段文字开始摘录约翰斯顿的著作："实际上，在北美的一般体系中，市场是能够找到能出卖的东西并全都卖掉的（干草、谷物、马铃薯等），而且完全不采取任何可以取代的手段返回土地。"（MEGA Ⅳ/8：311）从马克思之前不曾摘录过凯里的相关观点这一点来看，他的认识产生了很大的变化。

当时美国还有很多未开发的土地，对于只追求利润的美国农场经营者来说，不存在通过对土壤进行适当管理来合理经营农业的动机。因为"粗心大意、不加思考的农场经营习惯……如果这样导入的话……比起恢复土地原貌，开垦新耕地种植会更便宜，能带来更多的利润"（MEGA Ⅳ/8：312）。结果就是，农场经营者对为子孙后代维持和改良土地漠不关心。"所有者在销售时希望的……价格已经在心里决定了。而且，考虑通过花钱去西部，为他自己和家人过上更好的生活。"（MEGA Ⅳ/8：312）基于以上情况，约翰斯顿得出结论：北美的农业迟早会陷入"完全枯竭的状态"（MEGA Ⅳ/8：317）。

当农业在私人垄断之下经营，并在短时间内通过榨取地力带来更大的利润，掠夺农业就在社会上实现了一般化。这正好与不考虑工厂的工人身体和精神上的疲劳等，为榨取剩余价值而过度使用他们的情况相似。进而，与资本破坏工人生活而不进行补偿一样，土地的自然力也无偿地被过度使用，而对土壤贫瘠却不采取任何必要的对策。土壤贫瘠问题成为19世纪重大的社会问题，这正是资本无视物质世界、破坏持续生产的物质条件这一物质变换裂缝的显著表现。

但是，马克思并不完全赞同约翰斯顿的观点。因为面对这样的矛盾，作为"非常保守的农业化学家"（MEGA Ⅱ/4.2：670；参见《马克思恩格斯全集》第25b卷，人民出版社2001年版，第696页）约翰斯顿反复强调，这是暂时的必要之恶，从而试图使之正当化。"开垦荒地，使新的土地贫瘠的农场经营者阶级的迁移，对于新兴国家的农村发展有某种必然性。那是比起懊悔，更应该高兴的事。"（Johnston 1851：54）有趣的是，开始关注北美土壤贫瘠机制的具体叙述的马克思，在这篇文章的面前却停止了引用。而且，他对约翰斯顿反复强调的、伴随资本主义技术发展的土壤贫瘠问题有望得到解决的其他部分也没有进行摘录。

马克思反对掠夺农业，在《资本论》中明确提出，为了后代维持地力和持续改良土地的要求。

> 从一个较高级的社会经济形态的角度来看，个别人对土地的私有权，和一个人对另一个人的私有权一样，是十分荒谬的。甚至整个社会，一个民族，以至一切同时存在的社会加在一起，都不是土地的所有者。他们只是土地的占有者，土地的利用者，并且他们必须像好家长那样，把土地改良后传给后代。（MEGA Ⅱ/4.2：718；参见《马克思恩格斯全集》第25b卷，人民出版社2001年版，第875页）①

马克思与以前一样，清楚地认识到，有意识地应用自然化学进行的"合理农业"的重要性。另一方面，正如马克思明确强调的，决不能把短期农业生产率的提高当作"改良"而无批判地给予赞扬。因为无视土地的物质限制的掠夺农业，迟早会使土壤贫瘠。也就是说，不具有可持续的生产率的提高，就是"掠夺"。因此，"生产力"的概念中必须包含可持续的观点。

---

① 本顿认为，正是这一节表现出马克思的对于自然支配的普罗米修斯主义的希望，但是这种说法缺乏说服力（Benton 2007：98）。

这样想来，北美的农业并没能实现生产力的发展。使北美大地枯竭的绝不是因为农业按照前近代的方式进行经营，反而是因为进行以资本主义的、获取利润为目的的生产——正如李比希所论述的——向"以粗暴的掠夺为掠夺的技巧"发展了（MEGA Ⅳ/18：141）。马克思总结了李比希和约翰斯顿的主张，在《资本论》中作了如下表述：

> 资本主义农业的任何进步，都不仅是掠夺劳动者的技巧的进步，而且是掠夺土地的技巧的进步，在一定时期内提高土地肥力的任何进步，同时也是破坏土地肥力持久源泉的进步。一个国家，例如北美合众国，越是以大工业作为自己发展的起点，这个破坏过程就越迅速。（MEGA Ⅱ/6：477；参见《马克思恩格斯全集》第23卷，人民出版社2009年版，第552—553页）

与约翰斯顿和《经济学家》杂志的见解不同，马克思赞同美国的掠夺农业不是前资本主义的野蛮产物，而是资本主义发展的产物。他把上述观点作了如下总结，并强调随着资本主义的发展，这一事态会越来越严重。

> 大土地所有制就在劳动力的天然能力躲藏的最后

领域，在劳动力作为更新民族生活力的后备力量贮存起来的最后领域，即在农村本身中，破坏了劳动力。大工业和按工业方式经营的大农业一起发生作用。如果说它们原来的区别在于，前者更多地滥用和破坏劳动力，即人类的自然力，而后者更直接地滥用和破坏土地的自然力，那么，在以后的发展进程中，二者会携手并进，因为农村的产业制度也使劳动者精力衰竭，而工业和商业则为农业提供各种手段，使土地日益贫瘠。（MEGA Ⅱ/4/2：753；参见《马克思恩格斯全集》第25b卷，人民出版社2001年版，第917页）

可见，从这里已经看不到马克思像以前那样的乐观。不仅如此，马克思还警告这种破坏性的过程随着资本主义的发展，将在世界范围内扩大。关于这一点，将在本书最后进行探讨。①

---

① 从历史上看，土壤枯竭的问题通过"哈伯法"（Haber-Bosch-Verfahren），可以大量生产氨水、氮肥产量飞跃增加得以"解决"。但是，过度依赖化学肥料不仅会使土地硬化，失去排水性和保湿性，还会增加病害虫带来的危害。并且残留在土壤中的氮化合物流失到环境中也会引起赤潮，硝酸态氮成为环境污染的原因，产生其他环境问题。因此，物质变换的"裂缝"并没有得到修补，充其量只是"转移"为其他问题而已（Clark/York 2008）。同样的围绕"裂缝"及转移问题，也适用于化石燃料和稀有金属等采矿业。只要价值创造不考虑人与自然的物质变换，人类实现可持续生产就会常常面临巨大的困难。因此，马克思的价值论和物质变换论的融合，为批判资本主义掠夺机制提供了方法论基础。

六、环境帝国主义和全球环境危机

马克思在《资本论》中提出了一个应对自然力枯竭的对策。

> 即使撇开一天比一天更带威胁性地高涨着的工人运动不说,也有必要把工厂劳动限制一下,这正像有必要用海鸟粪对英国田地施肥一样。同是盲目的掠夺欲,在后一种情况下使地力枯竭,而在前一种情况下使国家的生命力遭到根本的摧残。(MEGA Ⅱ/6: 245;参见《马克思恩格斯全集》第23卷,人民出版社2009年版,第267页)

我们已经看到,作为针对"盲目掠夺欲"的对策,马克思曾高度评价限制工作日的做法。资本家们如果按照阶级理性,也不会持续地进行导致工人不能再生产的掠夺,而会接受制定正常的工作日。同样,英格兰的农场经营者们为了维持土地的肥力,也被迫要给田地撒海鸟粪。然而,这并没有像限制工作日那样给社会带来进步,海鸟粪的使用反而使得资本主义农业经营的矛盾更加严重。在这里,确定了资本主义存在着无法跨越的自然界限,在确定这一点上,李比希也发挥了重要的作用。

海鸟粪是指可以在南美沿岸开采的海鸟的粪便和尸体等的沉积物,其能向欧洲进口,与亚历山大·冯·洪堡

（Alexander von Humboldt）有关。1802年，洪堡旅居秘鲁时，他注意到当地农民使用海鸟粪做肥料。洪堡想，是否也可以将其用于欧洲农业呢？于是从钦查群岛带回了一批海鸟粪块，并在农场进行了实验。事实证明，富含磷和氮成分的海鸟粪成为拯救欧洲摆脱土地肥力枯竭的救世主，于是欧洲开始大量从南美洲进口海鸟粪。之后的很长一段时间里，利用海鸟粪的农业经营看起来进行得很顺利，直到海鸟粪完全耗尽。

尽管在19世纪50年代初英格兰议会上就明确警告，海鸟粪在"8—9年内会枯竭"（MEGA Ⅳ/18：141），但之后海鸟粪的浪费仍在继续。英格兰的海鸟粪进口量持续增加，1859年一年的进口量达到了28.6万吨。这导致李比希在《农业化学》第七版"序论"中，对使用海鸟粪的评价也发生了变化。在第四版中，李比希几乎没有把海鸟粪进口当作问题，与约翰斯顿一样，他指出，少量的海鸟粪就可以使贫瘠的土壤飞速提升肥力（Liebig 1842：75）。而如果说海鸟粪的有效性是因为其中含有较多的无机质，这无疑是有助于李比希证明自己的矿物说的。与此相对，李比希在第七版中却明确批判了掠夺农业不仅使土地肥力枯竭，而且使南美的天然资源也被急速掠夺殆尽的严重事态。根据李比希的观点，通过大量进口天然肥料来维持土地肥力的尝试，充其量只能将土壤枯竭延缓到不久的将来。他警告说，随着生产规模的扩大，所需的海鸟粪的量会越来越多，自然资源恢复的时间与资本所需要的数量之间的背离不断扩大，不可避免地导致海鸟粪的枯竭和土壤枯竭。

问题在于，物质变换的裂缝正成为世界范围的问题。面对海鸟粪的枯竭，英格兰和美国围绕贵重的海鸟粪和硝石资源不仅对秘鲁海域，甚至展开了对南美大陆的诸岛屿的领土的争夺。1856年，美国国会通过了《鸟粪岛法》，允许美国公民吞并拥有海鸟粪资源的岛屿，从此美国强占了太平洋上的诸多岛屿。这样的帝国主义掠夺，不仅会侵蚀自然资源，还会扰乱生态系统。例如，由于洪堡企鹅有在海鸟粪中筑巢的习性，对海鸟粪的掠夺，就直接导致企鹅的繁殖变得非常困难。进而，由于海鸟粪的开采还会破坏海鸟巢穴本身，海鸟也会锐减。此外，由于殖民地产生的严重的经济、政治上的不平等，为了开采海鸟粪，不只是破坏了原住民的生活，而且使做苦力的中国人也处在恶劣的工作环境中（Clark/Foster 2009：318ff.）。

陷入了物质循环裂缝的资本主义的掠夺和浪费体系，在推动生产力和运输手段发展的同时，通过世界市场上的商品交换和殖民地统治的暴力掠夺，也为资本积累使用着越来越大量的自然资源。然而，这种自然资源的利用，正以前所未有的世界规模使土地的肥沃度和自然资源出现枯竭，从而产生出更暴力的争夺。最终，"环境帝国主义"（ecological imperialism）产生出全球性物质变换的裂缝，并引爆海鸟粪战争和硝石战争。

正如李比希准确预测的那样，被称为"海鸟粪帝国主义"的海鸟粪资源的掠夺，不仅未能维持土地的肥沃度，而且还导致了海鸟粪的枯竭。从生态学的观点来看，那只不过是将物质变换的"裂缝"扩展到世界范围，进一步加剧了近代矛盾。从南美被掠夺的大量的海鸟粪，在北美用于小麦栽培，最终小麦出口到英国的大城市。土壤养分没有返还到原来的地方，而是在伦敦被工人们作为食物消费掉，排泄物随排水直接流入泰晤士河。结果，伦敦的街道上漂浮着恶臭，霍乱也蔓延开来，城市的生活环境显著恶化了（Liebig 1865）。

环境帝国主义的问题并非仅限于南美的海鸟粪开采。马克思在《资本论》中谈及李比希的同时，论述了国际性的谷物交易产生的危险性。

> 由此产生了各种条件，这些条件在社会的以及由生活的自然规律决定的物质变换的过程中造成了一个无法弥补的裂缝，于是就造成了地力的浪费，并且这种浪费通过商业而远及国外（李比希）。（MEGA Ⅱ/4.2：752f；参见《马克思恩格斯全集》第25b卷，人民出版社2001年版，第916页）

马克思不仅把城市人口的增长，还把国际贸易的发达所导致的物质变换的裂缝作为资本的内在倾向性来把握。也就是说，马克思预测到了有限资源的浪费将成为常态。

马克思认识到世界性的物质变换裂缝的危险性后，通过对李比希的重新研究，对李嘉图的批判也比《伦敦笔记》

时做得更为精练了。即马克思不仅要批判没有科学依据的收益递减规律，也远离了被视为解决谷物价格上涨对策的李嘉图的自然观本身（福富 1989：217f.）。李嘉图认为，随着人口的增加，谷物需求增加，劣等地的耕作也会增多，导致谷物价格高涨，受此影响工资和地租也会上升，于是利润率出现下降。为了消除这种对资本积累的自然限制，李嘉图支持废止谷物法，并认为，应该通过进口国外廉价的谷物来应对食物需求的增加，在英国国内，相比耕种不毛的土地，更应该优先发展工业。

虽然马克思一直认为，李嘉图在讨论追加资本的生产率相对降低时，假设了"土壤的根本性、不灭的力量"（Ricardo 1951：67），而没有涉及土地枯竭问题，是有问题的，但他对这一点并未进行充分的展开（MEGA Ⅱ/3：888）。不过，在《资本论》中提及李比希的同时，还是明确地批判了谷物的国际贸易正是超越国境的对地力的浪费。正如李嘉图所说，从北美和东欧进口的谷物可能暂时有助于英国的经济发展，但无法解决城市和农村的对立这一资本主义的根本矛盾。反而是谷物等的国际运输使土壤养分的循环变得更加困难，加剧了地力的浪费，使人与自然的物质变换产生了世界规模的"不可修复的裂缝"。只要对资本积累无止境的欲望阻碍着人与自然构建合理的、可持续的关系，资本主义采取任何对策，即使提高了利润，也绝不可能弥合物质变换的裂缝。服从于资本的逻辑而形成的世界，最终会冲击物质世界的界限，引发严重的环境危机。

根据马克思的分析，这样的问题正是在农产品和原料不断向中心地区输送的边缘地区才能更清楚地表现出来。例如，《资本论》中指出了爱尔兰因殖民统治而产生的土壤枯竭问题："每英亩的产量相对地说减少了，但我们切不要忘记，英格兰间接输出爱尔兰的土地已达一个半世纪之久，可是连单纯补偿土地各种成分的资料都没有给予爱尔兰的农民。"（MEGA Ⅱ/6：637；参见《马克思恩格斯全集》第23卷，人民出版社2009年版，第769页）在爱尔兰，一方面人们的耕地被圈地，强制转变为利润高的牧场，另一方面因人口急速减少导致很多土地未被耕作被搁置的状况出现。于是，由于农作物出口到英格兰，导致地力持续下降。19世纪的"农业革命"成果就是使爱尔兰本就严重的贫困更加扩大了。

农业革命的第一个行动，就是以极大的规模，像奉天之命一样，拆除耕地上的那些小屋。因此，许多工人不得不到村镇和城市里去寻找栖身之所。在那里，他们就像废物一样被抛进阁楼，洞窟，地下室和最糟糕的街区的屋角里。……男人们现在必须到邻近的租地农场主那里找寻工作，并且只能按日受雇用，因而工资收入极不稳定。（MEGA Ⅱ/8：662；参见《马克思恩格斯全集》第23卷，人民出版社2009年版，第774页）

在资本主义的边缘,"物质变换裂缝"导致的生产性"进步",正与对人们生活的破坏联系在一起。人口减少的同时,牛的头数在增加,不仅产生了为数众多的移民,也给爱尔兰人带来了听觉障碍、视觉障碍,甚至精神疾病等(Herres 2012)。尽管如此,只要这样的农业革命增加了剩余产品和地租,从资本的观点来看,就是"成功"的。

然而,这种农业革命具有很明显的不合理性。由于耕地转换为牧草地,此前管理土地的租地人被赶走,进而因为持续向英格兰出口乳制品,加快了土壤枯竭的恶化速度(Slater/McDonough 2008:169f.)。面对这种状况,马克思以李比希的理论分析爱尔兰的状况道:"因此,结果是当地居民逐渐被逐出家门,然后,国民生命的源泉,即土壤渐渐衰退,逐渐枯竭。"(MEGA I/21:19)英格兰的殖民统治创作了"在爱尔兰的英格兰农业漫画"(MEGA I/21:28),但这不过是没有工业化的土壤枯竭和人口贫困化而已。

同样的情况在印度也发生过。虽然英格兰的统治破坏了印度的传统共同体,但在这里也没有实现近代化积极的一面。

> 小农业和家庭工业的统一形成了生产方式的广阔基础。此外,在印度还有建立在土地公有制基础上的村社的形式……在印度,英国人曾经作为统治者和地租所得者,同时使用他们的直接的政治权力和经济权力,以便摧毁这种小规模的经济公社。(MEGA II/

4.2：407；参见《马克思恩格斯全集》第25a卷，人民出版社2001年版，第373页）

在孟加拉州，通过这个"经济实验"，也带来了一幅"英国大土地所有制的漫画"（MEGA Ⅱ/4.2：407；参见《马克思恩格斯全集》第25a卷，人民出版社2001年版，第373页），结果与爱尔兰一样，没有近代化，只是传统共同体的解体。进而，随着共同体的解体，传统农地管理的智慧和习惯也随之消失。例如，在印度，关于水的贮存和灌溉的智慧被瓦解，由于英国人对水管理的不当，导致大规模饥荒，"1866年的那次饥荒在孟加拉省奥里萨地区饿死了一百多万印度人"（MEGA Ⅱ/6：483；《马克思恩格斯全集》第23卷，人民出版社2009年版，第562页）。

马克思采用与李嘉图和马尔萨斯不同的形式，对资本主义生产关系的"进步"会产生怎样破坏性结果进行了仔细的观察。只依靠国外进口谷物，也许会暂时缓解国内矛盾，但从世界范围来看，反而会加深物质变换的裂缝，资本为了克服这一矛盾，往往会采取更残酷、更暴力的方式。如果不能正视这一矛盾，往往会将李嘉图的解决方法视为本民族中心主义。马克思在发表于《纽约每日论坛报》的并遭受很多批评的印度论中，曾提出英国的殖民统治有积极作用（Ghosh 1984）。但在《资本论》中，对这种"伟大的资本的文明化作用"的赞美却销声匿迹了，反而开始对资本统治的否定性、破坏性后果进行明确的批判。

从此,马克思主张,在自然物质限制条件下,实现可持续生产的条件在于克服资本主义本身。"历史的教训是(这个教训也可以从另一个角度考察农业时得出):资本主义制度同合理的农业相矛盾,或者说,合理的农业同资本主义制度不相容(虽然资本主义制度促进农业技术的发展),合理的农业所需要的,要么是自食其力的小农的手,要么是联合起来的生产者控制。"(MEGA Ⅱ/4.2:191;参见《马克思恩格斯全集》第25a卷,人民出版社2001年版,第139页)这里明确提出,马克思的解决办法是通过"联合起来的生产者"的合理的、有意识的物质变换的管理,消除"城市和农村的对立"。

当然,马克思是明确地肯定现代自然科学和技术学的作用的,例如通过化学肥料和排水设备等的改良,为合理地管理物质变换准备了物质条件。然而,在资本主义制度下的自然科学和技术的发展本身,却具有为榨取无偿的自然力而片面发展的倾向,所以其应用反而加剧了地力和资源的浪费。其结果剥夺了"对土地这个人类世世代代共同的永久的财产,即他们不能出让的生存条件和再生产条件"(MEGA Ⅱ/4.2:752;参见《马克思恩格斯全集》第25b卷,人民出版社2001年版,第916页)的有意识地、合理地使用的可能性。马克思将这种来自自然的异化却长期以来从不曾动摇过资本主义体系正统性的状况,看作是资本导致的物质世界的从属的矛盾,并构想了在实践层面形成更加主体的、与自觉的自然进行物质变换管理为目标的"非凡意识"（MEGA Ⅱ/3：2287）。

因此，与迄今为止不断进行的"生产力至上主义""普罗米修斯主义"等批判相反，《资本论》更强调的是，正因为人类的生存本质上要依赖于拥有独特物质限制的外部自然，因此社会必须顺从这种限制并有意识地进行生产。可见，促使社会与自然自由共生发展成为可能这一生态社会主义的基本原则，已经根植于《资本论》之中了。与此相对，正是极大地扰乱了人与自然的物质变换，不仅威胁着人类的生存条件，而且除了技术进步之外找不到更有效对策的资本主义，正陷入普罗米修斯主义。

综上所述，李比希和约翰斯顿的化学和地质学对于马克思可持续农业观的形成起到了重要的作用。就这样，与过去的乐观主义诀别的马克思，在《资本论》第一卷出版后，更加热心地研究自然科学，并不断深化对于自然破坏和资源枯竭问题的各种认识。但是，马克思在还没能把这些认识充分地写入《资本论》时就去世了。而且，在《资本论》第一卷中所展开的生态学观点是如何通过马克思晚年的自然科学研究得以加深的相关线索，至今仍沉睡在摘录笔记之中。其中的理论意义是以《马克思恩格斯全集》第四部的出版为契机进一步明确的，可以说，发展马克思物质变换理论是21世纪马克思研究所面临的理论和实践课题。因此，在接下来的第三部分中我将着手研究这个课题。

第三部
晚年马克思的物质变换理论

第五章　生态学手稿和物质变换理论的新探索

在上一章，本书研究了《资本论》正式发行之前的手稿。从中可以发现，马克思已经抛弃了青年时代的唯生产力论，开始把资本主义对自然掠夺所引起的物质变换"裂缝"作为资本主义矛盾来把握，并重构了这一过程。在《资本论》第一卷中，他引用李比希的研究成果，就自然资源的枯竭以及土地肥力的降低展开了批判。不仅如此，在《资本论》第二卷和第三卷中，马克思还在"资本循环周转""利润率""地租"等多种相关主题下，分析了与自然相关时资本主义的矛盾是以怎样的形式表现出来的。因此，从马克思在1868年以后开始热衷于对自然科学进行研究的事实中，我们可以看出，马克思并没有"从《资本论》中逃避"这一话题，而是要把经济学批判置于生态领域，展开更为深入的研究（Vollgraf 1994）。然而，遗憾的是，因为《资本论》第二卷和第三卷一直处于未完成的状态，所以生态学的视角也没能在其中完整地体现出来。然而，马克思为我们留下了数量庞大的手稿。只有研究手稿本身，才能发现晚年马克思的物质变换理论是存在的。

由此，在第五章中，笔者将从已出版的《马克思恩格斯全集》第四部第48卷中的1868年自然科学笔记着手，回顾马克思环境思想的进一步发展过程。这一时期的笔记，不仅记录了《资本论》第一卷出版前后马克思对于环境问题关注点的急速变化与转换，而且还可以窥见一些晚年马克思热衷于学习物理、化学、地质学等自然科学的理由。因此，如果完全不研究这些笔记的内容，就对马克思生态学的意义作出评价，恐怕会言之过早。事实上，如果1868年笔记是在《资本论》完成之后写的，它甚至可以成为我们推断马克思曾把人与自然的物质变换扰乱这一问题作为资本主义的根本矛盾来研究的依据。实际上，生态学之所以没有在马克思的经济学批判中占据中心位置，其中的一个主要原因就在于先行研究长期忽视这些摘录笔记。特别是忽视了马克思对于德国慕尼黑农学家李比希的论敌弗腊斯的摘录笔记的研究。

一、再论《资本论》与李比希

马克思在《资本论》中对"掠夺农业"的批判受到了李比希很大的影响。马克思指出，资本主义生产方式将

"破坏人和土地之间的物质变换"（MEGA Ⅱ/6：476；参见《马克思恩格斯全集》第23卷，人民出版社2009年版，第552页）。而且，在这一节的注中，马克思对李比希的功绩大加赞赏，指出"从自然科学出发来侧面否定现代农业是李比希不朽的功绩之一"。因此，福斯特等人认为，李比希对现代农业的批判可以作为"物质变换裂缝"理论的逻辑模板进行研究（Foster et al. 2011）。

可以说，先行研究仅仅参照了以《资本论》第四版为依据的现行版本，并未关注《资本论》第一版（1867）。实际上，在《资本论》第一版中有如下表述："对农业史所作的历史的概述虽不免有严重错误，但也包含一些卓见，这些卓见比所有政治经济学家的著作加起来还要多"（MEGA Ⅱ/5：410；参见《马克思恩格斯文集》第5卷，人民出版社2009年版，第580页）。对《资本论》有深入研读的读者也许会发现这个表述与现行版本的不同。[①] 实际上，马克思在1872年到1873年的《资本论》第二版中，将这一表述修改为："他对农业史所作的历史的概述虽不免有严重错误，但也包含一些卓见。"（MEGA Ⅱ/6：477；参见《马克思恩格斯文集》第5卷，人民出版社2009年版，第580页）。也就是说，马克思后来删除了"比所有政治经济学家的著作加起来还要多"这一部分。那么，为什么马克思会

[①] 虽说如此，在《马克思恩格斯全集》的编辑者卡尔埃里希·弗鲁古拉夫直到最近才指出这一点之前，这一事实一直被忽略了（MEGA Ⅱ/4.3：461）。

把高度赞赏李比希在经济学上的造诣的地方修改为更为谨慎的表达呢？

当然，也许有学者会认为，这样的修改只是一件很细微的小事。因为对于并非李比希擅长的经济学领域的评价进行修改，并没有那么重要，而更应明确地强调他在农业化学领域的贡献。但是，在这里必须注意的是当时所处的时代背景，即当时的经济学家们都热衷于讨论李比希对掠夺农业的批判与地租论、人口论之间关系的研究。甚至李比希本人也强调自己对经济学是有所贡献的。① 例如，罗雪尔也在《国民经济学体系》第二卷《农业及类似原始产业的经济论》第四版（1865）的新补充的注释中这样说道："尽管李比希的许多历史论断富有争议……尽管他忽略了国民经济中的很多重要事实，但是，这位伟大的自然科学家也将在国民经济学历史上始终与亚历山大·洪堡齐名。"（罗雪尔1865：66）虽然马克思很可能是于1865年读了罗雪尔的著作后，才着手研究李比希的《农业化学》第七版的，但两人相似的见解反映出同时代经济学者们对李比希评价的一种共识。

马克思非常重视李比希对掠夺农业的批判，这是因为李比希不是用李嘉图和马尔萨斯的非历史性收益递减规律来解释土地生产力的下降，而是批判单方面夺走土壤养分的、不合理的资本主义农业所造成的"人类和大地之间的

---

① 实际上，李比希本人也在"序言"的一节中加上了"国民经济学和农业"这一题目，已经意识到这一关系。

物质变换"，并将此作为自然科学的基础。马克思认为，可以把土地肥力的枯竭作为资本主义生产方式的矛盾来进行研究，并在《资本论》第一版的注释中对《农业化学》给予高度评价，但马克思却在第二版中把对李比希的评价改为谨慎评价。马克思是否在此时对李比希在农业化学或经济学上的贡献产生了怀疑呢？如果是这样，这到底是为什么呢？

实际上，马克思在《资本论》出版后不久的1868年1月3日曾写信给恩格斯，信中托付恩格斯帮忙查看他的朋友、化学学者卡尔·肖莱马关于最新农业化学问题的文献，特别告知他围绕李比希的争论的最新相关文献。

> 我想向肖莱马打听一下，最近出版的有关农业化学的书籍（德文的）哪一本最新最好？此外，矿肥派和氮肥派之争现在进行得怎样了？（从我最近一次研究这个问题以来，德国出版了许多新东西）。他对近来反对李比希的土壤贫瘠论的那些德国作者的情况了解点什么吗？他知道慕尼黑农学家弗腊斯（慕尼黑大学教授）的冲积土论吗？为了写地租这一章，我至少要对这个问题的最新资料有所熟悉。（MEW 32：5；参见《马克思恩格斯全集》第32卷，人民出版社1998年版，第5—6页）

这封信很重要，因为马克思在这封信中告诉了我们当时他所关注的问题。从上述一系列的提问中也可以看出，马克思不仅是想获得关于农业化学的最新资讯，还想了解反对李比希的"矿物说"和"土壤贫瘠论"的观点。进而，马克思还表现出对于弗腊斯的"冲积土论"（Alluvionstheorie）的兴趣。

事实上，给欧洲文明的没落敲响警钟的李比希的"土壤贫瘠论"引发了围绕其合理性的激烈争论，马克思和罗斯以外的经济学家也加入了这场争论。与李比希同时代的德国农学家尤里乌斯·奥（Julius Au）这样描述当时的情况："李比希所提出的问题，成为当时所有有教养的、懂得实践的人们之间的话题，不久，就上升为几乎所有农业相关会议的议题，同时也成为许多作家和出版社投机牟利的来源。"（Au 1869：85）

那个时候，一些经济学者已经对李比希发出的警告表示赞同，其中就包括凯里。他对农业生产中浪费土壤养分的情况进行了批判，并指出这种不负责任地"掠夺大地"是对未来一代的严重"犯罪"。李比希知道凯里的理论①，也在自己的著作中引用了凯里书中的很多观点。另外，凯里还引用过美国农学家乔治·E. 威林的观点："用资本债券化的方式来掠夺大地养分的劳动是比被浪费的劳动更恶劣的东西。……人类只不过是借土地而生存，如果减少了土地的价值，对于将来借地生存的人来说，就是在犯罪。"

---

① 凯里和李比希是在1859年杜林邀请凯里去欧洲时相互认识的。

（Carey 1858：55；Waring 1999［1857］）正如上一章所述，凯里认为，如果生产者和消费者住在附近，那么地力不但不会变得贫瘠，反而会随着人口的增加而不断增加。但是，现实的问题是，美国的农业经营是分散在广阔的大陆上，向遥远城市的运输不仅会导致土壤养分很难在原来的土地上得到恢复，而且由于对英格兰的谷物出口，也会导致无法满足充足定律。

于是，凯里的掠夺农业批判就与英国的帝国主义批判结合起来，并像《资本论》一样，把爱尔兰和印度的土地贫瘠问题与殖民统治问题联系在一起了。

> 在过去的半个世纪里，横贯爱尔兰的运输设备大幅增加。但是，伴随着这些改良，饥荒和传染病的数量和范围也都在增加。……每次通过这样的改良，协作的力量就会减少，土壤就会更加快速地贫瘠，而且现在的工人们不断从年少时生活过的故乡逃离出来。……现在虽说是为了印度人，而不是让印度人修建铁路，但结果却是与在爱尔兰所观察到的是一样的。铁路建设的目的是为了进一步促进土地所产出的原料出口，并进一步扩大贸易。而持续严重的土地贫瘠的问题使土地占有者们的联合力量减退，商业以更快的速度减退。（Carey 1858a：Bd. Ⅰ，367f.）

凯里还警告说，随着更为低廉的铁路运输手段不断发达，印度、爱尔兰等周边国家开始逐渐增加对英国的出口，由此不仅土地贫瘠的趋势不断严重，而且本国的工业化也无法实现。他说"这比犯罪更残酷"，并严厉批判了为短期利益而使周边国家土地荒废的殖民统治的不合理性（Carey 1858a：Bd I）。马克思在读《农业化学》第七版的时候，虽然不确定他是否注意到了这种关联，但因这两人①都非常重视李比希的论点，其中的相似性是可以理解的。

然而，马克思在1868年初读了欧根·杜林的著作后，开始明确意识到凯里与李比希在理论上的联系，这还是以杜林第一次给《资本论》写书评为契机的。曾在柏林大学里任私人讲师的杜林与法国的弗雷德里克·巴斯提亚一样，都是当时在欧洲积极地支持凯里思想的学者。杜林还将李比希的理论引入凯里的经济学体系，并阐明了建立生产者和消费者近距离居住的自给自足型城镇社区的贸易保护模式的必要性。也就是说，如果没有长途运输，土壤养分就可以再回到原来的土地，地力就不会贫瘠，从而实现农业和工业的协调发展。当时，杜林说，李比希的"土壤贫瘠论"是"凯里体系的支柱"。如下文所说：

比如，虽然美国的土地贫瘠问题已经变得极为迫切，但是以本国的劳动保护和培养为基准的贸易政策，

---

① 指马克思和凯里。——译者注

只会与土地贫瘠的问题继续对抗下去。因为一国国民所具有的各种可协调发展的条件,与地区间根深蒂固的固有经济活动是相联系的,它会促进物质的自然循环,并将从土地中所获取的东西返还回来,从而促使土地再返还给植物营养。(Carey 1858a:Ⅻ)

《资本论》第三卷手稿中,马克思认识到,在农业和工业对立的彼岸,"联合起来的生产者,将合理地调节他们和自然之间的物质变换,把它置于他们的共同控制之下"是作为未来社会必须要实践的课题(MEGA Ⅱ/4.2:838;参见《马克思恩格斯全集》第25b卷,人民出版社2001年版,第926页)。然而,杜林也以同样的方式,将此作为浪费的现代社会生产的"唯一对策",要求在克服城乡分离的基础上实现"有意识地控制物质分配(Stoffvertheilung)"(Dühring 1866:230)。读这篇文章的时候,马克思一定会对与自己在手稿中的表述如此相近而感到惊讶吧。当然,这种相似性是由于双方都受到了李比希对掠夺农业批判的强烈影响而产生的。众所周知,此后马克思对杜林的态度因政治原因逐渐转为批判,这也为马克思重新考虑自己是否接受李比希的观点提供了契机(Vollgraf 1987:235)。另外,马克思并没有直接评价凯里。因此,马克思深切体会到,有必要围绕自然物质变换的扰乱展开批判,从而明确地与凯里和杜林区别开来进行研究。于是,马克思早在1868年就从各种视角出发,试图对李比希的掠夺农业论进行研究，并从中大力发展物质变换理论。

二、李比希与"马尔萨斯的亡灵"

当时的经济学家们对李比希的土壤贫瘠论进行激烈的讨论，不仅是因为土地肥力的下降已经成为当时的重大社会问题，还有一个原因就是它复活了马尔萨斯的人口过剩理论。借用杜林的说法，李比希给予了马尔萨斯的粮食不足和人口过剩的陈旧说辞以自然科学的装扮，使"马尔萨斯的亡灵"（Dühring 1865：67）复活了。① 促使马克思在批驳李比希的土壤贫瘠论时不得不更加细致地展开相关研究的原因之一是，他发现在李比希的警告中隐含着马尔萨斯主义的主张。这是马克思在《资本论》第一版出版后才注意到的问题。

在《农业化学》第七版中，虽然英帝国主义被批判为"吸血鬼"，但李比希却一直认为无视充足定律的英国农业的生产方式存在很严重的问题。他预言欧洲的未来将是充满饥饿和战争的黑暗时代。

之后数年，土地肥力会枯竭。如果是这样，就证实了命令人类要注意保持生存条件的自然规律是存在的。但对于证明这一规律遭受侵害后会受到怎样的报

---

① 杜林自己并没有把"马尔萨斯的亡灵"这个词指向李比希。对此，卡尔·阿伦特用"土壤贫瘠的亡灵"来批评李比希（Arnd 1864）。

复,无论从科学上,还是从理论上来说都已没有什么必要了。各个民族为了自我保护,在达到均衡之前,都不得不在悲惨的战争中不断互相伤害、互相歼灭对方,就像 1816 年到 1817 年的两年间所持续的状态一样。虽然我们不希望这样,但经历过的人们却看到数十万死者已倒在路上。(Liebig 1862a:125f.)

在这一段落中,我们可以清楚地看到李比希的马尔萨斯主义。因其以如此"悲观的看法"(Arnd 1864:56)夸大了土壤贫瘠所带来的文明崩溃的危险性,也受到来自各方的批判。

然而,也有这样的观点认为,正是这一对于以马尔萨斯主义为基础的所谓文明发出的惊人警告,唤醒了已被遗忘的《农业化学》的声誉——实际上,这也是李比希为了恢复自己的知名度而有意为之的主张。话虽如此,对于杜林来说,这种马尔萨斯主义并没有什么问题。因为他相信,凯里的经济学体系揭示了随着文明的发展,优质土地会被过度耕作的规律,也即"让马尔萨斯的亡灵消散于虚无之中"(Dühring 1865:67)。因此,对凯里和杜林来说,通过贸易保护来促进国内产业发展十分必要,其解决方法就是引入关税。① 如前一章所述,虽然马克思也批判了李嘉图所提出的进口谷物这一解决方案,但是另一方面,马克思自

---

① 尽管如此,李比希本人并没有在任何地方提出过禁止谷物出口的主张。

然也无法接受凯里等人所提出的毫无根据的关税万能论。①

为此，马克思开始研读对李比希的《农业化学》采取批判态度的学者的一系列著作，并进行了摘录。② 例如，德国的哲学家弗里德里希·阿尔伯特·朗格的《约翰·斯图亚特·穆勒关于社会问题的观点与被称为凯里的社会科学革命》（1866）中，对杜林的李比希和凯里的观点相通的主张进行了批评。马克思在1868年摘录了这本书的一些内容，特别集中摘录了朗格论述地租和土壤贫瘠问题的第四章的部分，看来并非偶然了。正如马克思在笔记中所记录的那样，根据朗格的理解，杜林和凯里把英格兰的贸易视为万恶之源，作为对策，"保护性关税"成为其终极的"灵丹妙药"。马克思还认真摘录了朗格对凯里关于理想社会发展道路的主张：

> 与此相对，如果引入经过反复思考的保护性关税，农田旁边就会建起工厂。此后，与工业废弃物相比，更密集的人口排泄物会构成丰富的肥料，使得土壤肥沃度变得更大、更持久。这样合理的农业就会得到发展，也可以获得开垦森林、开垦沼泽地的有力手段。

---

① 1869年11月，马克思向恩格斯说明了他对于凯里的美国农业相关分析的批评："凯里忽视了最广为人知的事实。"（MEW 32：402）

② 有趣的是，曾经李比希在《农业化学》第七版给予高度评价的、马克思也对其进行过摘录的赫尔曼·马龙，从1862年以后却改变了看法，他在题为《土壤贫瘠的亡灵》的论文中，开始对李比希进行严厉批判（Maron 1863：161）。

要言之，人们就因此具备了开垦肥力好的洼地的办法。（MEGA Ⅳ/18：377）

但是朗格认为，凯里等人忽略了"工业"所具有的"集中化倾向"。他批判说，即使要保护国内产业，其发展也会产生城市和农村的对立，民众会"从与土地的联系……中被割裂"，从而变得更为贫困（MEGA Ⅳ/18：377）。朗格说，除了保护性关税以外，按照凯里所坚持的经济自由主义原则以及反对工会等解决方案，"情况不仅不会好转，甚至会变得更糟"。在这种乐观主义的背景下，凯里实际上并没有深刻地认识到自然的界限，而是认为只要引入保护性关税，土地的肥力就会无限地提升。

但另一方面，朗格说，"尽管李比希的理论在自然科学上是正确的"，但从"国民经济学"的观点来看，掠夺农业却具有正当性（Lange 1866：203）。同样的观点得到广泛认可，连德国经济学家尤里乌斯的著作中也能看到这种观点。马克思读过尤里乌斯的《辅助肥料及其对国民经济和私人经济的意义》（1869）一书，并在书中添加了许多栏外线和评论（MEGA Ⅳ/32：Nr. 42）。尤里乌斯虽然也认为李比希对土壤贫瘠的警告非常重要，但对将这一理论视为"绝对"的自然规律表示怀疑，并认为它并不适用于俄罗斯、波兰、小亚细亚，只不过是一种"相对的"规律。这是因为，在这些地区所经营的粗放式农业，即使不严格遵守"充足定律"，也能够实现农业的可持续性发展（Au 1869：179）。

但是，尤里乌斯的《辅助肥料及其对国民经济和私人经济的意义》一书似乎忘记了李比希主要考察的是西欧的资本主义农业经营。而且，他还无批判地接受了市场的价格调整机制。也就是说，在这一机制上，当土地耕作的利润不能再提高的时候，针对掠夺农业的社会自主规制会起作用。因此，在这个机制起作用之前，不需要遵守"充足定律"的想法，和"我死之后，哪管洪水滔天"的想法绝对是不一样的（Au 1869：210）。而且，尤里乌斯认为，"即便没有遵守李比希的充足定律，对于公益也没有危险"（Au 1869：212）。其结果是，对掠夺农业批判的重要性没有得到充分承认，朗格和尤里乌斯等人对李比希观点的认同之处仅仅剩下了土地肥力不能无限增强这一普通的常识。就这样，他们的理论实际上又回到马尔萨斯主义的过剩人口论和李嘉图的收益递减规律上去了。

马克思对尤里乌斯的书经常评论说"愚蠢！"（Asinus!），并在各种段落上打上问号。不过，马克思对朗格几乎不作评价，这从1870年6月27日给路·库格曼的信中可以窥见一斑，信中对朗格的马尔萨斯主义的历史解释的评论充满讽刺意味（MEW 32：685；参见《马克思恩格斯全集》第32卷，人民出版社1998年版，第672、673页）。尤里乌斯和朗格都受到了罗雪尔的影响。罗雪尔认为，从"自然科学的立场"来看，掠夺农业应该受到批判，但从"经济学的立场"来看，只要它能产生利润，就应该视为是正当的。总之，只要在恢复土壤肥力的成本高涨之前，就可以阻止土地被进一步掠夺，而且还可以通过市场价格的变动来调整这种掠夺。对此，马克思在第三卷手稿中写道，在资本主义制度下，由于"对市场价格的依赖"，"对地力的剥削和滥用代替了对土地这个人类世世代代共同的永久的财产，即他们不能出让的生存条件和再生产条件所进行的自觉的合理的经营"（MEGA Ⅱ/4.2：752，参见《马克思恩格斯全集》第 25b 卷，人民出版社 2001 年版，第 916 页）。另一方面，马克思也不再支持凯里和杜林的观点。在这样的情况下，为了展开独自的掠夺农业批判，马克思感觉到不更加投入地研究自然科学不行了，显然是可以理解的。

根据以上的考察，马克思最初认为，李比希关于现代农业破坏性影响的论述可以作为对李嘉图和马尔萨斯所设想的收益递减规律的批判。但是到了 1868 年以后，由于围绕土壤贫瘠论的争论仍然带有马尔萨斯主义的论调，于是马克思开始注意到在李比希的理论中所隐含的问题。在这一背景下，马克思认为，在《资本论》第一版中关于"李比希对农业史所作的历史的概述……包含比现代全部经济学家的著作合起来还要多的一些卓见"的评价也许有些夸张了。特别是，面对肖莱马的提问，马克思已经表现出了这种不安。同年 2 月，马克思收到了肖莱马这样的回复：

由于没有搜集到近几年来关于农业化学进展的相关文献，所以几乎无法追踪研究。1866 年有关化学进展的年刊还没有完全出版,直到下个月才能收到包括农业化学的相关分册。关于弗腊斯的冲积土理论,我不比你知道得多。……罗斯和吉尔伯特对此也有各种论述。他们去年还获得了王国协会的奖。关于这一点,请查阅王国协会会报第 16 卷第 92 册,那里还收录了他们著作的目录。(ⅡSG, MEN, Sign. D3986)

虽然肖莱马列举了劳斯和吉尔伯特对李比希的批判,但就如前一章所述,这是马克思早在 1863 年就开始研究的内容。而且,肖莱马对弗腊斯关于"冲积土理论"的评价完全不了解。也许马克思对这样的回答也出乎意料吧。于是,马克思便开始自己动手来搜集更多的相关文献。

三、与弗腊斯的物质代谢理论相遇

如果说弗腊斯的物质代谢理论使马克思认识到李比希的马尔萨斯主义倾向,并成为《资本论》第二版作出变更的消极因素,那么还有一些积极因素。也就是说,马克思遇到了对自己的经济学体系而言,与李比希同等重要的科学家,他就是马克思在 1868 年初读到的德国农学家弗腊斯。

弗腊斯的名字第一次出现在马克思的笔记中是在 1867 年 2 月到 1868 年 1 月间所写的《农业危机及其补救办法》[1]中,马克思摘录了对于李比希的土壤贫瘠理论进行评论的

---

[1] 《马克思生态笔记》。——译者注

相关文章的标题（MEGA Ⅳ/18：359）。之后，马克思又对弗腊斯的一系列著作进行了认真的研究（MEGA Ⅳ/32：435－437）。①

在认真阅读弗腊斯的著作之后，马克思于1868年3月25日给恩格斯的信中对弗腊斯给予了高度评价。

> 弗腊斯的《各个时代的气候和植物界，二者的历史》（1847）一书是十分有趣的，这本书证明，气候和植物在有史时代是有变化的。他是达尔文以前的达尔文主义者，他认为物种甚至是产生在有史时代。但是他同时是农学家。他断定，农民非常喜欢的"湿度"随着耕作的发展（并且是和耕作的发展程度相适应地）逐渐消失（因此，植物也从南方移到北方），最后形成了草原。耕作的最初影响是有益的，但是，由于砍伐树木等，最后会使土地荒芜。这个人既是化学家、农学家等，又是知识渊博的语言学家（他用希腊文著书）。结论是：耕作如果自发地进行，而不是有意识地加以控制（他作为资产者当然想不到这一点），接踵而来的就是土地荒芜，像波斯、美索不达米亚等地以及希腊那样。可见，他也具有不自觉的社会主义倾向！……他的《农业史》也很有意义。……必须认真研究全部近代和现代农业文献。物理学派是

---

① 《农业危机及其补救办法》的摘录没有被存下来，也没有被作为藏书得以保存。因此，只能把其列入丢失书目的名单。

同化学学派对立的。(MEW 32：52f.；参见《马克思恩格斯全集》第32卷，人民出版社1998年版，第53、54页)

这是马克思对于弗腊斯观点的唯一集中表述。不过，这里最值得关注的是，其中谈到弗腊斯的理论具有"不自觉的社会主义倾向"。因为，通过比较弗腊斯的著作和马克思的摘录笔记以及其在自己的藏书等栏目旁的批注，可以获得马克思关于"不自觉的"社会主义倾向的认识是如何形成的线索。这应该是马克思1868年以后关于自然科学研究的根本性问题意识。

首先，有趣的是，马克思认为，弗腊斯对"农业历史"的考察是"重要的"。仅凭这一表述，我们还无法确定马克思是否认为弗腊斯的农业史比李比希的"关于农业史的历史概述"更为重要。但是，这里值得一提的是，正如最后一句话所显示的，马克思已明确地注意到，弗腊斯（"物理学派"）对李比希的矿物说（"化学学派"）的批判。

这里所谓的"物理学派"和"化学学派"的对立，更准确地说是，是指弗腊斯的"冲积土理论"和除了李比希的"矿物肥料"，还包含劳斯及吉尔伯特所持有的包括"氮肥"在内的"化学肥料理论"之间的争论。在先前引用的1月份的信中表明，马克思非常关注围绕"氮肥"和"矿物肥料"究竟哪一种是更有效的肥料的激烈争论。他写道："至少从某种程度上来说，我是很想知道这一问题的最近情况的。"与此相对,在两个半月以后的信中,马克思通过集中阅读自然科学的相关著作,已经着眼于"物理学派"和"化学学派"这一其他的对立了。他指出,"对于农业的新成果,尤其是最新的成果,需要进行细致的调查",而且认为必须进行比迄今为止更为全面、认真的自然科学研究。也就是说,对弗腊斯著作的研究扩大了马克思对这一问题的关注度。实际上,弗腊斯在18世纪60年代以后已成为批判李比希的急先锋。因此,马克思甚至看出弗腊斯的"社会主义倾向",并给予高度评价,这必然会与在《资本论》第一版中对李比希的高度赞扬之间产生矛盾。那么,马克思在弗腊斯的观点中又发现了什么呢?

弗腊斯在《历史的、百科全书式农业论概论》(1848)中指出了"物理学派"和"化学学派"的对立(Fraas 1848:64)。而对这一内容进行进一步批判的是《农业危机及其补救办法》一书。在《农业危机及其补救办法》一书出版时,弗腊斯与李比希原本良好的关系出现严重恶化。因为本来弗腊斯在担任慕尼黑大学教授的同时,还接受了李比希的邀请,从1855年开始在巴伐利亚的实验农场兼任专门顾问。但到了1864年,李比希却突然开始对慕尼黑的农业生产者和教育人士的落后性进行批判。弗腊斯立即回应了李比希的批判,双方的关系由此急转直下(Zehetmair 1995:178ff)。其结果是,在19世纪50年代,弗腊斯还对有不同观点的李比希持包容态度,但到了1864年以后,就变成了公开的指责。

例如，在《农业的本质》（1857）中，弗腊斯呼吁应以农业的长远发展为目标，实现"学科间的合作"。为此，"农业的自然研究"不仅要"改良"农具和耕作方法等，还必须通过各种实验来"调查"现象。作为能够解决这一课题的重要人物，弗腊斯还提到了李比希，而且可以看出对李比希有很高的评价（Fraas 1857：Bd. I, Ⅱ i）。事实上，弗腊斯的这篇文章中也多次肯定了李比希的化学分析和矿物学说。但是，尽管如此，弗腊斯并不是单纯地信奉和追随李比希。他多次指出李比希的分析对土壤和肥料的"自然"要素的考察不够充分。于是，作为李比希的"农业化学"（Agriculturchemie）的补充，弗腊斯展开了"农业自然学"（Agriculturphysik）的研究，并将注意力集中在土壤的形成和植物的生长所不可或缺的自然条件，即气象、气候的作用上来。也就是说，弗腊斯理论的独特性在于着眼于厘清气候与植物生长的关系，而马克思的摘录也注意到了这一点。

根据弗腊斯的说法，在岩石风化所致的土壤形成过程中，"寒暖和干湿的变动""大气中的氧元素""含有氨和二氧化碳元素的水""活的有机体"等化学和物理的运动起到了很大的作用。因此，从实用的观点来看，仅从化学角度分析地质是很不充分的。因为"哪种盐，每年在特定的耕地里能利用多少，了解这些从哪个时期产生，并有怎样程度的溶解性，对于明晰盐的追加补给是非常必要的问题，其答案也非常的重要"（MEGA Ⅳ/18：414）。例如，即使通过化学分析得知土壤中含有大量的矿物质，但如果它们的风化速度极慢，那片土地在没有肥料的情况下也不会有很好的收成。相反，气候条件优越的"温暖或热带国家的土壤就会具有很好的肥沃程度"，可以从土壤中流失的无机质会"通过岩石种的更大的风化作用"得到补充这一点来说明。为此，弗腊斯提出，即使无机质是增加收获所"绝对必要的"，土壤的化学分析也无法成为判断其是否应该通过化学肥料进行追加投入的充分判断依据。例如，即使是在同样化学成分构成的土壤中，"依据气候"，结果也会有很大的变化。就算需要特定土壤的植物物种，如果气候条件好，即使是在不同的土壤成分下也能培育起来（MEGA Ⅳ/18：431）。因此，需要把化学肥料的作用作为"气候条件的补充"（MEGA Ⅳ/18：429）来认识。

如果作物缺乏得天独厚的气候条件，又无法得到补充的话，为了达到所需的条件，就必须开辟土壤的养分来源。也就是说，必须给予其更多的肥料。在培育谷物时，必须给予更多的肥料，并不是因为谷物比牧草需要更多的灰分（矿物成分），而是因为谷物还没有适应我们的气候。而且还因为在人工和自然能测定的植物生长期内，还没有能使土壤的盐和大气中的气体如我们所希望的那样能与大量的有机物结合起来的足够的温暖条件。（MEGA Ⅳ/18：459）

虽如此，弗腊斯并没有完全否定李比希对化学分析的意义，尤其对于李比希所发现的磷酸的重要性给予了高度的评价（Fraas 1857：Bd. I，132）。弗腊斯真正担心的是只将农业化学的重要性片面地夸大，这很危险。因为植物对土壤成分的渗透和吸收，"以与气候条件成比例的方式进行"（MEGA Ⅳ/18：474）。因此，对于气候影响的因素分析与对土壤的化学分析一样，都必须在农学中占据重要的地位。

此外，弗腊斯认为，与此相对应的是，李比希所指出的土壤贫瘠问题也要考虑气候条件，这一点也必须加以修正。实际上，有很多案例表明，即使不投入肥料，土地也不会退化，多年过后仍能够收获。例如，马克思曾摘录了以下一段话：

> 在南欧洲，谷物（大麦）连轮作都没有的情况下，长期以来每年都在同一块土地上，在不施肥的情况下，一直进行着能够有很多收获的耕作。而玉米和棉花却不一定能如此，哈密瓜也做不到。……由于谷物相较于好的气候来说，更需要适合的气候，因此其成为低温带下适合贫瘠土地的作物。玉米、高粱、小麦、大麦、黑麦、燕麦尤其如此，豆类、荞麦也没有达到如此的程度，我们的丁香、禾本科植物、芦笋等就完全不一样了。在温暖的温带，除了玉米、稻谷、高粱之外，谷物和豆类不再是适合贫瘠土地的作物。烟草也

几乎不是贫瘠土地的作物，常常在没有肥料的情况下仍能种植。（MEGA Ⅳ/18：470）

因此，根据气候条件，即使每年不播撒肥料，土壤没有贫瘠的情况也会有。弗腊斯举了一个具体案例来说明，在热带等温暖地域传统农业也可以实现可持续发展。令人感兴趣的是，李比希高度评价了在中国和日本的传统农业中，先将人、畜的粪便收集起来，再作为肥料施回农田的可持续性农业生产方式。与此相对，弗腊斯却着眼于依靠自然的力量本身来补充土壤养分的传统农业的生产方式。如本书下一节所述，这一点在解决土壤贫瘠问题时，就产生了两种不同的解决对策。

在《农业的本质》第二卷的最后两页，弗腊斯提到了李比希在《化学通信》中所论述的土壤贫瘠问题。他指出，因为有优越的气候条件"像希腊和小亚细亚那样拥有古代文明的国家，即使没有肥料，也可以从地里获得丰收的果实"，除此之外，还有各种各样的传统农业都有可持续性（MEGA Ⅳ/18：529）。弗腊斯早在19世纪50年代就已经注意到，像李比希那样将土壤贫瘠的倾向性就作为文明发展的自然规律，太过快速地作一般化推广是很危险的。但另一方面，这时弗腊斯还没有像后来那样对李比希进行激烈的批判。在这个阶段，弗腊斯始终试图用自己的理论来完善李比希的农业化学学说。

近年来，农业化学在有关表示耕地财富的未知量部分的规定方面，为农业提供了很多说明。尽管如此，农业化学在被称为土壤活动的部分，却几乎还停留在没有研究的状态。这一领域作为农业自然学（尽管这样的称呼可能不够全面），也许会成为不远的将来在农学领域努力的方向。（Fraas 1857: Bd. I, 357）

弗腊斯所强调的并不是用农业自然学来代替农业化学。这一点，可以从下面的言语中得以了解："不只是植物营养的供给论，运用农业化学、农业自然学、生理学，在所及之处能够适当地利用现存的丰富的植物营养作出处置，这些都将成为农学不久将来的研究课题。"（Fraas 1857: Bd. I, 368）根据弗腊斯的说法，农业化学是农学的一个部分。即使这是农业发展不可缺少的东西，也必须避免将化学分析绝对化，理论之间需要相互融合。虽然马克思没有摘录这方面的内容，但因这样的讨论在整本书中反复出现，无疑会使马克思认识到气候影响的重要性。然而，到了19世纪60年代，李比希和弗腊斯的理论差异之争变得更为激烈了。

四、弗腊斯冲积土理论

与李比希的关系恶化之后，弗腊斯出版了《农业危机及其补救办法》一书。与之前的著作不同，这部著作展开了更为全面的农业化学批判。弗腊斯将李比希的土壤贫瘠理论称为"寂静主义"（Quietismus），对其将谷物价格低廉化所带来的农业危机仅仅看作是暂时性的东西，而采取的过小评价、等闲视之的态度予以谴责。按照弗腊斯的观点，李比希认为，"谷物价格低廉的真正原因是生产过剩，就像掠夺农业论所强调的那样……只要无视贫瘠和补充理论，生产过剩马上就会结束"（Fraas 1866：53）。这样的想法不仅是错误的，而且还会使西欧的农业无视所面临的真正危机，并使正在迫近的危机变得更加严重。

的确，正如李比希所警告的那样，如果继续无视充足定律，"总有一天"全世界的土壤都会贫瘠。然而，即使多瑙河沿岸的粮仓地带以及北美洲和南俄罗斯的广大土壤全部变得贫瘠，但要等到谷物价格上涨，还是需要花费相当长的时间。因此，弗腊斯认为，在如此世界性的土壤贫瘠危机到来的很早以前，以德国为代表的西欧农业，就已经与这种海外谷仓地带生产的廉价农产品无法进行价格竞争了。也就是说，在过去，虽然德国和"所谓的不了解土壤贫瘠的国家"之间的长距离运输会起到价格调整的防御墙功能，但是这一物理屏障却由于铁路这一廉价的运输手段的发展被拆除了。

为此，弗腊斯得出了与李比希完全相反的结论。欧洲的农业危机并不是由于土壤贫瘠而导致的产量过少，而是出现了"从土地更为肥沃、价格更为廉价的国家大规模出口谷物而产生"的生产过剩（Fraas 1866：81）。为了满足西欧产业资本主义制度下工人日益增长的需求，廉价谷物的进口逐渐成为"慢性"的行为。而"廉价的时期肯定会越来越多,这对(西欧的)农业生产者来说是毁灭性的打击"。因此,为了保护德国的农业,就需要进行农业改革。为了生存,剩下的路只有一条,其口号就是"廉价生产!"(Fraas 1866:vi;参见《马克思恩格斯全集》第19卷,人民出版社1963年版,第298页)。但是弗腊斯认为,李比希并没有提出相应的对抗性对策,只是预测了土壤贫瘠会导致收成减少以及由此带来的谷物价格暴涨,这种预测反而妨碍了所要采取的紧急对策。

当然,弗腊斯并没有否定土壤贫瘠的危险性。这里的问题是,"人口在增加,如果说耕地应维持其生产能力的话,那些和收获物一起被拿走的、在土壤中正逐步枯竭的矿物质就要全部归还给农田,这本身是夸大了正确命题"(Fraas 1866:141)。即使李比希的充足定律是正确的,这里弗腊斯所怀疑的是这样一种默认的假设:必须通过人类喷洒化学肥料的方式来补充无机物。李比希在其《农业化学》第七版中修正了以前的乐观看法,也修正了认为化学肥料万能的观点,但却使他一下子陷入了悲观之中,倒退回马尔萨斯主义了。因为,即使得出使用化学肥料是必要的结论,但由于其成本过高,无法找到其他有效的解决方法。然而,弗腊斯却批评李比希,在不考虑长期维持和增加地力的农业实践的情况下,就陷入这种悲观主义是一种过早的、过快的判断。

与此相对,弗腊斯在摸索一种通过较好地利用自然的力量，而实现更廉价、更可持续的方法。而且，这种方法已经在现实中存在。

> 但是，如前所述，自然会通过风化、冲积、灌溉以及包括来自自然恩惠的雨水、流星、尘埃等的滋养，甚至是通过利用堆肥、粪尿等一般废弃物，带给我们足够充分的所需。（Fraas 1866：142f.）

但是，"一旦接受了贫瘠这个前提，剩下的就会自动归结，谁也没有心情当面反驳那些最初热切支持这一前提的人了"（Fraas 1866：141）。实际上，李比希为了宣传使自己获得专利的化学肥料，战略性地利用了土壤贫瘠论。那时，自然的力量和农家的努力都没有得到李比希应有的重视。弗腊斯更是严厉地批判了李比希的这种夸大。

因此，弗腊斯在接受李比希关于掠夺农业和土壤贫瘠的警告的同时，并没有陷入悲观主义，而是开始探索进一步提高地力的可能性。"近年来植物营养论的最重要的结论就是，对于补足收获物从耕地中取走的土壤养分的必要性，不是现在被普遍接受的过去的定论，而是为了增加土壤养分而开拓了很多源泉的想法。"（Fraas 1866：156）其中之一就是马克思在信中所写的利用自然力量的"冲积土理论"。在这一理论中，马克思发现了有意识地管理人和自然物质变换的、完全不同的道路。

借用查尔斯·莱尔的定义，冲积土是指"在没有沉入湖或海下的地面上，由普通的河流、洪水或其他原因的冲击，从上游运来的土、砂、飞石、石头或其他被搬运来的物质"而形成的（Lyell 1833：Bd. 3，Appendix，61）。堆积物质是由从上游侵蚀的岩石而形成的，这些物质中富含植物生长所必需的无机物。因此，在冲积物质定期所到的地区（例如，多瑙河冲积平原、尼罗河、波河、密西西比河的河口三角洲），即使不使用化学肥料，每年也可以期待有大量的收获。弗腊斯从这些自然界存在的实例中得到启发，提倡构建"人工冲积土"（künstliches Alluvion）的主张，即通过临时的堰塞湖阻止河流的流动，用河水浸泡耕地，并向土壤提供必要的无机物，以此作为廉价的半永久性保持土壤养分的方法。读了《农业的本质》之后，马克思注意到关于人工冲积土的记述，并在笔记上记录了弗腊斯所指出的"最激进的农业方法"（MEGA Ⅳ/18：416）。同时，弗腊斯对过度依赖化学肥料的问题也敲响了警钟，因为化学肥料不仅价格昂贵，而且只能在短期内发挥作用。

　　冲积土理论之所以重要，是因为它反映了弗腊斯独特的见解，即为了提高农业生产率，必须利用自然本身的力量。他的一句"自然本身……正以这条道路为蓝本展现出来"也表达了他的这种确信（Fraas 1857：Bd. I, 19）。弗腊斯认识到这样一个事实：人类介入自然的可能性是有限的，如果不能很好地利用自然的运动，将无法保持土地的肥沃度。这一点也源于弗腊斯这一主张，即他只认可化学肥料的次要作用，反而更强调化学肥料的成本不仅高，而且其效果也只能维持很短的时间。所以,"土壤贫瘠的治理方法在化学肥料中是无法找到的"(Fraas 1866:155)。

如果能够正确地以必要的构成和形式使用化学肥料,而且又符合收支计算,这才是提高收成的卓越手段。但是,一般来说,化学肥料决不能阻止土壤贫瘠。这是因为,它的构成物,远比通过(1)土壤风化,(2)灌溉与冲积,(3)家畜的自然肥料、堆肥、粪尿所得到的东西要昂贵得多。(Fraas 1866:141f.)

如前所述,弗腊斯认为,化学肥料并不是万能药,其不过是对"气候条件的补充"。这与李比希的以乐观主义为前提的化学肥料论有明显的差异。弗腊斯希望通过利用像人工冲积一样的自然力量,在没有追加费用的情况下就可以"无限制"地提高农业生产率。"灌溉,尤其是人工冲积,才是欧洲农业的未来。之所以这么说,是因为它使得用更少的费用来生产同样的东西成为可能。进步追求的是廉价的生产,而不是更昂贵的生产。"(Fraas 1866:164)化学肥料只会带来更昂贵的生产,这种做法无法在与国外的竞争中生存下来。农业的可持续发展只能通过使用已经存在的自然物质的代谢力量来实现,这比使用化学肥料更有效率。

可见,通过对弗腊斯著作的阅读,马克思了解了新的农业可持续发展的可能性。而且,这是以决定性的方式,对应李比希的"土壤贫瘠论"和"化学肥料论"展开的研究。弗腊斯自身曾明确批判氮肥论者和矿物肥料论者提出的土壤贫瘠争论的范式,而马克思的关注点却从"矿物肥料论者和氮肥论者"的争论转向"物理学派"和"化学学派"之间的对立,也就并非偶然。实际上,马克思的以下论述反映出弗腊斯的见解:"在那里(土壤贫瘠论),有氮气说和矿物说的调和。说到底,这两种理论都被'发现者们'推到理论的极端了。一方面提出肥料评价的唯一标准是氮的含量,而另一方面为了同样的目的,又提出了磷酸,两者都在正式文件中得以体现。"(Fraas 1866:141)在弗腊斯看来,氮气论和矿物论都只是警告由氮和磷酸等土壤内的特定物质不足会引起土壤贫瘠,却没有怀疑反复大量投入成本高昂的化学肥料这一前提本身的合理性。与此相对,弗腊斯的冲积土理论提出了关于人类与自然之间物质变换管理的第三条道路。总之,弗腊斯提出不过度依赖化学肥料,而是通过有效利用自然的力量来实现农业的可持续性经营,正是这一愿景,对于为驱除附身于"马尔萨斯亡灵"的李比希而斗争的马克思来说,具有划时代的意义。

五、气候变化与文明的危机

然而,弗腊斯对马克思的物质变换论所产生的影响并不仅限于此。在马克思的书信中,评价最高的是《各个时代的气候和植物界》这本著作。我们必须探讨其中隐藏着怎样的"社会主义倾向"。

《各个时代的气候和植物界》是以弗腊斯在希腊逗留期间（1835—1842），作为皇家植物园园长和雅典大学植物学部教授时进行的研究为基础撰写而成的著作。其中，弗腊斯对长期缓慢的气候变化和植物样态的变化，以及这种变化给人类生活所带来的负面影响，进行了历史性考察。

而《各个时代的气候和植物界》中关于古代文明没落的解说，与李比希的《农业化学》中关于该主题的相关记述相比，更耐人寻味。由于罗雪尔已经指出，李比希对掠夺性农业的批判主要与现代农业经营相关，而且他的历史解释也令人怀疑（Roscher 1865：66）。因此马克思并没有摘录书中有关前资本主义社会的相关内容。与此相对，从马克思对弗腊斯的摘录可以看出，他对前资本主义社会的人与自然的关系极为关注，这似乎让人觉得，马克思更信赖弗腊斯的历史性阐释。因此，为了更好地对比弗腊斯和李比希的农业史观，我们首先概述一下李比希的论述。

李比希在《农业化学》第七版中所加入的绪论中，将前资本主义社会的历史变迁描述为掠夺农业所带来的后果。"各国的兴与衰由同一个规律所决定，对国家肥沃条件的掠夺也会引发其没落。"（Liebig 1862a：110）李比希指出，过去文明繁荣的地区，如今已经变成了沙漠。"曾经强大的帝国繁荣昌盛，高密度的人口曾经可以从土壤中获得粮食和财富，如今相同地域的耕地，却无法带来与此前耕作相当的收获。"（Liebig 1862a：109）李比希认为，这种古代文明的荒废并不是由于战争或瘟疫所造成的,"掠夺农业导致的土壤贫瘠"是造成各国没落的"唯一原因",正是人口过剩和粮食不足所引发的土壤贫瘠问题规定了文明发展的极限。

例如,李比希指出,古希腊在公元前700年左右开始出现了人口减少和大规模移民的现象,结果导致出现斯巴达国家在普拉提亚战役(公元前479年)时能够动员8000名士兵,但到亚里士多德(公元前384—前322年)的时代,却只能招募到1000名左右的成年男性的状况。后来斯特拉本叹息道,从那时的150年以后,希腊的土地贫瘠问题愈发严重,在拉科尼亚的一百个城市中,除了斯巴达以外,就只剩下了三十几个村落(Liebig 1862a: 96)。

李比希认为,古代罗马也因为土壤贫瘠而遭遇到同样的命运。加图(公元前234—前149年)在《农业志》中所讲的并不是收成的减少问题,而是罗马耕地的肥沃度问题。不过,在凯撒(公元前100年—前44年)时期实施的财产调查中,已经确认出现了人口减少的问题。在奥古斯都(公元前63—14年)统治时期,与希腊一样,非常缺乏适合兵役的健康男子。公元9年,"在条顿堡的森林中,由瓦卢斯指挥下的小兵团被击溃,首都及其统治者陷入了不安和恐惧之中"(Liebig 1862a: 98)。另外,对罗马的谷物进口持续增加,居民们经常遭受物价高涨和粮食短缺之苦。

通过以上的考察,李比希得出了以下结论:

在罗马帝国向外展示繁荣以及强大权力所带来的所有特征的时候，害虫已经成为令国家生命力枯竭的源泉，而这种害虫在（现代的）欧洲各国也开始了同样的活动，并已经持续了两个世纪。……自大到自做祭坛，并把自己推崇为像神一样的最高权力者的力量，哲学家的睿智，法学的深奥知识，最优秀的军司令官的勇气，极其恐怖的、组织极好的军队，似乎这些都能抵抗自然规律的作用，无所不能！结果，所有的伟大和强悍都沦落为卑微和弱小，最后连昔日一丝光辉的光芒都失去了！（Liebig 1862a: 99）

从这段引用中可以清楚地看出，对李比希来说，土地的肥沃度才是决定社会发展的终极审判，从土壤中攫取营养的掠夺农业最终会毁灭文明。李比希警告说，只追求短期利益的资本主义式农业经营方式导致这种状况在近代以后的欧洲也同样存在。这样一来，李比希对于不遵守充足定律必然导致的粮食不足和绝对人口过剩的预测，又使"马尔萨斯的亡灵"复活了。

面对过去文明繁荣且土地肥沃的地区（波斯、美索不达米亚、埃及）而现在却变成了荒野的事实，弗腊斯也试图阐明其原因。但是，最终的结论却与李比希大相径庭。即他认为，人类对自然所进行的耕作和采伐，已经引起自然物质变换的紊乱，由此所产生的气候变化也成为沙漠化的原因。根据弗腊斯的研究，由植物的生长引发的气温和湿度的变动所产生的影响比土壤内的化学构成更为重要。因为，土壤的成分首先必须具备能够为植物提供养分的特性，而岩石通过物理、化学作用风化时，风雨、湿度、气温等气候要素都会起到重要作用。弗腊斯用各种植物的例子说明，长期缓慢进行的气候变化和植物样态的变化程度，比当时的一般认识要大得多。空气干燥、气温上升、极端的冷暖变化等侵袭古代文明的气候变化，使一直以来的农作物种植逐渐变得困难，从而进一步瓦解了文明繁荣所需要的物质基础。

弗腊斯认为，当时人们普遍低估了人类给气候所带来的影响，实际上，气候的变化是极其缓慢的，因此人们对气候变化的关注并不多。① 这些主张无疑给马克思留下了深刻的印象。弗腊斯着眼于记录"植物界"所经历的几个世纪以来的气候变化，并翻阅了古代的文献，试图从植物样态的变化来描绘气候变化的过程。而且，弗腊斯认为，这种变化是农耕文明社会扰乱了人与自然的物质变换的结果，最终会威胁到人类自身的生存条件。

弗腊斯在《各个时代的气候和植物界》一书中反复强调，决不能低估气候变化所带来的长期影响。因为，由人类所引起的气候条件的变化，只能对原本自生的植物的植被产生不利的影响，而且绝对无法恢复到原来的状态。

---

① 弗腊斯在这个例子中所提及的就是洪堡（Humboldt 1831）。

一个地区的自然植被的大规模损伤，会导致植被的整体特征发生根本性的变化。经过这种变化后所形成的新的自然状态，对于该地区和居民来说，绝对不会像以前那样令人满意了。而且，居民自身也会随着新的自然状态发生变化。大多数人认为，这种地方性的自然状态的大规模变化，会对未来造成各种各样的影响，在更大的范围内，在与许多地区发生联动性变化的情况下，也绝不可能没有影响，更别说恢复原来的状态了。（Fraas 1847：XII）

由于植被的条件是由气温和湿度所决定的，所以如果同一种植物，时隔不同的时代，其分布地从南方向北方或者从平原部向山岳部发生转移时，就会成为平原部的气温上升、湿度下降的证据。如果不能适应新的气候变化，植物就会从这个地区消失，或者说，即使能够适应，为了能比以前更有效地做到吸收少量的水分和营养成分，就可能会使叶子变尖，或者把根伸到更深的地下。在某些情况下，由于外观上的极大变化，甚至会让人看不出是同一类植物，但这种变化也是显示气候变化的重要线索。而且，为了适应新的气候条件，原来根本看不到的植物也会像是从其他地区闯入一般出现。然而，根据弗腊斯的说法，这种新植物并没有完全取代旧植物。反而由于气温上升、雨量减少，过去各种品种繁茂地域的植被的多样性逐渐丧失了，形成了矮草原（草原带）。当然，这样的变化也会对当地传统的耕作产生负面影响。

正如马克思在写给恩格斯的书信中所说明的那样，弗腊斯的重点在于指明，森林砍伐是地区气温和干旱上升的主要原因。马克思在自己的笔记中摘录了如下一节：

> 气温升高的显著原因是一个地区的森林砍伐，特别是当该地域是非常干燥，并由沙质土壤或进一步由石灰质土壤所形成的地方。……土壤的性状会制约降水量，并且必然会由此产生对气候上的影响。植被覆盖的地区，也就是树木茂密的地区，比不茂密的地区更能保持湿度，被太阳光直接暴晒的情况也更少。这样一来，树木茂盛的地区能吸收更多的降雨。因此该地区不仅自身会变得凉爽，而且还会将凉爽的空气扩散到周边炎热的区域。气温和地表物质的各种热传导力因大气中蒸气的完全分散而发生改变。(MEGA Ⅳ/18：622)

马克思进一步摘录了洪堡的地理研究，并指出，"在森林稀疏或荒芜的地方，大气的温度和干燥度必然会增大"(MEGA Ⅳ/18：622)。一旦森林消失，整个地区的气候条件就会遭到改变，形成草原带，河流会变细，溪谷会变小。这些变化给文明带来了怎样的影响呢？马克思的节选笔记详细地追溯了弗腊斯关于气温的升高和干旱的增加给植物样态所带来的变化，以及对文明荒芜的历史变迁的具体叙述。马克思对于这一要点的简洁概括也可以表明其对此问题的关注。

美索不达米亚文明位于底格里斯河和幼发拉底河之间的肥沃冲积平原上，在该地域，通过修建众多水路、完善水渠，农业才得以繁荣发展。但是，在弗腊斯看来，直至今日，"彻底荒废且荒芜了，没有村落，也没有移居来的人，处于极为干燥的荒凉状态！在干涸的状态下遍布无数的水路和水渠，曾经非常肥沃的冲积土壤，现在却被木质的鹿尾菜、刺山柑的藤蔓和含羞草的草丛所覆盖。而那里曾经是'伊甸园'所在的地方"（MEGA Ⅳ/18：623f.）。弗腊斯说，这种荒废的原因可以用气候变化来解释。

> 但是，在古代这里曾是世界上最肥沃的地域，但现在已经形成向四面扩展的阶梯并且全部向沙漠化转变。这也最能证明大规模的气候变化会导致植被的改变。肥沃的卡拉肯王国所拥有的粗糙的、含盐的且每次洪水暴发时都被沙砾和淤泥覆盖的土壤，因被持续泡在水里，所以长期被泥覆盖着。如果不让〔盐分〕溶解的话，就会马上暴露出某种特有的变化。正如鲁塞格所描绘的那样，这与埃及尼罗河淤泥的分解以及我们自己所观察到的在希腊沿岸所发生的事态相似。随着盐分和沙砾的增多，阶梯上的植物也相应地开始显现。（MEGA Ⅳ/18：624）

此外，弗腊斯提到，亚美尼亚"曾经有长达 10 个月的冬天和只有两个月的夏天"的说法（Fraas 1847：24）。他据此得出结论，如果比较过去和现在的土地肥沃程度和季节变化，毫无疑问，该区域曾经发生过相当程度的气候变迁。

接着，马克思作了一些有关巴勒斯坦地区的摘录，之后又注意到弗腊斯对埃及的说明。弗腊斯指出，即使是现在属于沙漠气候的埃及，也曾发生气候和植物世界的巨大变动。从埃及的"很多耕种植物从南向北移动"的事实中可以看出，"目前的下埃及的气候（与上埃及的气候完全不同），在古代，一直蔓延到南部"（MEGA Ⅳ/18：625）。干旱的增加以及沙漠化导致的冷暖气候的急剧变化，把可耕作的地带逼到了沿岸地区。然而，原本的尼罗河中游地区，"拥有百座城门的城市底比斯早在 8000 年前"就已形成，这里曾是"最古老的民族农耕所在地"。

麦罗埃岛的文明被尼罗河和阿特巴拉河夹在中间，这里有很多金字塔和寺院，不仅盛产农作物，而且作为商业交易的中心地带一度非常繁荣。弗腊斯总结了希腊人和罗马人对麦罗埃生活的记述，马克思对其进行了摘录。

麦罗埃被各民族所包围，部分地区还有人居住。根据古代人（阿伽达基德、斯特拉波）的说法，这些民族并不打算从事农耕。他们作为红海沿岸的穴居者，就像在波斯湾东南部遇到的阿尔科斯那样，作为阿拉伯湾的以食鱼为生的人们，特别是作为古代埃塞俄比亚"受众神爱戴"的居民,成为被我们赞颂的民族。(MEGA Ⅳ/18: 625f.)

但是,像古希腊人所说的那样,在麦罗埃文明的遗址,也就是在今天苏丹广阔的沙漠气候中,已经无法享受可以获得大量果实的大自然恩惠了。在这里,人们的生活所引起的气温上升和干旱的增加,使得文明之地变成了荒野。

只要植物世界想在适当的气温带自生,就会随着耕作从南向北不断地推进。但最终,自然生长的区域会因气候结构变化的主要影响,而进一步缩小区域面积,植物也会经常被逼到接近灭绝的状态。(MEGA Ⅳ/18: 626)。

例如,按照哲学家兼植物学家的狄奥弗拉斯特(公元前371—前287年)的说法,埃及的槐花曾生长茂盛。然而,随着气候变化,19世纪埃及的槐花生长状况日趋恶化。另一方面,现在埃及广泛观察到的蝗虫豆,据说在狄奥弗拉斯的时代是没有的。此外,弗腊斯还指出,埃及农业开始依赖棉花种植,"埃及最重要的出口产品几乎都与棉花有关",这一事实也证明了埃及植物的变化。"能种植棉花的,只有不被水淹的地方。过去住在培育睡莲的沼泽地里的人们,和今天种植棉花的农民又有什么区别呢!"(MEGA Ⅳ/18: 626)。

埃及能够出口棉花，是否意味着，即使气候条件发生变化，仍会有新的植物繁茂生长呢？而且，这对埃及人的生活和经济会带来抚慰吗？弗腊斯认为，这种乐观的预测是错误的。因为如果这样的变化持续下去，就连棉花的种植也将无法得到保证。"如果水量持续减少，岸边明显上升的话，埃及的肥力将被限制在可以进行人工灌溉的非常小的地区……这一天终究会到来。"（MEGA Ⅳ/18：426）

那么，对于弗腊斯而言，最重要的研究材料就是希腊。因为古希腊不仅留下了许多留存至今的资料，而且从地理的角度来看，希腊的案例对于考察近代以后欧洲各国的气候变化也具有启发性。根据弗腊斯的说法，希腊也与美索不达米亚和埃及文明一样，经历了气候和植物世界的历史性变化。弗腊斯的著作从多个方面探讨了这一问题，其中森林砍伐就是其中一个特别重要的因素。这一点从马克思在自己收藏的书籍上所写的旁注中就可以看出来。正如弗腊斯所说，文明的生活所需的建设房屋和船舶的材料，以及生产铁和糖的燃料，无一例外都要消耗大量的木材。而且，要饲养山羊和绵羊的，都必须要有开阔的平原，农家也会把焚烧树丛作为田地的肥料。为了加工皮革，就需要树皮和木质的鞣酸。这样一来，随着文明的进展，木材的消费量确实大为增加，造林以及维持森林的现状变得越来越"不可能"（Fraas 1847：67）。

滥伐森林的结果就是，古希腊人所说的森林，在近代希腊已经看不到了。斯特拉本的证词显示："埃拉托斯特尼说过,过去,因为塞浦路斯人无法通过采矿和造船将平原上的森林连根拔起,所以他们砍伐了一块土地,以使任何耕作的人都可以自由地使用这块土地。"①(Fraas 1847:63,马克思的旁注)但是,在弗腊斯生活的时代,希腊的景观变成了完全不同的状态。"然而,现在的希腊,可以轻易到达的地区已经找不到森林了。""只能在海拔更高的山区才是森林茂密的地方,在此之前林业曾被认为是不可能的,只有在极为困难的区域才有森林可用。"(Fraas 1847:65)但是,这些区域的森林消失也只是时间问题。

由于砍伐森林导致平原地区的干燥气候占据了统治地位,原有植物被驱赶到山岳地区(当然,只有在能够适应山岳地区气候的情况下)。"古代的橡树物种中,因耕作而在无数次的攻击和破坏中存活下来的部分,虽然受到了伤害,但大多躲进了有丰富泉水涌出以及有湿润空气的高山峡谷的阴凉处。"(Fraas 1847:63f.)狄奥弗拉斯特说过,生长在平原上的橡树、枫树、三棱菊等,在弗腊斯生活的时代,几乎全都被逼到了山岳部。取而代之的是,平原地区茂盛地生长着的是有着"坚硬的叶子、覆盖着纤毛、长满荆棘的树丛",这种植物接近沙巴纳气候和草原带气候的植物特征。

弗腊斯认为,这种森林砍伐导致的气候变化,使得古

---

① 马克思在阅读《各个时代的气候和植物界》的过程中,或许是因为确信其重要性,购买了这本书,并直接写下一些旁注。因此,对于画线的地方,需要和摘录笔记一样进行研究。

希腊的传统农业举步维艰。根据弗腊斯的说法,过去在绿草覆盖的低地可以进行大规模的牛群放牧,而且还可以种植小麦和大麦等冬粮和夏粮,这样就能带来丰收。但是,"那里现在近三分之二的土地处于无法施肥的状态,只能被大量的杂草以及因地力贫瘠处于恶劣耕作环境的冬谷所占据。夏季,这里的耕地则必然休耕"。这样的气候变化只能给希腊人的生活带来负面的影响,因为并没有产生足以成功栽培其他农作物的大的气候和土壤性质变化。

从以上的分析可以看出,弗腊斯和李比希的历史观的差异是显而易见的。在不合理的人与自然的关系会产生物质变换的紊乱进而破坏文明的物质基础这一点上,双方的见解又是一致的。但是,按照弗腊斯的说法,其根本原因并不是无视充足定律导致的土壤内矿物质的不足,而是过度的森林砍伐所导致的整个地区的气候变化。关于这一点,现在学界也有不同的见解,而且无法确定哪一方是正确的。① 实际上,更为重要的是,马克思的物质变换扰乱论并没有止步于将李比希的土壤贫瘠论绝对化,而是在 1868 年以后进一步使这一理论得以拓展。这其中又包含了怎样的理论内涵呢?

六、气候变化的物质世界极限

马克思把劳动过程理解为以劳动为媒介的人与自然的

---

① 例如,参照拉德考的讨论(Radkau 2012)。

物质变换，通过劳动人类使自然发生双重变化。一方面，人类有目的有意识地与大自然接触，才能满足自身各种各样的需求。马克思认为，这种有意识的有目的的过程是人类所特有的。但是，另一方面，人类通过有意识的生产活动，使自然以无意识的形式发生了巨大的变化。如果考虑到耕作和伐木对植物和气候的影响，这一观点就很明确了。正如弗腊斯所详述的那样，劳动的结果是耕地的荒芜，最终会导致文明自身的衰落，即人类只是把自然当作被动道具的时候，自然的物质变换就会被搅乱，久而久之聚集大量的矛盾，最终将以无法预料的形式反噬回来。弗腊斯对此危险性作出了明确的警告。

> 人类按照自己的各种方式改变着自己非常依赖的、围绕着他们的自然，而且比人们所想象的规模要大得多地改变着。人类虽然可以极大地改变自然本身，但结果是，自然完全丧失了作为人类获得更高的精神的、物质的尊严的必要手段的作用，人类被迫置身于与自然原始的、最高的权力这一极端对立位置上，被迫直面这一相反极的物理性障碍。而这是一种没有克服希望的障碍。(Fraas 1847：59)

仅仅把自然当作工具，而且从整体上只是无意识地管理着的社会生产，实际上是忘记了生产行为自身本质上是依赖自然的，自然并不是可以完全肆意操控的对象，最终导致了生产活动本身处于无法预测的、不受控制的状态。结果就是导致最后只剩下"文明的荒废"。

弗腊斯的历史研究令人感兴趣的是，在《各个时代的气候和植物界》一书中，有着与马克思的"经济学批判"相关的，特别是与分析"物质"与"形式"之间的交织关系相关的内容，这些都超越了以李比希为依据的"物质变换论"，开辟了理论新天地。在《资本论》中，马克思通过对李比希的研究，深刻地洞察到资本主义生产极大地改变了有史以来人与自然的物质变换方式。物质变换理论是以作为价值形成活动的抽象劳动作为媒介，从价值增殖过程的观点出发，使生产过程被彻底重组。由此，人与自然的相互关联产生了"裂缝"。劳动虽然在历史上曾是人与自然物质变换的媒介，但是在资本主义社会的特殊社会形式规定中的劳动，实际上扰乱了物质变换。资本毫无止境的价值追求，在物质变换中产生了深深的"无法弥补的裂缝"（MEGA Ⅱ/4.2：753；参见《马克思恩格斯全集》第25b卷，人民出版社2001年版，第916页），其具体案例正是李比希所警告的由城乡对立所引起的"掠夺农业"和"土壤贫瘠"问题。

当然，正如在《资本论》第二版"机器和大工业"一章的论述中所示，马克思对于李比希关于"掠夺农业"的理论仍然有很高的评价。尽管如此，仍不能低估马克思在1868年以后对于弗腊斯的观点展开研究的重要性，特别是马克思由此了解到"化学学派"与"物理学派"的对立。因为在李比希的土壤化学分析中，没有看到对于气候变化这一更大的矛盾的警告。由此，我们可以推断，马克思必然会感觉到，必须将物质变换的扰乱问题与森林砍伐以及其他环境问题联系起来进行更为深入的研究。

虽然弗腊斯主要研究的是古代文明，但他在《各个时代的气候和植物界》一书中指出近代社会的生产活动加剧了森林的采伐，马克思也在笔记中记录了弗腊斯关于19世纪欧洲各国森林急剧减少的论述。"法国现有森林面积不及原来十二分之一。英格兰原有69块大片森林，现在仅存4片；在意大利和欧洲的西南部半岛上，曾经在平原地带都有很常见的大片森林，但现在即便在山上都难得一见。"（MEGA Ⅳ/18：621）弗腊斯预测的欧洲未来，一片黑暗。不仅是因为文明的发展需要更多的木材，而且因为技术的进步要满足日益增长的需求，于是连以前无法利用的高山地带的森林也开始被砍伐了。因此弗腊斯认为，从长期来看，耕作的一般自然条件将会不断恶化，而唯一的对策就是要尽量减少不必要的砍伐。在书的结论部分，弗腊斯作出如下论述：

通过实施人工灌溉、引进多种新的耕作植物、改进耕作方法、采用人工造林等措施，人类也许能够有力地抵抗气候变化所带来的弊端。但是，这种弊端绝不能完全消除，更不能完全消除其产生的原因。自文明化以来，人口多的国家必然会由于对草原和森林的改造，造成自然的破坏，如果因为需要耕地而取代森林，那么沼泽和湿地会干涸，保持湿气的泥炭和森林也会被燃烧。总之，如果没有这些做法，国家就无法成为现在的模样。但是，只要自然状态还没有受到很大的有害影响，并且还能够承受这种影响，这种自然状态的变化就绝不应该被考虑。即只要最有影响力的高山地带还没有处于非常紧迫的情况下，它就不应当被砍伐。(Fraas 1847：136)

弗腊斯警告说，如果因过度砍伐而造成秃山，欧洲国家也将受到严重的影响。但弗腊斯也认为，只要文明生活还需要消费大量的木材，那么自己的主张就不可能被接受。因此，有时他对此也非常悲观："对于草原和森林等的自然装饰来说，最大的敌人就是伴随着商业和产业而发展起来的农业耕作。"(Fraas 1847：68)

对此，与弗腊斯不同，马克思试图构筑起人与自然的可持续的关系。在他看来，未来社会必然要通过相互协作的生产者来有意识地管理人与自然的物质变换。但是，"对于这种有意识的支配来说，他（弗腊斯）作为资产阶级当然是想不到的。"所谓弗腊斯的"资产阶级"风格，虽然能够直面未来社会需要解决的资本主义社会的深刻矛盾，但停留在对于近代社会的生态危机以文明论、超历史的形式来论述的倾向。与此相对，马克思本人则具有一种有意识的社会主义倾向。他从弗腊斯的古代社会研究中发现了现代资本主义社会矛盾映射的事物，并将克服这一矛盾设定为社会主义的实践课题。并且，马克思从环境问题这一异化的经验出发，试图预见有意识地实现更可持续的社会生产和人类全面发展的主体性运动所产生的可能性。当然，当时的马克思并没有拿出具体的替代方案。正因为如此，他才更加热心地研究环境问题。

与弗腊斯有关的另一点也很重要，那就是马克思并没有单纯地把生态危机看作是资本主义凭空制造出来的问题。[1] 那种（浪漫主义的）对生态问题的把握，有可能陷入片面的经济决定论的漩涡。实际上，正如弗腊斯所论述的那样，人与自然在物质变换上存在着紧张关系，在二者的关系总是停留在无意识状态的情况下，这一紧张关系就会历史性地存在。这时这种矛盾就是物质性的。然而，像弗腊斯那样陷入文明论的观点也具有片面性。也就是说，在资本主义生产的基础上，整个生产过程会按照剩余价值生产的逻辑进行，这种物质性的紧张关系本身就取得了一种特殊的历史规定性。结果对物质世界的扰乱更加严重，特别是随着资本主义生产的扩大，环境危机也在全球范围内日益严重。

基于此，技术的变革和生产力的发展所导致的现代环

---

[1] 杜娜叶夫斯卡娅在性别相关的问题上，强调了同样的要点（Dunayevskaya 1991: 180f.）。

境破坏和自然资源枯竭,不仅在量上而且在质上,都与前资本主义社会的状态有很大的差别。现在的资本主义社会不仅是眼前的环境破坏将引发灾难性后果,而且会导致大自然无偿的修复能力不断耗尽,而如果不大量生产出更加廉价的商品,并使其消费出去,资本主义社会就无法存续。马克思的经济学批判方法,就是要把这种从社会生产中所产生的对物质世界的干扰,看作是资本逻辑所要引起的矛盾,并以此来把握其历史的特殊性。这里重要的是,马克思的问题意识不仅要阐明经济形式规定的社会性,还要把握这种形式规定与物质世界的关联性。并且,为了分析这一脉络,他在经济学研究的同时,还试图通过自然科学来阐明物质世界的特质。①

这就可以理解在1868年以后马克思所执笔的《资本论》手稿中,没有再直接提及弗腊斯的原因了。不过,还是有一些具有启发性的相关描述。例如,1868年初,马克思阅读了约翰·塔克特(John D. Tuckett)的《劳动人口今昔状态的历史》,并在笔记本上写下了几页重要的内容,其中一处他有如下的表述:"由于我们祖先的怠慢行为,不仅导致了培育树木的停滞,在很多情况下,由于没有新生的植物进行充分补充,而导致了森林的进一步破坏,其埋下

---

① 与此相对,格仑德曼提到弗腊斯时,也只是将其与"任何社会形态中"都存在的维度联系起来,并以此来论述马克思的生态学,却忽略了经济学批判的形态规定的重要性(Grundmann 1991:83)。其他与弗腊斯相关的先行研究还有费切尔,但他对此几乎也没有任何实质性的展开(Fetscher 1985:125)。

了后悔的种子。……因为没有抵御寒风的东西，危害了那里饲养的家畜的生长，植物也经常或被火灾烧焦或呈现像被棍棒击打过一样的外观。"（MEGA Ⅳ/18：456）这样的讨论使马克思认识到，森林对工业、农业、畜产业所具有的经济学作用。

此外，弗腊斯的影响在马克思1868年至1870年所执笔的《资本论》第二卷第二稿中，也有明确的记录。在第三卷的主要手稿中，马克思已经指出，只有在森林不归私人所有，而归国家管理的情况下，森林的经营才会有时在某种程度上适合于全体的利益（MEGA Ⅱ/4.2：670；参见《马克思恩格斯全集》第25b卷，人民出版社2001年版，第697页）。《资本论》第二卷第二稿大量引用了弗里德里希·基尔霍夫（Friedrich Kirchhof）的《农业经营提要》（1852）中的内容，并指出资本的逻辑和林业特有的自然制约逻辑是不可并存的。据此，尽量缩短资本周转的内在冲动，与森林生长所需要的较长时间，这两者之间还是会产生紧张。在冗长的引用之后，马克思自己得出了这样的结论："文明和产业的整个发展，对森林的破坏从来就起很大的作用，对比之下，对森林的护养和生产，简直不起作用。"（MEGA Ⅱ/11：203；参见《马克思恩格斯全集》第24卷，人民出版社1972年版，第272页）。如果考虑到弗腊斯和塔克特的讨论就会发现，马克思在这里不仅意识到木材短缺的经济问题，而且还意识到伴随气候变化会产生更大的生态问题。①

本书的序言中也提到了，马克思和恩格斯曾经在《共产党宣言》中强调了资本促进文明的作用，作为"征服自然的力量"的例子，列举了"大陆一洲一洲的垦殖"（MEW 4：467；参见《马克思恩格斯全集》第 4 卷，人民出版社 1958 年版，第 471 页），而这种对于近代资本主义生产的"赞美"，曾被视为体现出马克思的普罗米修斯主义，而反复受到批评。例如，米歇尔·列维就批评道："马克思和恩格斯在对资产阶级生产力所展现出的前所未有的能力表示出敬意的同时，对'人类征服自然力'和近代资产阶级生产的'大陆一洲一洲的垦殖'还进行了慷慨的赞美。"（Löwy 1998：20）②

但是，这种一般化的认识是错误的。正如本章所考察的，马克思并没有停留在单纯的普罗米修斯主义立场上，这一点从 1868 年的摘录笔记就可以清楚地看出来。而且，马克思在阅读了弗腊斯之后，更加认真地研究了各种自然

---

① 穆斯特在这一潮流中，赋予了在 1868 年召开的第一次布鲁塞尔的国际会议上通过的决议文一定的位置（2018：209f.）。这个决议文这样说道："大会认为，如果考虑对个人的森林的转让、水源地、优质土壤的保护以及为了人们的健康和生活所引发的必要的森林破坏，森林应该一直是社会的所有物。"（MEGA I/21：1955）由于马克思没有参加布鲁塞尔大会，所以对他产生了多大的影响，还不得而知（小谷 1982）。尽管如此，从这篇决议文可以看出，当时社会主义者之间已将森林砍伐视为十分重要的问题进行考虑了。

② 但是，列维在最近的论文中，提到了在《曼斯利评论》上刊登的拙稿（Saito 2016），并改变了以往批评马克思的生态学的观点（Löwy 2017：11）。一直以来，围绕马克思的生态学，与《曼斯利评论》相对立的《资本主义、自然、社会主义》也刊登了这样的论文，显示了新的对话的可能性。

科学文献。马克思以超越李比希的"掠夺农业"批判的形式,努力将人与自然的物质变换的紊乱问题发展为理论上的思考。这时,马克思并非单纯地赞美生产力的提高,也不是提倡确立人对自然的绝对统治,而是要克服人与自然的异化,"合理地调节他们和自然之间的物质变换"(MEGA Ⅱ/4.2:838,参见《马克思恩格斯全集》第25b卷,人民出版社2001年版,第926—927页),即始终追求实现更可持续的生产。这才是马克思有意识的"生态社会主义倾向"。

尽管马克思在1868年以后对此进行了一些研究,但因为他没能完成《资本论》的全部写作,因此摘录的成果也大多没能在手稿中得以体现。但是,在1868年的手稿中,不只记录了马克思以李比希和弗腊斯的争论为契机对此问题关注的加深,而且在19世纪70年代马克思所摘录的众多笔记中,也进一步扩大了"资本主义与生态"这一未知领域的研究范围。而对此的进一步阐明,必将成为21世纪马克思研究的重要课题。

第六章　利润、弹性、自然

在前一章中，我们确认马克思的环境思想在 1868 年以后进一步得到了深化。由此，基于摘录笔记所揭示的新见解，提供了更准确地重构《资本论》第一卷出版后的经济学批判和物质变换论发展的可能性。

尽管如此，正如本书开头所指出的，马克思的《资本论》第二卷、第三卷仍未完成，其完成形式无人知晓。虽然未出版的部分在马克思去世后由恩格斯继续编辑，并作为第二卷、第三卷得以出版。但是恩格斯的编辑工作也确实遇到了很大的困难。当然，恩格斯尽力把零散的草稿状态下的未完成作品归纳成一个完整的体系，并使"马克思主义"在工人运动中得到普及，这一尝试从现实的层面来说也许可以说是"成功的"。但另一方面，这样的编辑工作很快就被认为没有对马克思的理论作出很好的整合，并引发了诸多批判（Böhm-Bawerk 1896；Tugan-Baranowsky 1901；

Bortkiewicz 1952［1907］）。这些争论虽然已经持续了一百多年，但大多数争论的结果未必有意义。其理由之一就是，虽然有恩格斯的编辑问题，但这场争论是在没有正确理解马克思本人意图的情况下开始的。如果考虑到没有恩格斯的巨大努力，马克思的思想就不会如此广为流传，则恩格斯的功绩无疑是巨大的，但也必须明确地承认将"未完成的体系"变成"封闭的体系"的确存在局限性（大谷 2016）。

在这种情况下，新版《马克思恩格斯全集》第二部的《资本论》手稿于 2012 年全部出版发行后，为我们提供了一个全新的角度来审视过去这一争论问题。因为马克思本人的手稿以原来面貌全部出版发行，所以人们可以批判性地探讨《资本论》的"作者"马克思和"编辑者"恩格斯之间的差异（Roth 2002）。其中尤为重要的是包括《资本论》第二卷、第三卷手稿在内的第二部第四卷（Ⅱ/4.1 Ⅱ/4.2 Ⅱ/4.3）、第十一卷（Ⅱ/11）以及第十四卷（Ⅱ/14）各卷，其中包含了许多未被恩格斯所采用的文章。当然，我并不是说，只要运用这些手稿，就可以从恩格斯的"歪曲"中解放出来，解决所有的旧有争论。因为未完成的体系仍未完成，这一点是不会改变的。实际上，随着新的手稿的发行，由于马克思经济学所要超越的对象——古典派的理论残余仍起作用，所以被"模糊性"束缚的信念反而被进一步强化了（Heinrich 1999），而手稿中充斥的"根本性缺陷"和"混乱"甚至引发了新的批判（Stedman Jones 2016：398）。但是，能够用来判明马克思的思考所使用的资料增加了，却是不争的事实。尽管如此，以新版《马克思恩格斯全集》形式出版的手稿并没有适当地成为研究对象，也是非常遗憾的事情。① 因此，本书下文将结合摘录笔记对这些手稿进行考察，特别是对1868年以后马克思的环境思想的发展进行重新梳理。

这里需要注意的是"平均利润率趋向下降的规律"。与"转形问题"一样，这一规律是在马克思经济学发展史上被批评最多的（Sweezy 1942；Robinson 1942；Okishio 1961）。实际上，由于受到太多的批评，这一规律甚至在马克思主义者之中也不受欢迎。但是，近年来重新出现了一些试图从平均利润率下降的视角来解释长期经济低增长问题的研究（Carchedi 2011；Kliman 2012；小西 2014；Roberts 2016）。② 就这些研究来看，马克思的意图至今还没有被正确地理解，因为马克思在这里并非要将这一规律作为"铁律"来阐明利润率下降的必然性，而是要揭示当时斯密和李嘉图都承认的利润率下降这一现象产生的原因。为此，马克思并没有排除利润率在特定的条件下不下降的可能性，他承认在利润率的规定中存在着"活生生的矛盾"。

根据马克思的观点，这一规律的矛盾表面上是基于资

---

① 实际上，关于近年出版的新版《马克思恩格斯全集》第二部的手稿，除了以下提到的海因里希和斯泰德曼·琼斯以外，大谷祯之介（2018）的研究在某种程度上也有所建树。

② 关于转形问题，近年来也有人以"时间单一体系解释"（TSSI）的名义出版了维护其理论一贯性的论述。关于TSSI，请看Kliman（2006）、Carchedi（1992）。

本的"弹性",最终要基于物质世界的弹性。资本需要现实的、物质的承担者,其无止境的价值增殖的欲望不可避免地会受到承担者的物质属性的制约。也就是说,资本要通过利用物质世界来增加自身的弹性,但这种利用存在着"无法克服的限制"。由此,要思考这个问题,就不能将平均利润率趋向下降简单地归结为算式问题去解释,还需要从物质方面考察资本。因此,马克思在1868年以后,更加热心地研究了物质方面对资本所施加的限制。虽然在现行版本的《资本论》中没有充分反映这些见解,但通过手稿和摘录笔记,可以更全面地了解马克思对利润率的探究过程。

一、资本的有机构成和剩余价值率

马克思把利润率(r)定义为剩余价值率(m)比不变资本(c)和可变资本(v)之和。

$$r=\frac{m}{c+v}$$

等式右边的分子和分母都同时除以 v,就有以下的等式。

$$r=\frac{\frac{m}{v}}{\frac{c}{v}+1}$$

因此,利润率就可以分为"剩余价值率"(m/v)和"资本有机构成"(c/v)的两个变量。

马克思主张，随着资本主义的发展，从长期来看，利润率具有下降的趋势，其根据是生产力的提升必然引起机器替代工人，从而导致资本有机构成的提高。随着"死劳动"（不变资本）独立于"活劳动"（可变资本）开始运行，剩余价值的生产也逐步趋向停滞。在马克思看来，所谓资本主义的矛盾，就是资本主义为生产总剩余价值而引起的技术革命本身，使作为（剩余）价值唯一源泉的人类劳动从生产过程中不断被排挤。"利润率下降，不是因为劳动的生产效率降低了，而是因为劳动的生产效率提高了。剩余价值率提高和利润率降低，这二者只是劳动生产率的提高在资本主义下借以表现的特殊形式。"（MEGA Ⅱ/4.2：287；参见《马克思恩格斯全集》第25a卷，人民出版社2001年版，第267页）。只要资本的生产性提升成为对劳动的社会生产性提升的制约，资本的极限就是资本本身。马克思强调了这种倾向性的重要性："'这一篇最重要的问题'，即分析利润率随着资本主义生产方式的发展而下降的原因。"（MEGA Ⅱ/3：1632；参见《马克思恩格斯全集》第26c卷，人民出版社2014年版，第625页）

正是因为马克思如此强调这一规律的重要性，甚至将利润率下降的必然性与资本主义崩溃的必然连起来理解，所以引发了学界针对这一规律提出各种反驳理论。其中最有名的批判之一就是由谢尔盖·鲍特凯维兹提出、由保罗·斯威齐所展开的反驳论证。鲍特凯维兹说："关于利润率下降规律，马克思自身的证明就是错误的，这主要是由于忽视了劳动生产性和剩余价值率的数学关系所导致的。"（Bortkiewicz 1952 [1906-7]：73）这里的关键是，资本有机构成的提高虽然确实能够降低利润率，但是生产性也会伴随着剩余价值率的提高而增加。但是，马克思的论证并没有证明有机构成的提升总是比剩余价值率提升得更快。海因里希也重复作了同样的批评，得出利润率趋向下降的规律"没有根据"的结论（Heinrich 1999：329），因为"重要的是两个量中哪一个变动得更快，这一点我们并不知道"（Heinrich 2013a：23，25）。

与鲍特凯维奇相比，海因里希的独特性在于，他一边研读新版《马克思恩格斯全集》中的马克思手稿，一边重新讨论这个问题。海因里希注意到，在出版的新版《马克思恩格斯全集》手稿第二部分的第四卷第三分册和第十四卷中，包含了关于利润率的各种计算问题。海因里希说，尤其值得关注的是，19世纪70年代的手稿不仅涉及利润率下降的事例，还提及了利润率上升的情况。也就是说，马克思通过这样的计算，更加清楚地认识到现实利润率上升的可能性。为了强调这一变化的重要性，海因里希在《资本论》第二版的藏书中参考了马克思为第三版所写的备忘录。在那里，马克思指出，正是在资本价值构成提高的时候，利润率才有可能提高。① 此外，海因里希还补充了一个

---

① 在这一段，马克思这样写道："为了后面一段，在此要说这样一句话——扩大在这里只是量而已，那么相同部门的大小的资本利润，与借贷资本的大小成正比。量的扩大会在质的层面起作用，与此同时，对更大的资本来说，利润率会进一步上升。"（MEGA Ⅱ/8：591）

有趣的事实,即马克思在19世纪70年代以后在讨论危机问题时,也不再提及利润率下降的问题了。从这些"证据"中,海因里希得出了这样的结论:70年代,"马克思对利润率下降的规律充满了怀疑"(Heinrich 2013a:28)。

在利润率的规定中,存在两个变量,这是很久以前就有学者指出的问题,在先前的研究中,罗曼·罗斯多尔斯基对这一问题的研究广为人知(Rosdolsky 1977:ch.16,17,26)。他认为,利润率的最大值应这样规定:

$$r = \frac{s}{C+v} < \frac{s}{C} < \frac{s+v}{C}$$

等式最右边的算式是假设必要劳动时间为零,一天所创造的价值全部成为剩余价值,这也是利润率最高的状态。这表明,不论剩余价值率的大小,如果不变资本的价值比活劳动所创造的价值增长得更快的话,那么利润率的最大值就必然会趋于减少。而且,在这个最大值的减少所规定的形式下,实际的利润率也会趋于下降。这里罗斯多尔斯基的设想是完全有可能的。因为正如安瓦·夏克所指出的那样,所谓机械化,不过是为了"通过机器的扩张性使用"来提高生产力,从而增加相对于活劳动的死劳动的比率(Shaikh 1978:239)。当然,仅凭这种"可能性",并不能完全驳倒博尔特凯维奇和海因里希的主张。尽管如此,近年来的实证研究表明,只要认识到这一规律的倾向性,就能充分发挥其对现状分析的引导性作用。

因此,下面首先要探讨的是海因里希如下主张的合理性。他认为，马克思是在19世纪70年代以后才开始认识到利润率具有不下降的可能性。虽然海因里希提出了各种各样的论据，但是手稿中可以看到的关于利润率的"反作用"和"活生生的矛盾"的讨论，显示了马克思在此之前就已经开始对这一规律所具有的弹性进行再研究的事实。关于这一点，笔者将在其他章节进行更详细的探讨。

二、资本的"活生生的矛盾"

根据马克思的观点，含有矛盾的关系就是试图超越一切制约资本的显著特征。正如久留间所指出的，在《政治经济学批判》中，马克思论述了这种"活生生的矛盾"（1965：221f.）。

> 因此，资本按照自己的本性来说，会为劳动和价值的创造确立界限，这种界限是和资本要无限度地扩大劳动和价值创造的趋势相矛盾的。因为资本一方面确立它所特有的界限，另一方面又驱使生产超出任何界限，所以资本是一个活生生的矛盾。（MEGA Ⅱ/1：334；参见《马克思恩格斯全集》第46a卷，人民出版社2003年版，第408页）

当资本以价值增殖为目的时，资本就会遇到各种各样的阻力。马克思指出，既然资本自身制造了这样的阻力，那么资本就必然反复地、不可避免地面对这些阻力，而且每次还必须跨越新的阻力。马克思把这种不间断的运动称为"活生生的矛盾"。

同样的逻辑结构也适用于利润率（宫田2011：62）。资本的目的就是最大限度地实现价值的自我增殖。为了实现这一目标，必须在竞争的基础上提高生产力，推进机械化，但在此过程中一边会反复遇到自身制造的障碍，一边又会以一种反作用力来克服。其表现之一是随着资本有机构成的提高所带来的利润率下降，以及相对人口过剩的形成所带来的工资降低导致的利润率提高。

进一步而言，这里起相反作用的因素是"由同一原因导致利润率减少和绝对利润量增加同时产生这一带有两面性的规律"。对于这一点，马克思有如下表述：

> 社会劳动生产力的发展，即表现为可变资本同总资本相比相对减少和积累由此加速的那些规律。而另一方面，积累又反过来成为生产力进一步发展和可变资本进一步相对减少的起点。就是这种发展，撇开一切暂时的波动，还会表现为所使用的总劳动力越来越增加，表现为剩余价值的从而利润的绝对量越来越增加。（MEGA Ⅱ/4.2：294；参见《马克思恩格斯全集》第25a卷，人民出版社2001年版，第245页）

也就是说，利润率的下降趋势是与利润量的增大并行发展的。马克思也曾反复指出这一点:"随着资本主义生产方式的发展,利润率会下降,而利润量会随着所使用的资本量的增加而增加。"(MEGA Ⅱ/4.2:298;参见《马克思恩格斯全集》第25a卷,人民出版社2001年版,第276页)利润率的降低可以通过增加资本投入量所带来的利润量的增加来弥补,这是资本试图克服自身限制时采用的一种方法(前畑2006)。

当然,利润量的增加并不是总会发生。因此,总资本增加的比例必须大于利润率减少的比例。否则,利润率的降低将导致利润量的减少。由此,个别资本家为了增加利润量而被迫不断进行"加速积累",这导致了资本的"积聚"。"单个资本家手中为了生产地使用劳动所必需的资本最低限额,随着利润率的下降而增加;这个最低限额所以是必需的,既是为了剥削劳动,也是为了使所用劳动时间成为生产商品的必要劳动时间,使它不超过生产商品的平均社会必要劳动时间。而且积聚会同时增长,因为超过一定的界限,利润率低的大资本比利润率高的小资本积累得更迅速。"(MEGA Ⅱ/4.2:324f;参见《马克思恩格斯全集》第25a卷,人民出版社2001年版,第279页)只要这种尝试能够顺利进行,那么利润率的降低就不会给资本家带来太大的影响。进一步而言,通过这一过程,更高的有机构成使工人从生产过程中游离出来,从而产生相对过剩人口;另一方面,资本积聚又促进了这些过剩人口的吸收。在这里也可以看出,正反两个方向都同时起着作用,这种资本"活生生的矛盾"也在利润率趋向下降的规律中发挥着作用。

此外,利润率下降所带来的资本"积聚"和"集中",需要与利润率提高的一系列因素同时进行。首先,资本既可以通过延长工作日来进行绝对剩余价值的生产,也可以通过机械化来提高劳动强度。其次,生产力的提高降低了劳动力的价值,使相对剩余价值的生产成为可能。进一步来说,生产力的提高会使不变资本变得廉价,这就降低了资本的有机构成。过剩人口的创造和劳动者之间相互竞争的加剧,都会降低劳动力价格,同时起到提高剩余价值率的作用。最后,马克思还论述了关于不变资本的节约问题(明石2016)。例如,在"生产资料的积聚"中,由于建筑物、机械、暖气等不会因工人人数的增加而成比例地增加,从而节约了固定资本的部分。于是附加上原料等的再利用也就可能了。这样,通过资本集中带来的对生产和流通的改良,为更有效率的积聚提供了条件。上述的各种条件就使利润率的下降规律成为一种"趋势",而利润率的下降会在经济周期中反复上下波动,并经过长期才能得以确认。

如果考虑到1864年和1865年《资本论》第三卷手稿中的这些讨论,就可以看出,海因里希提出的,马克思直到19世纪70年代才开始认真研究利润率上升的说法,显然有些夸张。确实,马克思在19世纪70年代的手稿中有关于利润率上升可能性的计算。但是,从手稿的编辑者附加的标题可以清楚地看出,这些计算也涉及"关于剩余价值率和利润率的关系的数学计算"（MEGA Ⅱ/14：19；参见《马克思恩格斯全集》第25a卷，人民出版社2001年版，第8页）。也就是说，马克思只是在计算中适当地改变了c、v、m的值，并且将这些变量对利润率和剩余价值率产生了怎样的影响，用数学公式进行了考察。这时，现实中的资本在技术上和物质上的变化就被舍弃了。为此，从中可以看出，这些计算具有非常抽象的性质，并没有考虑到这些变量的增减是否与现实资本主义的发展规律相对应，或者说，原本就没有考虑到这样的增减实际上是否可行的问题。

而且，在海因里希没有提到的同一手稿的另一节中，可以看出马克思依然坚持利润率趋向下降规律："正如《资本论》第一卷中已经讨论过的那样，可变资本中逐渐的相对减少会表现出以百分比计算的剩余价值量减少趋势，以及利润率= $m/\smallint$ [①] 减少的倾向。"（MEGA Ⅱ/14：28）从马克思的这一发言中，无法看出海因里希所提出的"怀疑"，因此也难以接受海因里希的主张。

需要再次重申的是，马克思的目的并不是为了揭示利润率的下降及其导致资本主义崩溃的必然性，而是为了确立分析资本积累的动态过程的方法。这时，马克思多次指出利润率下降规律的两个方面"包含着一个矛盾，后者表现为互相矛盾的趋势和现象"（MEGA Ⅱ/4.2：323；参见

---

① 这里的 $\smallint$ 表示的是预付资本。

《马克思恩格斯全集》第 25a 卷，人民出版社 2001 年版，第 277 页）。因为资本的"活生生的矛盾"的存在，所以这种对立的现象也同时存在，这就更加需要从利润率下降的规律中试图阐释这一矛盾的外在问题。并且，在利润率没有下降的情况下，需要通过以"活生生的矛盾"为基础的趋向性来考察这一问题，当然也要追问为什么利润率没有下降。从这个意义上来说，马克思的理论为分析现状提供了方法论基础。

三、资本的弹性及其极限

然而，以上事实未必就是要否定海因里希论点的重要性。因为自 19 世纪 70 年代以后，马克思就不再提及利润率下降规律这一主张是事实，这确实会令人去想是否发生了什么变化。因此，必须根据上一节所讨论的内容，重新提出以下的问题：尽管马克思从一开始就将利润率下降规律作为历史趋势来研究，但为什么到了 19 世纪 70 年代后马克思就不再强调对利润率问题进行讨论了呢？如果要理解为什么晚年马克思对这个问题选择沉默，仅仅用数学来证明显然是片面的。因为资本积累并非只是量的变动，而是伴随着资本集中和资本积聚的物质承担者的质的和物质的变化一起产生的变动。资本在现实中并不能肆意地实现价值的增殖，不可避免地会受到其承担者的制约。正因为如此，晚年马克思在进行纯粹的数学计算的同时，研究了资本主义生产的物质层面的内容。

马克思在目睹了资本主义虽反复爆发经济危机却非但没有崩溃，反而再次复苏的状况后，开始关注资本的力量到底具有怎样的弹性问题。资本是"不断带来革命的东西，它消除着一切妨碍生产力的发展、需求的扩大、生产的多样性、开发利用自然力和精神力以及交换的限制"（MEGA Ⅱ/1：322）。这样，通过从内涵和外延上彻底利用物质世界，可以增加应对各种障碍的弹性。的确，马克思在《共产党宣言》中就曾预测资本主义会因经济危机而崩溃，在1857年经济危机发生之前，仍然可以看到这样的设想。但是，在资本主义克服1857年经济危机的过程中，马克思认识到，资本的弹性能够在一定程度上支撑资本主义的体系，并使其具有一定的强韧性。他由此开始分析其理论根源。

在《资本论》第一卷中，马克思这样定义"资本的弹性"：

> 其次我们知道，即使执行职能的资本的量已定，资本所合并的劳动力、科学和土地（经济学上所说的土地是指未经人的协助而自然存在的一切劳动对象），也会成为资本的有伸缩性的能力，这种能力在一定限度内使资本具有一个不依赖于它本身的量的作用范围。（MEGA Ⅱ/6：558；参见《马克思恩格斯全集》第23卷，人民出版社1972年版，第668—669页）

此外，在《资本论》第二卷手稿中，马克思对资本的

弹性作了如下总结:

> 这只是表明,预付资本……在转化为生产资本之后,包含着生产的潜力,这些潜力的界限,不是由这个预付资本的价值界限规定的,这些潜力能够在一定的活动范围之内,在外延方面或内涵方面按不同程度发挥作用。如果生产要素——生产资料和劳动力——的价格是已定的,那么,购买一定数量的以商品形式存在的这些生产要素所必需的货币资本量也是确定的。或者说,要预付的资本的价值量是确定的。但这个资本作为价值形成要素和产品形成要素的作用大小是可以伸缩、可以变化的。(MEGA Ⅱ/11:346;参见《马克思恩格斯全集》第24卷,人民出版社1972年版,第395—396页)

资本为了进行更加灵活的生产,可以彻底地利用物质世界,其可以根据材料的特性而采取各种变化形式。例如,劳动力是有弹性的,为了提高利润率,在相同工资的情况下,或进一步延长劳动时间,或进一步增加劳动强度,都是可能的(MEGA Ⅱ/11:344;参见《马克思恩格斯全集》第24卷,人民出版社1972年版,第393—394页)。在市场竞争条件下,总资本或许无法迅速增加,但劳动力的弹性却会配合市场需求而变动,成为其调节阀。如果市场需求突然上升,就可以即使在不支付额外工资的情况下,延长工人的劳动时间。或者使工人能够适应更高强度的劳动，即使面对大工业产生的各种技术革新，也可以灵活应对。

资本通过科学进步和新技术开发获得了弹性，进而可以通过占有大自然"无偿的恩惠"，不断提高生产力。这种大自然的无偿性本身对于资本就具有莫大的魅力，何况大自然还有弹性。资本不会对自己所产生的废弃物进行补偿，而这也不会立即造成生产所依赖的自然条件的恶化。环境能够灵活地吸收掉生产和消费中所产生的各种破坏性的东西。

农业和采掘业更是为我们提供了有关自然弹性的具体案例。例如，土壤即使在谷物收获后不补充养分，第二年依旧会有收成；煤炭和石油可以在短期内，为了满足需求，即使不按比例追加费用也可以增加产量。马克思把这种可能性称为"抢占"（Anticipation）。

> 在一般财富的生产中，抢占未来和抢占现在只是在劳动者和土地之间进行的。在这两种情况下，由于过早地过度劳累和消耗、支出和收入均衡被扰乱，未来很可能被现在抢占，甚至被荒废。这两种情况都是在资本主义生产中进行的。（MEGA Ⅱ/3：1145）

尽管如此，对资本而言的问题是，自身的弹性不仅最终要依靠劳动力和自然力的弹性，而且有物质的界限。也就是说，一旦超过了这一界限，弹性就会像断了的弹簧一

样丧失功能。对于这一点,马克思结合过度延长工作时间进行了如下论述:

> 工人的结合和协作,使机器的大规模使用、生产资料的集中、生产资料使用上的节约成为可能,而共同劳动大规模地在室内进行,并且在那种不是为工人健康着想,而是为便利生产着想的环境下进行,也就是说,工人在同一个工厂里大规模地集中,一方面是资本家利润增长的源泉,另一方面,如果没有劳动时间的缩短和特别的预防措施作为补偿,也是造成生命和健康浪费的原因。(MEGA Ⅱ/4/2: 140;参见《马克思恩格斯全集》第 25a 卷,人民出版社 2001 年版,第 108 页)

节约不变资本也可以通过节省安全对策和卫生对策的支出来实现。另外,长时间劳动或低工资等也能节约可变资本。但是,这种劳动条件的变化具有客观的界限,存在着"不可逾越的界限"(MEGA Ⅱ/4.2: 322;参见《马克思恩格斯全集》第 25a 卷,人民出版社 2001 年版,第 276 页)。对劳动者肉体的和精神的能力的掠夺使资本本身所依赖的物质载体的质量逐步恶化,对生产过程本身也带来负面影响,甚至有可能导致资本所期望的结果无法实现。

在同样的情形下,与"不变资本的节约"相关的马克思关于"利润率依赖于原料的质量"的论述,阐明了资本依赖自然的物质性质。

在这里,唯一重要的是,一方面,它们的数量要适合在技术上和一定量的活劳动相结合的需要,另一方面,它们要合乎目的,因此不仅要有性能好的机器,而且要有优质的原料和辅助材料。(MEGA Ⅱ/4.2:117;参见《马克思恩格斯全集》第25a卷,人民出版社2001年版,第98页)

原料因其品质,对不变资本节约的贡献度有很大的不同。之所以这种对品质的依赖性对于资本积累来说似乎是一个特别重要的问题,原因在于资本无视其承担者的质的性质会导致自然力的品质本身的下降。例如,如果羊毛和棉花的品质下降,则为了生产同样的商品,就会导致要么需要更多的原料,要么成品的品质会下降。又或者,正如我们在土地退化的事例中所看到的那样,有时不仅是品质的恶化,还会伴随有产品数量的减少。正如李比希所警告的那样,掠夺农业虽然可以通过抢占的方式来短期提高产量,但是如果长期采取抢占的做法,就会扰乱人与自然的物质变换,彻底破坏生产所必需的物质条件。

马克思指出,上述导致生产自然条件的恶化也会对利润率产生影响。"在农业中,社会生产力的增长仅仅补偿或甚至还补偿不了自然力的减少——这种补偿总是只能起暂时的作用——所以,尽管技术发展,产品还是不会便宜，只是产品的价格不致上涨得更高而已。"（MEGA Ⅱ/4.2：709；参见《马克思恩格斯全集》第25b卷，人民出版社2001年版，第864页）农业和采掘业严重依赖人类无法轻易改变的气候、土壤成分、降雨量等自然条件。如果无视这种慢性掠夺，就有可能带来意想不到的歉收和枯竭，这对利润率的提高也会产生负面影响（Perelman 1987：48）。

而且，资本积聚因为对利润率下降规律具有反作用力，也使问题变得更为严重。因为生产规模的快速扩大会增加原料和辅助材料的投入量，但没有任何自然供给能够保证跟上资本积累的步伐。"劳动生产率也是和自然条件联系在一起的，这些自然条件所能提供的东西往往随着由社会条件决定的生产率的提高而相应地减少。因此，在这些不同的部门中就发生了相反的运动，有的进步了，有的倒退了。例如，我们只要想一想决定大部分原料数量的季节的影响，森林、煤矿、铁矿的枯竭等等，就明白了。"（MEGA Ⅱ/4.2：333f.；参见《马克思恩格斯全集》第25a卷，人民出版社2001年版，第289页）引进新机器也许会使生产力突然得到两到三倍的提高，但结果可能是所需要的原料、辅助材料成比例地增加。然而，这种变化是在与自然循环完全无关的地方发生的，自然就无法以同样的速度增加供给量（Lebowitz 2005：138）。自然力的"抢占"或许可以暂时满足需求的突发性增长，但从长期来看，会导致自然条件的枯竭和恶化，其结果是供给断绝、价格高涨，最终会对资本的价值增殖产生巨大的影响。

如果原料的价格上涨了,那么,在扣除工资以后,它就不可能从商品的价值中得到完全补偿。因此,剧烈的价格波动,会在再生产过程中引起中断,巨大的冲突,甚至灾难。特别是真正的农产品,即从有机自然界得到的原料,由于收成的变化不定等——这里我们还是完全撇开信用制度不说——会发生这种价值变动。在这里,由于无法控制的自然条件,年景的好坏等,同量劳动可以体现为极不相等的使用价值量,因此,一定量的这种使用价值会有极不相同的价格。(MEGA II/4.2：188 f.；参见《马克思恩格斯全集》第 25a 卷,人民出版社 2001 年版,第 135 页)

危机的爆发凸显了资本对自然的依赖性。资本带来的掠夺使得作为一种不可或缺的前提条件的物质世界本身受到了破坏,进而对经济收益也造成影响,而后资本才开始意识到问题的严重性。即便如此,资本依然不接受这种限制,不断试图跨越新的障碍,在世界各地扩张,不断开拓新的使用价值和原料市场,开发新的技术。但是,这并不仅仅是在世界范围内建立与资本的文明化作用相结合的"全面有用的体系",而是以环境帝国主义的形式压迫人类,进而在人与自然的物质变换中引发"不可修复的裂痕"。也就是说，资本这种不断试图超越极限的做法，不仅会加剧环境危机，还会使可持续的发展变成泡影。由此，可以明确的是资本的界限就是资本本身。

四、摘录笔记与自然的弹性

由此可见，马克思的利润率研究与生态学研究有着密切的关系。尽管这种分析在《资本论》的草稿中只涉及部分内容，但是通过查阅摘录笔记可以发现，即使在地租理论以外的地方——如与利润率和资本周转相关的地方，马克思也曾试图引入新的观点。

例如，在1868年的第三卷手稿中，马克思也进行了各种利润率的计算。其中，值得注意的是，马克思提到，技术进步所带来的生产率的提高最多只能弥补农业或采掘业生产率的降低，甚至连这个也无法弥补。"劳动生产率的提高，就像农业或采掘产业等特定情况一样，只能作为对生产力低下的自然条件的不充分补充。"（MEGA Ⅱ/4.3：80）如前所述，在这卷手稿中，虽然马克思的兴趣始终停留在数学计算上，并没有对具体情况展开叙述，但是正如他在这里所说的，在同时期完成的摘录笔记中又显示了他对这一主题的浓厚兴趣。

如前一章所述，1868年以后，马克思不仅开始关注农业的土壤贫瘠问题，而且还开始关注各种可持续发展的问题，比如马克思在1865年阅读 M. L. 穆尼埃的《法国农业》，就与森林砍伐有关。在《资本论》第三卷的手稿中，马克思好像特别关注了穆尼埃对土地价格的说明,但不只如此,马克思还对穆尼埃的以下部分进行了相应的摘录。穆尼埃曾指出,在阿尔卑斯山脉和比利牛斯山脉的过度放牧和森林砍伐改变了当地的气候,而且由于山变秃了,洪水增加了,土壤的养分也被冲走,给当地的农业和生活带来了破坏性影响(MEGA Ⅳ/18:195—198)。通过阅读弗腊斯的著作,马克思的这一认识进一步得到深化,并且结合资本的周转,展开了对过度砍伐森林导致的负面结果的研究。

同一时期,马克思的关注点还扩大到了畜牧领域。1865年和1866年,马克思阅读了莱昂斯·德·拉韦涅(Léonce de Lavergne)的《英格兰、苏格兰、爱尔兰的农村经济》(1855)。这部著作热心地介绍了与法国相比英国农业的优越性。作为实例,拉韦涅列举了英格兰畜牧家罗伯特·贝克韦尔(Robert Bakewell)所发明的饲养方法。它基于"选择的体系",通过交配和选择,使羊长得更快,肉也增加得更多(Lavergne 1855:19f.)。马克思在摘录这一系列"改良"文章之后,给出了极为否定的评论。"明显早熟、完全病态、骨量不足、过多脂肪和肉质等等。所有这一切都是人造的产物。令人作呕!"(MEGA Ⅳ/18:234)在自己的手稿中如此直白的评论,马克思似乎颠覆了自己毫无批判地信奉技术发展的形象。对于只从对资本有用的观点出发介入自然过程的行为,马克思称其为"掠夺"并予以批判。

1868年《资本论》出版后,马克思在阅读德国农学家威廉·哈姆的《英格兰的农业用具和机械》(1845)一书时,又回到了对同一主题的思考。哈姆是拉韦涅的热心支持者,甚至把拉韦涅的著作翻译成了德语。因此,在书中,他再次对于英格兰通过改良交配和饲养的方法来提高畜牧业的生产率给予赞誉。但是,马克思在摘录这些关于"改良"的论述之后,写了以下评论:

> 在这个牢房里,这些动物出生了,而且直到它们被杀的那一天,都被关在牢房里面。问题在后面。这个系统与饲养系统结合在一起,为了把动物变成单纯的肉和脂肪块,迫使其异常地成长,抑制其骨骼的发育。但在过去(1848年之前),却是通过尽可能地使它们停留在被释放的空气中,缓解(负面影响)。最终,这种做法会不会成为严重损害生命力的原因呢?(MEGA Ⅳ/18:303)

在马克思收藏的赫尔曼·泽特加斯特的著作《北德国的牧羊饲养及抵抗外国竞争应走向何方》中,也有同样的忧虑。书中指出,当试图最大限度地利用羊毛时,羊的体格就会衰弱,马克思在这句下方画了红线(Foggy Ralph 2016:256)。

从19世纪初开始,由贝克韦尔杂交的新莱斯特羊被带到爱尔兰,与当地的羊交配,产生了新莱斯特羊和罗斯康芒羊（Dohner 2001：121）。当然，这种"改良"是以满足英格兰的需要而提高爱尔兰的农业生产率为目的进行的。马克思意识到，为了实现英格兰的资本积累的需要，不仅是爱尔兰工人阶级的生活，就连当地的生态系统也被改变了。他试图批判这种表面上提高了生产率，却将动物的健康和生活从属于资本有用性的并遭到破坏的环境帝国主义。对马克思而言，摧毁以可持续的形式维持人与自然的物质变换的可能性，这样的生产力提高不是"发展"，只能是"掠夺"。虽然经常有人把马克思批判为生产力至上主义者，而实际上，"生产力"概念还必须包含为了实现人与自然物质变换而进行的有意识的管理的主体能力。

之后，马克思在《资本论》第二卷第二稿的初稿中提到畜牧问题时还指出，由于与林业相同的理由，资本与自然之间会产生紧张关系。也就是说，家畜生产所花费的时间对资本来说过长了。在这里，马克思进一步引用了威廉·瓦尔特·古德（William Walter Good）的《政治、农业和商业上的各种谬论》（1866）一书中的一段话：

> 从这样的理由出发，如果想起农业因经济学诸原则被限制，以前是为了饲养，从酪农地带送到南部的幼牛现在伯明翰、曼彻斯特、利物浦和其他附近的大都市的屠宰场中，出生后一个星期或10日以上被大量活祭。……现在，如果我们劝这些小租地农场主饲养小牛，他们就会说：我们很清楚，用牛奶饲养小牛

是合算的，但是第一，我们必须垫现钱，这我们办不到；第二，我们要等很久，才能把钱收回，而制奶可以立即把钱收回。(MEGA Ⅱ/11：187；参见《马克思恩格斯全集》第24卷，人民出版社1972年版，第263页)

无论贝克韦尔和其他畜牧家的发明如何能够缩短饲养时间，为了缩短资本周转，牛羊都只能在更早熟的状态下被屠宰。资本的逻辑不但不能充分发展生产力，反而会因为滥用自然力，扰乱自然的物质变换。由此，马克思开始从各种角度研究关于带给"农业的巨大损失"这样的观点(MEGA Ⅱ/11：187)。

以上的例子在1868年马克思的笔记中有摘录。马克思在撰写《资本论》的同时——特别是联系流动资本和固定资本——对这些主题进行了研究。直到19世纪70、80年代，他仍然在继续这项工作。因此，完全可以想象，马克思的自然科学研究成果不只是地租理论，他还在与资本周转与利润率的关系方面，而且是从生态学的观点进行研究。

实际上，查阅19世纪70年代的节选笔记就会发现，马克思持续关注着这一问题。1878年，晚年马克思对约翰斯顿的《农业化学与地质学的要素》、约翰·伊茨的《商业原料的自然史》、约瑟夫·朱克斯的《学生用地质学指南》等著作，作了相当详细的笔记，并考察了自然条件的变化所带来的经济影响。例如，他关注了从新矿山中开采的铁的质量，并认为，随着对铁的需求量的增大，更加恶劣条件的矿山也会被继续开采。"尽管有不利的（自然）条件，也会有从爱尔兰到英格兰和苏格兰的铁矿石出口，因为需求量大幅增加了。这展现了一个从更优良的开采区域向更差的开采区域推进的过程。"（MEAG Ⅳ/266：8）这样的发言，可能会让人觉得马克思接受了李嘉图的收益递减规律。但另一方面，马克思也认识到，采掘业领域的科学和技术大大提高了现有的生产效率。他注意到，1881年美国的煤炭挖掘机的应用，大幅提高了采掘速度，并使工人们有了从工作中游离出来的可能（MEW 35：195；福格拉尔夫2016：273）。

在此基础上，他强调，地质学对于提高生产力所具有的"实践意义"。"由于无知，巨大的货币量只开采煤炭太浪费了。仅就贾克斯所知，这样的浪费性支出的货币总量就足以支付英国地质学调查一年的费用。"（MEGA Ⅳ/26：478）因此，"英国地质学的实践应用的主要方面之一就是防止在轻率的计划上浪费货币，并将货币投向更有价值前景的地方。"（MEGA Ⅳ/26：642）这样一来，地质学就提高了能够带来利润的投资概率。进而，新机器和新技术的发展使得过去无法利用的新物质的开采、利用成为可能。马克思在括号里加入了自己的评论，他这样写道："苏格兰的整个村子都建在花岗岩之上（这是劳动手段的改良终于将劳动对象转换为原料的例子），切出该岩石，与为事先做准备的机械改良一起，大幅度扩大了花岗岩在英格兰的使

用范围。"(MEGA Ⅳ/26：15)

关于农业的发展，约翰斯顿也指出，一方面掠夺农业的发展导致了土壤贫瘠，另一方面农业的进步将过去的不毛之地改良为具有更高生产力的状态。"这块岩层的黏土质土地很难耕种，而且费用昂贵……黏土的上面含有砂子的石灰岩土壤也很贫瘠。但是，如果这种土壤和下面的黏土混合，就会形成优质的耕地。"约翰斯顿还说，"最近，在几个地区（克罗伊登），通过深耕上层的白垩耕地，使得上面与下面的白垩进行6至8英寸混合，就变为能够生产谷物和大豆的土壤了。"(MEGA Ⅳ/26：78f.) 随着新的耕作机械和科学知识的普及，不毛之地有时也会变为适合耕种的土地。马克思曾经说过："人们不去研究土地枯竭的现实的自然原因（所有对级差地租有所论述的经济学家，由于当时农业化学的状况，都不认识这些原因）。"(MEGA Ⅱ/4.2：723；参见《马克思恩格斯全集》第25b卷，人民出版社2001年版，第879页) 对此，晚年的马克思本人非常热衷于研究这些具体的事例。

从这些事实中可以看出，即使在自然领域，马克思也试图对产生掠夺和改良这两种截然相反的倾向性的"活生生的矛盾"进行阐释。马克思的这种研究方式与单纯从数学公式上讨论平均利润率下降规律的争论形成了鲜明的对比，因为马克思在关注物质的弹性的同时，尝试把握各种反作用的倾向。因此，正如海因里希所指出的，如果说晚年的马克思不再提及利润率趋于下降，那也是因为马克思看到了比资本弹性更大的一股力量，并认识到这股力量在经验层面需要进行更为详细的研究。马克思认为，利润率的变动与资本的物质承担者有着密切的关联，不能将两者割裂开来考察。资本的价值增殖和积累已经不再是单纯的抽象的价值运动，而必须在生产过程中具体化。在利润率的计算中，重要的价值构成比率被称为"资本的有机构成"，这正是为了表现包括物质层面在内的价值与技术的关联性。

五、环境危机与经济危机

即使在今天，我们也经常听到马克思对经济领域"特别重视"，并因而陷入经济决定论的陈词滥调（Fraser 2014：56）。但是，这样的批评至少在很多专业人士中间越来越不被认可了，因为他们反复强调，马克思的研究是包括人种、性别及生态等在内的广泛研究，其作为分析资本主义的方法论基础仍然非常重要（Burkett 1999；Anderson 2010；Brown 2012）。事实上，马克思在这一研究过程中，即使是在环境领域，也没有陷入经济决定论之中，而是在论述资本主义危机时进行了各种探讨。

其中一个著名的争论就是以自然的"过少生产"为基础的奥康纳的论点（O'Connor 1998：129）。奥康纳认为，由于资本拒绝考虑可持续发展的条件，从长期来看，自然条件的恶化就不可避免地会提升资本的成本。由于自然力无法跟上产业的发展，无法提供工业所需要的原料，生产费用必然持续上升。这是"资本主义的第二个矛盾"，即不变资本费用的上升会导致利润率的下降。与以罗莎·卢森堡为代表的、以关注需求不足的"过少消费说"为主的观点相比，奥康纳的研究将经济危机定性为"成本方面"所产生的"自然的过少生产"的问题。①

近年来，随着杰森·W.摩尔（Moore 2015）以"生态剩余趋于下降"代替"自然的过少生产说"，有关经济危机的讨论再次使上述争论受到关注。对摩尔来说，物质变换的扰乱这一问题之所以能在经济危机的框架内讨论，是因为其引发了生产费用的上升，而这一结果导致的利润率下降使资本主义体系不稳定。② 因此，摩尔所研究的焦点是"廉价的自然"（Cheap Nature）——"劳动力""原料""能源""粮食"——的结束，自然的过少生产带来的利润危机和抵抗运动的出现等社会体系正当性的危机。

但是，如果增加的费用是终极问题的话，那么通过进一步的技术革新和技术进步带来的费用减少就会成为解决问题的方法。于是，这成为资本喜好的唯一解决方案。与此相对，马克思并不认为这种费用的增加会给资本占统治地位的体制带来致命的危机。相反，他强调，克服障碍的不断尝试可以为资本主义争取时间，同时这种费用的增加还会加剧价值增殖的逻辑和自然条件的物质逻辑之间的紧

---

① 这时，奥康纳进一步发展了马克思没有展开的研究问题，并抓住了自己所提出的"资本主义的第二个矛盾"。

② 摩尔所批评的"物质变换的裂缝"这一概念是来自"笛卡尔主义"。关于这一点，请参考斋藤（2017）。

张关系。例如，石油价格的上升可能会使资本更多地投资于焦油砂、水力压裂、页岩气等对全球变暖有害的开采方法和资源。因为资本主义社会已经构筑了没有化石燃料就无法运转的生产体系，所以石油价格的上升对资本来说反而是一个机遇。或者说，即使面对气候变化，资本也可以通过销售抗热波和抗干旱的转基因作物，或者将用于防台风和洪水的灾害保险和避难所商品化，找到更多的商机。这正是"惨案便乘式资本主义"的战略（Klein 2008）。总而言之，资本的适应能力是巨大的，资本主义生产即使是在地球的大部分都不适合人类和其他动物生存的状态下，也仍然可以持续下去。正因为如此，伯克特才会说："说得大胆些，在理论上说，资本无论在什么样的自然条件下，即无论自然条件如何恶化，只要人类没有完全灭绝，资本就可以继续积累下去。"（Burkett 2014［1999］：196）也就是说，由于不能充分地将市场机制的自然状态传导给价格，比资本积累因全球规模的物质变换裂缝陷入致命的危机——"资本主义的第二个矛盾"——更早之前，以与自然共存、共同发展为目标的社会构建所需要的物质条件就已陷于毁灭状态。考虑到如果要在2100年之前将气温上升幅度控制在2摄氏度以内，需要到2050年必须实现二氧化碳的实际排放量为零的事实，如果无视这一点，使资本积累继续的确定性，这种毁灭状态已经很明显了。因此，福斯特和伯克特将"环境危机"（economic crisis）与"经济危机"（ecological crisis）区分开来，作为资本主义的核心危机来论述（Foster/Burkett 2016：6）。环境危机的问题不是减少利润，而是因为资本主义这一社会机制对于人的自由和可持续发展的观点来说是不合理的体系。正因为如此，它必须通过人们的手进行有意识的变革（Foster 2015：9）。① 这时运用阶级的视角就很重要。因为1%的人一边将气候变化引发的环境危机转向国外，一边又继续积累资本，而与资本不同，无法轻易移动的99%的人构成了"环境无产阶级"（Foster 2010），或者作为"环境难民"，饱受来自自然的异化之苦。在这种情况下，争取气候正义就无法回避阶级斗争这一问题。

虽然存在着经济危机和环境危机这两种不同类型的危机，但生态社会主义必然会把其着力点从奥康纳和摩尔所论述的资本积累危机转移到人与自然的物质变换的裂缝导致的环境危机。因为这正是人类异化和痛苦的原因，也最终会威胁人与自然的共生和共同发展。在这个意义上，马克思的生态社会主义并不是从资本的立场来研究的，而是从可持续的、自由人的发展的立场展开的。

从这样的观点出发，晚年的马克思试图批判的是因资本对无限价值增殖的冲动而引发的各种矛盾。然而，马克思的意图并没有得到真正理解，他的生态社会主义的视域也长期被忽视了。那么为什么会变成这样呢？本书最后一章，将探讨这个问题。

---

① 这种认识在近年的环境运动的"System Change, Not Climate Change"这一口号中，得到了鲜明地展现。

第七章　马克思—恩格斯的思想关系与生态学

如前所述，马克思生态思想的发展从青年到晚年一直保持着一贯性，在《资本论》的手稿和摘录笔记中，都清晰地留有这种思考的痕迹。尽管如此，学界依然常常认为马克思的思想是"生产力至上主义"，与环境思想不相容，这种批评的观点长期以来具有很大的影响力，甚至被一些马克思主义者所接受。因此，那种认为马克思只是典型的19世纪思想家，对于现代环境问题并没有提出行之有效的基础理论的批评，至今依然根深蒂固（Tanuro 2010：91）。而且，称得上是还在世的最著名的马克思主义者的阿兰·巴迪欧（Allan Badiou）和斯拉沃热·齐泽克（Slavoj Žižek）也曾讽刺说，生态只不过是（代替宗教）的"新的大众鸦片"（Badiou 2008：139；Žižek 2009：158）。为什么会发生这样的事态呢？为什么马克思的生态学会遭到如此强烈的拒绝呢？

实际上，在这种根深蒂固的批评背后，存在着"马克思—恩格斯思想关系"这一老话题。以卢卡奇为发端，经过施密特、雷特尔，直至齐泽克、巴迪欧的"西方马克思主义"（这个词是由梅洛·庞蒂首次提出并使用的），传统上将自然科学视为恩格斯的专业领域，并试图以此来弥补马克思的社会分析。但是，这一做法的代价是，因为他们忽视了马克思对自然科学的研究，所以陷入了无法从资本主义的视角展开对生态学研究的两难困境。而且，由于这种闭塞感，他们甚至批评马克思没有充分关注环境问题。然而，当近年来马克思的生态学研究开始全面展开时，他们又拒绝承认自己过去的错误，反而坚持辩称，生态等问题不是社会主义革命的本质问题。

为了克服西方马克思主义的理论上困境，《每月评论》的福斯特和伯克特采用了不同的研究方法。他们主张马克思和恩格斯的生态思想不存在重大差异，因为用马克思《资本论》的内在形式可以凝练出"物质变换裂缝"的概念（Foster/Burkett 2016：10）。进而，福斯特通过将这一分析扩展到现代环境问题，进一步提出"马克思的生态学"具有现代意义，其中的创新性值得关注（Foster/Burkett 2016：10）。然而，福斯特和伯克特越是主张马克思想要将环境问题作为经济学批判的一环来考察，并在此基础上尝试展开马克思经济学与生态经济学的对话（Burkett 2006），学界就越从马克思和恩格斯对经济学批判的理论差异出发,质疑两人在生态学和自然科学研究领域也存在着重大认识上的差异。①

对此,笔者将在下面采用与先前研究不同的方法进行阐述。也就是说,通过联系《资本论》,探讨一直以来被西方马克思主义研究所忽视的马克思对自然科学理论的研究,并以此来考察马克思与恩格斯的差异。具体来说,正如福斯特和伯克特所指出的,一方面将自然科学研究中两者的共通性和协作作为一定的前提条件,另一方面将他们没有讨论过的新资料与《资本论》相联系进行分析,从而阐明晚年马克思在生态学领域所涉及的研究范畴。这样一来,《资本论》这一未完成的计划在促进 21 世纪的生态学研究方面所具有的理论方向性就显现出来了。

一、马克思和恩格斯的理论分工?

归属"西方马克思主义"这一范畴的思想家极其多样,他们之间并不存在理论上的统一性,就连给出的这一定义也多种多样。但是,他们却具有明显的共同点,即都具有"反苏联马克思主义""反斯大林主义"的特征(Jacoby 1991:581)。尤其值得注意的是,西方马克思主义者为了

---

① 在日本学界,岛崎认同恩格斯的生态学的积极意义。这里所要讨论的中心是"自然的复仇"这一框架,但它与马克思的立场不同,这一点将在下面展开论述(2007:126 ff)。

把马克思从苏联的机械论、经济决定论的"辩证唯物论"中拯救出来,将自然科学视为恩格斯的专业领域,并将其视为与马克思经济学批判无关的领域。如果认为在独立于人类的自然本身中存在辩证法,那么就可以从对自然的观察中把握辩证法的概念,对自然科学的实证主义思考也会被反向引入马克思主义的社会分析中。重视这一研究动向的西方马克思主义者,将辩证法的适用范围限定在社会方面,并试图把马克思从机械论的世界观中拯救出来。其主要依据来自著名学者卢卡奇在《历史与阶级意识》中的以下这段论述:

> 这里把这种方法限制在历史和社会领域,极为重要。恩格斯对辩证法的表述之所以造成误解,主要是因为他错误地跟着黑格尔把这种方法也扩大到对自然界的认识上。然而辩证法的决定性因素,即主体和客体的相互作用、理论和实践的统一、在作为范畴基础的现实中的历史变化是思想中的变化的根本原因等等,并不存在于我们对自然界的认识中。(Lukács 1970 [1923]: 63)

这样一来,恩格斯就因为对自然辩证法的不当拓展而受到了批评。也就是说,西方马克思主义通过主张马克思和恩格斯之间有社会科学和自然科学的理论分工,把后者当作替罪羊而予以否定。

但是，强调这种理论分工的正是恩格斯本人。在马克思去世后出版的《反杜林论》第二版"序言"（1885年）中，恩格斯写道："马克思是精通数学的，可是对于自然科学，我们只能作零星的、时停时续的、片断的研究。"但是，后来恩格斯自己回忆说，在"力所能及的范围内"研究了"数学和自然科学"（MEGA I/27：494；参见《马克思恩格斯全集》第20卷，人民出版社2013年版，第13页）。事实上，《反杜林论》和《自然辩证法》记录了恩格斯对物理学、化学、生物学领域的详细探讨，对传统马克思主义世界观的构建产生了巨大的影响。与此相对，由于马克思本人并没有留下关于自然科学的完整著作，因此有关恩格斯负责自然科学的观点就非常流行。

然而，恩格斯在《反杜林论》第二版"序言"中，对读者隐瞒了一件重大的事情。恩格斯在整理和编辑马克思遗稿时，虽然知道晚年的马克思非常热衷于研究自然科学方面的著作，并做了数量庞大的摘录笔记，但他却完全没有提及，只是说马克思与自己不同，对自然科学只能"断断续续""零散"地进行研究。

诚然，在1864年7月的时候，马克思受到恩格斯的启发，阅读了卡本特尔的《生理学》和施普茨海姆的《神经系统及脑的解剖学和生理学》等著作，并对恩格斯说，"我总是踏着你的脚印走"，进而坦率地承认进一步学习自然科学的必要性（MEGA Ⅲ/12：585；参见《马克思恩格斯全集》第 30a 卷，人民出版社 1995 年版，第 410 页）。然而，之后经过 1865 年和 1866 年，以阅读李比希的著作为开端，马克思开始了自然科学领域的研究，1868 年以后，其研究对象开始涉及化学、地质学、矿物学、生理学、植物学等多个领域。特别是，在今天所说的由于化石燃料的使用所带来的熵的增加的问题上，恩格斯也承认马克思比自己在这一领域更精通。"一个劳动的人，不仅是现在固定的太阳热的消耗者，而且在更大的程度上是过去固定的太阳热的消耗者。能的储备——煤炭、矿山、森林等方面的浪费的情况，你比我知道得更清楚。"（MEW 35：134；参见《马克思恩格斯全集》第 35 卷，人民出版社 2013 年版，第 129 页）。然而，在《反杜林论》中，恩格斯对晚年马克思的这种努力只字未提，而是宣称自己的自然科学研究是对马克思"发现"的唯物辩证法的应用。

　　说起来，第二版"序言"中确实有几篇存在问题的文章。例如，恩格斯极力主张《反杜林论》的内容与马克思的认识完全一致，其证据是马克思"在印刷前读完了整个草稿"，并且草稿得到了马克思的全面赞同（MEGA I/27：493；参见《马克思恩格斯全集》第 20 卷，人民出版社 2013 年版，第 11 页）。然而，这一重要证明却是在马克思去世后才首次提出的（Carver1983：123）。

　　不仅如此，第二版"序言"还有更为奇妙的地方。恩格斯在"序言"中提出了可信度值得怀疑的主张，但仍强调自己的见解与马克思的主张相同。而另一方面，尽管恩格斯从两人的私下讨论和遗稿整理工作中知道同一时期马克思很热心地研究了自然科学，但他并没有提及这一事实。而学界普遍认为，马克思编写大量自然科学摘录是证明《自然辩证法》为两人共同研究的最好证据。然而，恩格斯在"序言"中甚至没有提及存在着马克思的自然科学摘录。这种不自然的沉默或许可以当作一些压制的征兆来解释。也就是说，恩格斯本人还是认为，马克思的自然科学研究与自己的自然科学研究具有不同的性质。

二、物质变换论的影响范围

无论怎样，通过现在《马克思恩格斯全集》的出版发行，可以明确了解的是马克思和恩格斯都对自然科学进行过深入的研究。因此，西方马克思主义把恩格斯的研究限定在"自然"领域、把马克思的经济学批判的对象限定在"社会"（经济）领域是片面的，也就一目了然了。[①] 另外，如第二章所述，两人的自然科学研究，是在与精通自然科学的丹尼尔斯（Roland Daniels）、索尔伦默等人的频繁学术交流中开展的，两人关注点存在较多的重合也是必然的。然而，即便具有共通之处，这与福斯特和伯克特所主张的

[①] 事实上，正如告诫辩证法能够适用自然的卢卡奇后来所承认的那样，马克思本人并没有完全割断"社会"与"自然"的关系，而是把人类也看作自然的一部分，进而以"劳动"为媒介，将两者统一把握。而且，在那个时候，卢卡奇有预见性地认识到关键性概念是"物质变换"（福斯特2016：44）。然而，卢卡奇的这种认识上的订正并没有被西方马克思主义所接受。

两人的关注点完全"相同",还是有很大距离的。因此,我们必须更加仔细地探讨马克思和恩格斯是以怎样的目的和关注来研究自然科学的。

正如上一章所述,虽然马克思为了完善"物质变换裂缝"的讨论,晚年进行了自然科学研究,但在《资本论》尚未完成时就离开了人世。于是,《资本论》第二卷、第三卷的编纂及遗稿的整理就交给了恩格斯。虽然我们已经确认,当时马克思的自然科学研究受到了轻视,而这种倾向一直持续到 21 世纪,但这一背景是马克思和恩格斯围绕"物质变换"存在微妙的意见分歧。而且,这个问题也反映在《资本论》的编纂工作中。

当然,《德意志意识形态》的合著者恩格斯也认识到李比希批判掠夺农业的意义。例如,恩格斯在《论住宅问题》(1872)中也提到李比希,并指出"城市与农村的对立"这一矛盾及克服这一矛盾的必要性。"李比希在他论农业化学的著作中比任何人都更坚决地要求这样做,他在这些著作中的第一个要求总要人把取自土地的东西还给土地,并证明说城市特别是大城市的存在阻碍了这一点的实现。当你看到仅仅伦敦一地每日都要花很大费用,才能把比全萨克森王国所排出的更多的粪便倾抛到海里去。"(MEGA I/24:74;参见《马克思恩格斯全集》第 18 卷,人民出版社 1964 年版,第 313 页)并且,正如《共产党宣言》中要求"把农业同工业结合起来"一样(MEW 4:481;参见《马克思恩格斯全集》第 4 卷,人民出版社 1958 年版,第 490 页),

要求重建"工业生产和农业生产发生密切的内部联系"（MEGA I/24：74f；参见《马克思恩格斯全集》第18卷，人民出版社1964年版，第313页）。

在编辑《资本论》第三卷时，恩格斯也用更具体的例子补充了马克思关于掠夺农业的文章。"例如，在伦敦，450万人的粪便，就没有什么好的处理方法，只好花很多钱来污染泰晤士河。"在此，正是恩格斯将包含李比希观点的文章补充到了马克思的手稿中（MEW 25：110；参见《马克思恩格斯全集》第25a卷，人民出版社2001年版，第116—117页）。正如福斯特和伯克特所指出的，这里显示了马克思和恩格斯的理论上的合作。

但是，在"物质变换"这一概念的处理上，情况却有所不同。恩格斯当然注意到马克思使用李比希的"物质变换"概念来分析自然资源枯竭的问题。但是，从中也可以了解到恩格斯特意更改有关物质变换裂缝的文章的原因。

在本书第四章也引用了《资本论》第三卷手稿的问题，马克思这样写道：

> 大土地所有制由此产生了各种条件，这些条件在社会的以及由生活的自然规律决定的物质变换的过程中造成了一个无法弥补的裂缝，于是就造成了地力的浪费，并且这种浪费通过230商业而远及国外（李比希）。（MEGA II/4.2：752f.）

这里马克思在谈到李比希时指出，"社会的物质变换"（资本主义的生产、交换、消费活动）和"自然的物质变换"的"关联"，引发世界范围的、严重的扰乱。正如本书所反复强调的，马克思在这里已经清晰提出了资本主义的经济规定形式与物质世界的各种自然制约之间存在的紧张关系。

与此相对，恩格斯对前半部分却作了如下改动，而改动后的内容经常被引用：这样的大土地所有制"产生了各种条件，这些条件在社会的以及由生活的自然规律决定的物质变换的过程中造成了一个无法弥补的裂缝"（MEW 25：821；参见《马克思恩格斯全集》第25b卷，人民出版社2001年版，第916页）。在修改后的内容中，"自然的物质变换"被删除，"土地"被改为"生活"，因此"社会的物质变换"和"自然的物质变换"的对比和关联就变得模糊了。的确，在恩格斯整理的版本中，恩格斯对马克思手稿中不少语法不通或文义不清之处着手进行了修改，但是这段文字不仅在马克思的手稿中意思非常明确，而且是指明物质变换论的方法论视阈的重要之处，在先前的研究中也经常被引用。恩格斯的这一改动究竟意味着什么呢？

为了研究这个问题，需要简要地回顾一下恩格斯的"自然辩证法"。恩格斯在《反杜林论》中提出了自己的学术立场的以下特征："马克思和我，可以说是从德国唯心主义哲学中拯救了自觉的辩证法并且把它转为唯物主义的自然观和历史观的唯一的人。"这种关于历史和自然的辩证法，虽然是"黑格尔第一次试图以包容性的方式"进行的研究，但它被唯心论的"神秘化形态"所包围。因此，他的目标将贯穿自然和历史的规律，"以神秘的形式阐发的，而剥去它们的神秘形式，并从它们的全部的单纯性和普遍性上把它们清楚地表达"。这时，黑格尔在思考中避免了"把辩证法的规律从外部注入自然界"的错误，"从自然界中找出这些规律并从自然界里加以阐发"，这被认为是唯物论的研究方法（MEGA I/27：494f；参见《马克思恩格斯全集》第20卷，人民出版社2013年版，第13—15页）。

从这里可以看出，恩格斯研究自然科学的目的，就是在自然之中，将独立于人类之外的、辩证的、实际存在的运动，按照其原有的形态，作为"规律"来把握。恩格斯的计划并不是单纯地运用辩证的思维方法从认识论的角度来说明自然现象，而是在研究自然运动和进化等运动本身的意义上，对自然的"存在论"进行考察（Jordan 1967：167）。在此基础上，他将看似以偶然的各种现象的集合表现出来的历史形成过程，尽可能地用"普遍"和"单纯"的规律来说明。

在这里，近代科学的发展为恩格斯的研究计划提供了基础，基于此，恩格斯也与培根之后的学者保持了基本一致的立场，即对自然规律的科学认识带给人类自由。进而，恩格斯的"自然辩证法"在对自然规律进行唯物论的把握时，并没有停留于认识论和存在论领域，而是通过与外在自然的"支配"来实现内在的"自由"这一实践要求联系在一起，也就并非偶然了。对恩格斯来说，作为自由社会设立的社会主义，意味着人类能够成为"自然的有意识的、真正的主人"。

> 人们自己的社会行动的规律，这些直到现在都如同异己的、统治着人们的自然规律一样而与人们相对立的规律，那时就将被人们熟练地运用起来，因而将服从他们的统治。人们自己的社会结合一直是作为自然界和历史强加于他们的东西而同他们相对立的，现在则变成他们自己的自由行动了。一直统治着历史的客观的异己的力量，现在处于人们自己的控制之下了。只是从这时起，人们才完全自觉地自己创造自己的历史；只是从这时起，由人们使之起作用的社会原因才在主要的方面和日益增长的程度上达到他们所预期的结果。这是人类从必然王国进入自由王国的飞跃。（MEGA I/27：446；参见《马克思恩格斯全集》第20卷，人民出版社2013年版，第308页）

正如这里所明确阐述的那样，恩格斯认为，不仅要废弃独立于人的意识和行为之外的对物的支配，还要通过认识自然中起作用的各种力量的规律性，将自然置于人类有意识的控制之下，这就是向"自由王国"的飞跃。

当然，恩格斯并不认同只要认识了自然规律，就可以随意地操纵自然。著名的那一段话告诉我们，如果不充分尊重自然规律，自然就会来"复仇"。"但是我们不要过分陶醉于我们对自然界的胜利。对于每一次这样的胜利，自然界都报复了我们。"（MEGA I/26：96；参见《马克思恩格斯全集》第 20 卷，人民出版社 2013 年版，第 519 页）恩格斯承认"自然的界限"，对于人类的肆意行为，特别是对以追求利润最大化为目标的资本主义生产持批评态度。"支配自然必以失败告终"是人类无视自然规律的结果，劳动的结果也会与当初的意图"背道而驰"，此时人不再是能动的劳动主体，在自然规律的"复仇"面前，只能被动地行动。

恩格斯的生态批判是以"自然的复仇"的形式展开的，批判的对象指向不承认自然规律、只追求眼前利益的人类行为。由此可知，前面提到的《资本论》第三卷中关于"裂缝"的文章，也接近恩格斯提出的"自然的复仇"的形式。因为在现行的版本中强调了，对限制生命活动的自然规律的侵犯，将对人类的文明生活造成无法挽回的事态。但另一方面，马克思的有关资本主义生产的"社会物质变换"对"自然物质变换"产生了怎样的变化、如何分析人与自然的物质变换产生了怎样的"不可修复的裂缝"等对物质变换理论所特有的问题构成却退居其后，变得模糊不清了。恩格斯认为，读者实际上很难理解以李比希的以物质变换论为基础展开的有关经济形式的规定以及与物质世界相关的文章，因此需要对更"容易理解"的、与"自然复仇"较为接近的框架进行修正。而且，恩格斯的这一筹划获得了成功，福斯特和伯克特就认为马克思和恩格斯的环境思想是没有差别的。

但是，从这些看起来细微的变化中可以看出，与马克思不同，实际上恩格斯并没有评价李比希的"物质变换"的概念。恩格斯只是在批判李比希是生物学的"外行"的行文中，提及了李比希的"物质变换"概念。

关于生命的起源，李比希否定了生命体是历史性产生的可能性，而采用了作为地球上生命起源、来自宇宙空间的有机生命是"外部输入"的假说。也就是说，不能人工制造生命，必须设想"永久生命"或"生命力"。与此相对，恩格斯认为，生命是由非生命体历史性地进化、产生的物质变换的过程，而"蛋白体"就是这一事实的证明。"生命是蛋白体的存在方式，这种存在方式本质上就在于这些蛋白体的化学组成部分通过摄食和排泄而不断更新。"（MEGA I/26：40；参见《马克思恩格斯全集》第20卷，人民出版社2013年版，第519页）。"生命，即通过摄食和排泄来实现的新陈代谢，是一种自我完成的过程，这种过程是为它的体现者——蛋白质所固有的、生来就具备的，没有这种过程，蛋白质就不能存在。"（MEGA I/27：284；参见《马克思恩格斯全集》第20卷，人民出版社2013年版，第90页）。在称为"蛋白体"的历史性形成的物质交织着同化和排出的化学过程中，恩格斯发现了生命的起源，进而指出，显示生命活动的蛋白体是有可能通过人工制造出来的。

李比希在19世纪40年代将生命固有的营养摄取、消化、排泄的过程理解为"物质变换",并试图将生命活动解释为化学过程。但是,在李比希的见解中仍残留着承认生命具有固有力量的活力论的残余。因此,恩格斯在部分继承李比希的观点的同时,也彻底远离了将化学和生物学分离开来的活力论。恩格斯认为,即使是无生物,也会以化学反应的形式与外界进行物质变换,并以此为基础,再经过历史的过程进一步形成"蛋白体",进而诞生了作为生命体的物质变换过程。这样,恩格斯的"物质变换"概念在自然辩证法中就起到了在化学和生物学之间搭建桥梁的作用。

这里重要的是,把蛋白体作为"具有历史性的物质"生成的视角赋予了恩格斯所提的"物质变换"概念的独特性(吉田1979:204)的同时,李比希的"物质变换"概念也遭到了批判,其结果是,在恩格斯看来,李比希的理论也不适用于环境问题。但是,这一认识的代价是巨大的。因为马克思的物质变换概念是从人类与自然的相互关系的超历史和历史的两方面进行分析的,具有揭示资本主义社会的人与自然关系的历史特殊性以及这一矛盾的功能性,而恩格斯却失去了这些。恩格斯的"物质变换"所研究的问题反而被限制在自然界中与人类无关的生命起源和进化过程中了。在这里,又让人们回想起,恩格斯认为,"否定的否定"这一辩证法的原动力,是"在动物界和植物界中,在地质学、数学、历史和哲学中起着作用"(MEGA I/27:

336；《马克思恩格斯全集》第20卷，人民出版社2013年版，第154页）的东西。《自然辩证法》的主题不是生态学，不过是证明这一规律能够贯穿于整个自然之中，而"物质变换"这一概念也为此发挥作用而已。即使恩格斯的生态学所具有的预见性在先前研究中常常得到肯定，却无法看出是比"自然的复仇"更好的理论框架。

就这样，没有采用生态学的物质变换论的恩格斯，仍然满足于《德意志意识形态》的"城市与农村之间对立"的这一40年代的设想。事实上，《反杜林论》就有如下论述："只有通过城市和乡村的融合，现在的空气、水和土地的污毒才能排除，只有通过这种融合，才能使现在城市中日益病弱的群众的粪便不致引起疾病，而是用来作为植物的肥料。"（MEGA I/27：457；参见《马克思恩格斯全集》第20卷，人民出版社2013年版，第321页）。一方面，虽然恩格斯接受了很多李比希对农业化学的见解，但另一方面，恩格斯却没有采用马克思通过批判李比希掠夺农业而展开的"人类和土地物质变换的扰乱"这一概念。这就导致恩格斯无法充分注意到，马克思的理论飞跃正是体现在其对"社会物质变换"和"自然物质变换"的"关联"的分析上。也就是说，恩格斯无法完全把握19世纪50年代以后马克思经济学所批判的方法论的根本所在，即关于人与自然之间的"物质变换"以资本引发的劳动在形式上和实质上的从属为媒介、是如何转化以及重组的问题。

当然，将"城市与农村的对立"这一矛盾当作"中心"

与"周边"的对立来把握,也可以应用于对现代"环境帝国主义"的分析,为资本主义的生态批判提供理论基础也没有问题(Clark/Foster 2009)。但是,对于马克思以劳动的个人为基础的社会把握,并以此尝试在《资本论》中展开关于"人与自然的物质变换"的"扰乱"这一问题研究的意义,我们不应低估。马克思从人类在任何社会中都必须参与劳动这一认识出发,通过分析资本主义生产方式中在历史阶段上的特殊劳动方式,阐明了在主客体颠倒的社会中异化是为什么、怎么样产生的。因此,无论是将生态危机问题批判成"为了追求资本主义利益而进行大量生产的恶",还是从道德上呼吁"人与自然共存的必要性"都是不够的。马克思认为,生态问题必须从人与作为根本生产条件的自然的"分离"("与自然的异化")来阐明。因为经济学批判必须阐明基于物化的资本逻辑向社会关系的渗透,是如何改变我们的思考和行动方式,进而扰乱人与自然物质变换的。

过去的只有"城乡统一"的静态的、抽象的对未来社会的展望,因为"物质变换"概念占据了中心,在《资本论》中,与生产过程和资本积累相联系,进行了更为动态的分析。与此同时,还明确了为实现可持续的生产,必须实行劳动的激进式变革(扬弃"私人劳动"和"雇佣劳动")。与此相对,仍停留在19世纪40年代立场上的恩格斯,缺乏将经济学批判与生态学联系起来的"人与自然的物质变换"的视角,还停留在"自然的复仇"这一静态的文明论上的论述。就像后面章节将看到的，这种把握上的差异也在马克思和恩格斯两人对社会主义样态的差异认识上有所反映。

三、"支配"与"复仇"的辩证法

马克思和恩格斯把人们通过劳动对自然规律的有意识、有目的控制看作人类特有的活动，并将其表现为人类对自然的"支配"。"因此，自由是在于根据对自然界的必然性的认识，来支配我们自己和外部自然界；因此它必然是历史发展的产物。"（MEGA I/27：312；参见《马克思恩格斯全集》第20卷，人民出版社2013年版，第125页）在《资本论》中，马克思也这样说道，人类"他使自身的自然中沉睡着的潜力发挥出来，并且使这种力的活动受他自己控制"（MEGA Ⅱ/6：192；参见《马克思恩格斯全集》第23卷，人民出版社1972年版，第202页）。马克思和恩格斯的这些阐释常常被当作他们的"普罗米修斯主义"的决定性证据而屡屡受到批评。

作为对这种批评的回应，希瑟·布朗（Brown）通过研究《资本论》的法语版指出，马克思修改了这篇文章，将"使这种力的活动受他自己控制"的部分删除了（MEGA Ⅱ/7：145；Brown 2012：25；参见《马克思恩格斯全集》第23卷，人民出版社2009年版，第202页）。另外，作为另一个反证而经常被引用的是恩格斯之前的警告：由于对自然规律没有充分的认识，所以会产生与最初目的完全相反的结果，并诱发自然的"复仇"。恩格斯认为，为了避免自然的报复，重要的是"认识自然规律，并能够正确运用它"。为此，他呼吁，有必要从仅关注眼前利益的生产方式向能够以更长远的视野来考虑自然规律的生产方式变革。而且，正如前面所引用的那样，正是这种对自然规律有意识的应用，才实现了与"自由王国"的紧密相连。

不过，那种认为如果持续无视自然规律，到一定时候就会引发自然报复的理论又引发了新一轮批判，因为该理论被认为是"静止的"，陷入了"左派末世论"（Moore 2015：80；Smith 2008：247）。在这里，也出现了将马克思和恩格斯的生态学视为同一理论的问题。

尽管如此，对于马克思来说，资本主义生产方式所导致的物质变换扰乱并非单纯的自然"复仇"。因为《资本论》进一步从两个观点论述了这一问题：第一，资本不接受这种自然的限制。正如第二卷草稿所述，"资本作为价值形成要素和产品形成要素的作用大小是可以伸缩，可以变化的"（MEGA Ⅱ/11：345；参见《马克思恩格斯全集》第24卷，人民出版社1972年版，第396页）。如本书前一章所述，这种"资本的弹性"是在资本积累遇到困难时，通过进一步的技术发展和新的使用价值的发现而创造出"整体的有用的体系"，进而使得克服危机成为可能（明石2016：180）。但是，只要价值的维度不能充分考虑到抽象的人类劳动以外的物质维度，那么资本超越自然限制的尝试，就不仅无法消除矛盾,反而在物质世界中会引发世界规模的更为严重的物质变换裂缝。晚年马克思的研究主题正是对资本与自然之间不断展开的动态关系进行分析。相对于恩格斯试图将自然中的超历史的规律作为"科学"来展开,马克思的研究对象则是通过对地质学、农业化学、矿物学的研究,更加关注具有经验性、历史性的内容。马克思试图将"人类改变自然、自然同样改变人类"这一相互规定的历史过程置于物质变换的概念之下来把握,这也是资本主义具有惊人弹性的秘密及其矛盾所在。

马克思关于扰乱物质变换的论述,弱化了它是自然的"复仇"的"末世论"色彩,反而强调作为抵抗契机,它是更加能动的要素。为了生产剩余价值而无限延长工作日和生产过程中的变革,使劳动变成异己的活动,并且会导致工人肉体上、精神上的疾病。但是,这也唤起了工人们成为主体的斗争,并展开对物化力量的有意识控制,由此产生了制定标准工作日和设立公立职业训练学校等活动。同样的展望也适用于自然。事实上,《资本论》强调的是,由资本逻辑的重构所引起的自然物质变换的扰乱,这也使工人认识到对生产活动需要进行更加有意识的社会管理。"资本主义生产在破坏这种物质变换的纯粹自发形成的状况的同时,又强制地把这种物质变换作为调节社会生产的规律,并在一种同人的充分发展相适合的形式上系统地建立起来。"(MEGA Ⅱ/6:476;参见《马克思恩格斯全集》第23卷,人民出版社1972年版,第552页)由于资本主义生产不能充分考虑物质变换的层面,因此会破坏自然,甚至会威胁到人类的生存。因为对于资本来说,只要能以某种形式实现价值增殖这一目的就够了,与地球的大半部分地区是否会变得不适合人和动物的生存没有关系。因此,与其说,不能等待资本主义因自然的报复而崩溃,倒不如说,面对这样的生态危机,劳动者与自然的物质变换之间进行的有意识的、能动的控制,对于实现未来社会是不可缺少的。

为此,马克思在《资本论》第三卷的手稿中,对人与自然的物质变换的有意识控制与自由实现之间的关联进行了如下阐述:

> 事实上,自由王国只是在由必需和外在目的规定要做的劳动终止的地方才开始;因而按照事物的本性来说,它存在于真正物质生产领域的彼岸……这个领域内的自由只能是:社会化的人,联合起来的生产者,将合理地调节他们和自然之间的物质变换,把它置于他们的共同控制之下,而不让它作为盲目的力量来统治自己;靠消耗最小的力量,在最无愧于和最适合于他们的人类本性的条件下来进行这种物质变换。但是不管怎样,这个领域始终是一个必然王国。在这个必然王国的彼岸,作为目的本身的人类能力的发展,真正的自由王国,就开始了。但是,这个自由王国只有建立在必然王国的基础上,才能繁荣起来。工作日的

缩短是根本条件。(MEGA Ⅱ/4.2：838；参见《马克思恩格斯全集》第25卷，人民出版社2001年版，第926、927页)

如前所述，恩格斯认识到自然规律，并且提出人们需要有意识地其适用于客观世界，将通过认识规律来支配自然视为"自由王国"。然而，这里马克思的着力点却有明显不同。[①] 马克思认为，生产者们面对资本毫无底线地追求价值增殖所引起的物质变换扰乱，要解决问题就需要相互间的组织与协作，有意识地管理自然的"盲目力量"，并将这视为可持续生产的必要条件。因为如果不对人类与自然的物质交换进行有意识的管理，人类本身的生存就会受到威胁。但是，通过这种有意识的控制而实现的"仍然还是必然王国"。因为虽然以联合为基础的新社会实现了人的自由个性的发展，但它还需要超越劳动的自由。虽说劳动是人类生存所必不可少的，但它也不过是人类活动的一个方面。"马克思认为，如果以在资本主义条件下发展起来的生产力为基础来实现劳动的自由，那么在扩大的自由时间里就有可能实现超越劳动自由的真正自由。"(佐佐木 2012：185)

马克思所说的"自由"，并非只局限于自然科学发展所带来的对于人类与自然的物质变换进行有意识的控制，而且包含从事艺术、音乐等创作活动、培育友情和爱情、热

[①] 虽然史丹利的著作，把这段引用作为主张马克思和恩格斯对于未来社会描述具有同一性的依据，但这种说明缺乏说服力（Stanley 2002：23）。

爱读书和体育等活动。与此相对，执着于自然辩证法的恩格斯，更重视认识超历史的自然本身所包含的规律，以及基于此的人类活动，并认为人类对自然的"支配"就已实现了"自由王国"。这种看法使"自由王国"的内涵变得狭隘，而马克思所强调的未来社会中实现"个性"的全面发展这一方面也被恩格斯弱化了，"通过遵循必然性而实现自由"这一黑格尔式的自由观反而被推上了前台。

四、恩格斯与摘录笔记

马克思的物质变换论之所以重要的另一个理由是为我们提供了研究 1868 年以后的自然科学摘录的启发。一直以来，学界常常认为，马克思晚年对自然科学的摘录是为了完成地租论而做的准备工作（竹永 2016）。然而，只要切实研究一下马克思的摘录笔记就会明白，马克思对该问题的关注，已远远超越了地租论的框架。因此，如果只从地租论及其有关视角来看待马克思的自然科学研究，就无法弄清晚年马克思的理论所涵盖的范围。本来，马克思对李比希的理论认同也不限于地租论的内容，而是将资本主义生产中人与自然关系的重构及其矛盾作为问题进行研究的。坦率地说，马克思的自然科学研究的目的之一，就是研究资本逻辑导致的人类与自然的物质变换的改变究竟是如何产生物质世界中的摩擦的。

这里重要的是在第五章中也提到的来自德国农学家弗腊斯的摘录。马克思在弗腊斯的作品中发现了"不自觉的社会主义倾向"（MEW 31：53；参见《马克思恩格斯全集》第 32 卷，人民出版社 1998 年版，第 53 页），并作了非常详细的摘录。实际上，在马克思对弗腊斯的高度评价的影响下，恩格斯也阅读了《各个时代的气候和植物界》一书，而且他还对美索布达米亚、埃及、希腊等古代文明中因森林砍伐而导致的气候变化的问题作了摘录笔记。在 1879 年和 1880 年完成的笔记中包含有恩格斯对弗腊斯的摘录，这虽然是在《自然辩证法》中已经引用了《各个时代的气候和植物界》中的内容之后才完成的简单摘录，但这部分是恩格斯用自己的语言所概括的文章，其中清楚地记录了恩格斯的着眼点受到了马克思的影响。也就是说，两人围绕自然科学的理论关系相较于 1864 年时发生了逆转，恩格斯开始追随马克思的脚步。

第一，"耕作如果自发地进行，而不是有意识地加以控制……，接踵而来的就是土地荒芜。"（MEW 31：53；参见《马克思恩格斯全集》第 32 卷，人民出版社 1998 年版，第 53 页）马克思在 1868 年 3 月 25 日的信中高度评价了弗腊斯的这一洞察，而在恩格斯的笔记中也发现了完全相同的观点："发展的民族农耕留下了巨大的荒芜"（MEGA Ⅳ/31：515）。就在这句话之前，恩格斯总结了弗腊斯著作的意义："文明在以往的形态下使土壤枯竭，使森林荒芜，还使土地对其本来的生产物而言成为不毛之地，成为气候恶化过程的主要证明。"他还以德国和意大利为案例记下，由于两国砍伐森林，导致气温上升了"5—6 度（列氏）"

(MEGA Ⅳ/31：512)。这种无意识的生产会导致"荒芜"后果的想法在《自然辩证法》的"自然的报复"中得以反映，在那里恩格斯针对弗腊斯这样说道："美索不达米亚、希腊、小亚细亚以及其他各地的居民，为了想得到耕地，毁灭了森林，但是他们做梦也想不到，这些地方今天竟因此而成为不毛之地，因为他们使这些地方失去了森林，也就失去了水分的积聚中心和贮藏库。"（MEGA Ⅰ/26：96；参见《马克思恩格斯文集》第9卷，人民出版社2009年版，第519页）。这里很清楚地反映出，弗腊斯的作品对恩格斯产生了怎样的影响。

马克思和恩格斯所关注的还不只是这些。第二，在同一封信中，马克思称弗腊斯为"达尔文以前的达尔文主义者"（MEW 32：52；参见《马克思恩格斯全集》第32卷，人民出版社1998年版，第53页），而准备写作《自然辩证法》的恩格斯也从弗腊斯的著作中摘录了一段让人联想到"自然选择"的句子："正如已经指出的那样，橡树对此前列举的自然气候的诸因素（温度和湿度）非常敏感，这些要素即使发生细微变化，也会同时急速变动，而更有耐性、不敏感的森林景观，在自然生长和自我保存的竞争中就显得较为落后。"（MEGA Ⅳ/31：515）恩格斯的目的是，击退弗腊斯的以"这些途径和方式因植物的种类和属性的不同而不同"为基础的植物种类随历史上的气候变化而变化的达尔文主义式的说明（MEGA Ⅳ/31：512；参见《马克思恩格斯全集》第20卷，人民出版社2013年版，第665页）。

当然，恩格斯认为，这是他与马克思所共有的关于弗腊斯的问题意识。

然而，马克思自身对弗腊斯的关注并不限于"自然报复"和"达尔文主义"。有趣的是，1868年马克思在摘录弗腊斯著作的同时，对德国历史法学家格奥尔格·路德维希·冯·穆勒所著的、关于日耳曼民族的土地所有制的《马克·霍夫·村落·城市制度及公共权力的历史导言》一书也作了详细的摘录。在同一封信中，他还从穆勒的理论中发现了"社会主义倾向"（MEW 32：51；参见《马克思恩格斯全集》第32卷，人民出版社1998年版，第53页）。1868年以后，马克思在研究自然科学的同时，也开始研究前资本主义社会和西欧以外的非资本主义社会。

在这封信中，马克思承认，截至自己所在的时代，还没有充分注意到残留在德国的非资本主义因素，还一直被"缺乏判断力"所束缚。之后，马克思为了填补此前的盲区，开始拼命研究，而且他的钻研兴趣也逐渐扩大。为了阅读俄国共同体、农业、土地所有制相关的原文著作，马克思甚至学习了俄语，并开始研究非资本主义社会的特性（平子2013）。可是，马克思为什么要在同一时期研究看似毫不相关的自然科学和共同体理论呢？

实际上，答案就隐藏在弗腊斯的这本著作中。在《农业危机及其补救办法》一书中，弗腊斯引用了毛勒的《德国乡村制度史》，并高度评价了日耳曼马尔克共同体的可持续性生产。

当然，在马尔克村落，无论是木材、干草、稻草，还是堆肥，甚至是家畜（猪！）不允许卖给村庄成员以外的人。如果命令在马尔克内所收获的农作物和红酒必须在马尔克内部消费（由此产生了各种各样的罚令权），这不仅是维持耕地地力不可缺的手段，还可以通过利用森林和牧草的辅助作用或者利用河流给予草地的营养成分，其无疑可使所及区域的土地肥力有所增加。（Fraas 1866：210）

与恩格斯不同，弗腊斯并不认为所有的前资本主义社会都进行的是无计划的、无视自然规律的生产，从而导致了荒芜。他反而认为，"日耳曼村落初期形成时始终遵循着肥力上升的必然规律"（Fraas 1866：209），即在持续生产的基础上实现了肥力的增加。因为与希腊和罗马那样存在着一定程度上的商品生产且共同体的社会纽带正在解体不同，在日耳曼社会中，共同体对土地使用还有限制，它使得平等社会的可持续耕作得以实现。马克思读了《农业危机及其补救办法》中的这一节后，对毛勒也产生了兴趣，1868年以后，他对前资本主义社会的人与自然的物质变换方式的关注变得更加强烈。① 也就是说，晚年马克思扩大理论研究范围是以弗腊斯和毛勒关于可持续性、共同体、农

---

① 此后，马克思多次阅读了毛勒的著作，并进行了摘录。19世纪70年代，他还摘录了《导言》，这部分预计将在《马克思恩格斯全集》第四部第24卷出版。

业、土地所有制等问题的争论为契机的。1868年3月,晚年马克思的研究在理论上也有了转变。马克思因为认识到前资本主义、非西欧社会的可持续性,遂与本民族中心主义的单向进步史观开始彻底决裂。

重要的是,马克思关于在共同体的生产中,人与自然的物质变换的可持续性是共同体"生命力"源泉这一认识,与没有充分认识到自然规律的前近代社会将引发自然的观点截然相反(MEGA I/25:223;参见《马克思恩格斯全集》第19卷,人民出版社1963年版,第433页)。众所周知,在1881年2月到3月马克思写给维拉·查苏利奇的信中就直接提到了毛勒,并承认依靠旧有共同体的生命力来维持农业共同体的俄罗斯成为抵抗资本的据点,并有可能开辟与西欧不同的社会主义革命道路(Anderson 2010)。根据马克思的说法,由于这种生命力,共同体"在整个中世纪时期,成了自由和人民生活的唯一中心"(MEGA I/25:223;参见《马克思恩格斯全集》第19卷,人民出版社1963年版,第433页)。只有这种生命力才是实现人类与自然可持续发展的物质变换的农村共同体力量。也就是说,运用与资本主义完全不同的人类和自然的物质变换的管理方法,即使这是源于以传统和习惯为基础的制度,甚至源于还没有意识到的通过现代自然科学对自然规律的认识,其不仅可能实现更可持续的生产,而且依靠这种力量能够成为抵抗资本的物质基础。马克思还认为,在着眼于这种生命力的毛勒和弗腊斯的著作中,"不自觉"地存在着"社会主义倾向"。

进而,马克思强调了资本主义的"危机"。资本主义"不论是在西欧,还是在美国,这种社会制度现在都处于同科学、同人民群众以至同它自己所产生的生产力本身展开斗争的境地"(MEGA I/25:220;参见《马克思恩格斯全集》第19卷,人民出版社1963年版,第432页)。① 值得注意的是,马克思在这里指出,资本主义的危机不仅是面对工人运动时所产生的,还是由"科学"所引起的。科学不仅仅只是提高生产力和为实现后资本主义准备物质条件,或者也不是像恩格斯所思考的那样,只为发现超历史的自然规律,而是像李比希和弗腊斯所论述的,科学还能够揭示出在现有社会体系中支配性掠夺的非合理性,并承担着为了追求实现更可持续的生产,对资本主义的正当性提出巨大质疑的作用。

此外,马克思对朱克斯(Joseph Jukes)1878年编写的

---

① 与此相对,晚年恩格斯对共同体的重新评价似乎只停留在有限的程度上。1875年,他说"俄国的公社所有制早已度过了它的繁荣时代,看样子正在趋于解体",并批判了彼得·特卡乔夫等人提出的俄国共同体可以直接成为革命据点的见解(MEW 18:565;参见《马克思恩格斯全集》第18卷,人民出版社1964年版,第620页)。《自然辩证法》中也这样写道:"原始的土地公有制,一方面适应于眼界完全局限于眼前事物的人们的发展程度,另一方面则以可用土地的一定剩余为前提,这种剩余的土地提供了一定的活动余地来对付这种原始经济的不虞的灾祸。剩余的可用土地用尽了,公有制也就衰落了。"(MEGA I/26:98;参见《马克思恩格斯全集》第20卷,人民出版社2013年版,第521页)由于物质变换论还没有提出,共同体的持续生产对资本的"抵抗"的观点又逐渐被边缘化,在这里自然的"报复"和文明的没落的论调占据了主导地位。因此,恩格斯强调了西方革命的先行性(Shanin 1983:22ff.)。

《学生用地质学教程》作了长篇摘录。因为该教程不仅与物质变换论相关,而且颇有深意。马克思摘录的内容涉及广泛,当然不能将其意义只还原为生态学研究,从笔记中还可以清楚地看到地质学与马克思经济学批判所具有的相关性。例如,马克思摘录的内容还有地质学的进步改进了发现和生产煤炭、铁等的原料和辅助材料的方法,以及推动生产效率提高、运输工具的改善对农业、采矿业与工业之间的关系所带来的影响等。

另一方面,马克思也注意到,作为人类无法自由改变的自然条件的地层会对社会发展产生影响。"英格兰的土壤状况和所有样态以及人们的境遇和工作岗位,被分为两个完全不同的部分。"具体来说,西北部"主要是古生代的地层,荒凉,而且多为不毛之地,山也虽多,但很多地方矿物资源非常丰富。而东南部在第二纪第三纪的地层中,表面较为柔软,轮廓很缓和,地面下的资源却几乎没有,或完全没有"。因此,前者"从事采矿和制造业的人口"很多,后者则以"农业人口"为中心(MEGA Ⅳ/26:641)。

在《资本论》第一卷中,马克思就预见了资本主义生产有可能实现超越农业和工业彼此对立的彼岸的"一种新的更高级的综合"(MEGA Ⅱ/6:476;参见《马克思恩格斯全集》第23卷,人民出版社1972年版,第552页)。但是,朱克斯所指出的自然特征是不可改变的,在以扬弃"城市与农村的对立"为目标时,它揭示了一个必须更加慎重地再思考的问题。事实上,马克思在这些地方画了栏外线和下划线,并强调了其重要性。有人批评马克思不承认自然的制约。其实正相反,从马克思的摘录笔记可以看出,他认为自然科学研究的目的正在于对自然制约的把握。

联系弗腊斯和达尔文的观点来说,气温和降雨量对土壤的形成会有很大的影响,而且还决定了植物和动物的样貌,这一点马克思对朱克斯的摘录中也有涉及。特别是在"古生物学"这一节中,朱克斯在提到达尔文的时候,也提到了与长期的地质变动及其联动的"各种地区中较大气候变化肯定是经常发生的"。他指明:"气候的变化包括物种的破坏。"(MEGA Ⅳ/26:229, 219)值得注意的是,在关注这些论述的过程中,马克思摘录了朱克斯的"物种灭绝仍在进行(人类本身是最活跃的根除者)"(MEGA Ⅳ/26:233)的观点。马克思还从长期的地质学观点出发来分析气候变化的主要原因,尤其试图研究人类对气候变化和动植物物种生存所产生的影响。在这里,与提出"生命的诞生""自然的选择""进化"等百科全书式问题的恩格斯不同,对于达尔文的关注,马克思始终重视的是人与自然的物质变换的具体状况。

尽管马克思一直到晚年都在致力自然科学的研究,但他在还没能将新的见解写入《资本论》时就离世了。即便如此,从以上的考察还是可以看出马克思和恩格斯在自然科学研究上的差异。首先,恩格斯的重点是通过自然科学来百科全书式地认识存在于自然本身的各种规律,并以此建立"自由王国"。如果说马克思的"唯物论方法"是以实践的架构来揭示特定社会关系下的主客体的颠倒、现象与本质混淆的结构,那么恩格斯的"唯物论"则是在"意识"和"物质"的二元论的基础上,规定了物质存在论的优越性体现在哲学的、(往往独立于人类的)超历史的框架。由于这一独特的问题设定,恩格斯拒绝了李比希的"物质变换"概念,一直满足于19世纪40年代对"城市与农村之间相对立"的这一把握上。

与此相对,在完成《德意志意识形态》以后,马克思就已经不再探究那种以哲学视角为基础的超历史的规律问题了。马克思宁可通过完善"物质变换"概念,从历史的、经济的、自然科学的角度来把握人与自然的物理性、社会性相互关系的变化。特别是,在近代大工业下,技术学发展将人类的有目的的与自然的联系,解体成"为了(价值增殖)特定目的的自然科学、力学、化学等的有意识的应用"(MEGA Ⅱ/4.1:95),并以至今不曾有过的规模介入人与自然的物质交换之中。19世纪60年代以后,马克思开始热衷于研究自然科学和技术学,为了使近代特有的自然科学的技术学的应用能够作为"资本生产力"表现出来,他察觉到人类与自然的物质变换会出现紊乱的危险性,并警告资本主义不具有可持续性的社会体系。

不幸的是,由于马克思恩格斯二人的问题意识不同,马克思对自然科学研究的重要性并没有得到恩格斯以及后来的马克思主义者的认可,时至今日,摘录笔记的意义也一直被人们所忽视,并被搁置着。而且,同样的倾向也被批判传统马克思主义学说的西方马克思主义所继承。但是，随着新版《马克思恩格斯全集》的出版，情况正逐渐发生变化。正因为如此，在《资本论》第一卷出版 150 多年后的今天，如果想要再次探究马克思思想的意义，就必须仔细研究一直以来被人们所轻视的大量资料，这是不可或缺的工作。

结语　回到马克思

汉斯·约纳斯在《责任原理》中强调需要批判不负责任的技术乌托邦,而受到攻击的正是马克思主义。他指出:"遍及全世界的科学技术都高举着进步的标志,无论如何都处于非末日论运动的途中。马克思主义的乌托邦思想与技术密切联系起来,重新将这个运动过激地表现为'末日论'。"(Jonas 1979:388)当然,在"现实社会主义"的设计失败的今天,大概已经没有人相信这种技术信奉型的思想了。然而,马克思主义的危机也正是马克思主义的机遇。因为这一危机能使我们将马克思的理论从政治上被扭曲的解释中分离出来,并对其进行批判性的探讨。也就是说,我们能够利用《马克思恩格斯全集》出版的新资料,在不神化马克思的情况下,进一步从学术角度重新探讨其思想的发展和可能。在新自由主义的资本主义无法摆脱长期停滞状态、劳动环境还在恶化、超大规模的环境危机也日益严重的情况下，资本主义社会的正当性如今正受到很大的质疑。与战后的冷战结构和经济高速增长下被迫进行马克思理论阐释的研究者不同，现在的学者能够更加冷静地重新审视马克思的理论。这在某种意义上说是一个巨大的机遇。实际上，正如本书所提示的那样，只要读了摘录笔记就能明白，一直以来对马克思的"近代主义"和"生产力至上主义"的批判，不过是将20世纪的普罗米修斯主义反向投影到马克思身上罢了。

然而，仅凭这一点，要平息顽固的反马克思主义的批判是远远不够的。现在必须明确的是，马克思的生态学在作为物质思想的经济学批判体系中，自始至终都是从价值论导出，并成为一个不可或缺的要因。马克思着眼于人与自然的物质变换，分析它如何根据资本主义的经济形式规定来进行重组，进而怎样产生各种冲突，最终在"物质变换的裂缝"中看清资本主义的矛盾。因此，如果没有生态学的视角，也就无法充分理解马克思的社会主义构想。也就是说，从生态学中所看到的一系列问题，对于全面阐释马克思理论具有重要意义。

当然，我们也必须承认，年轻时的马克思曾持有普罗米修斯主义思想。但是，在《资本论》中，我们已完全看不到马克思关于通过自然科学和技术的发展就可以将自然完全变成第二自然来自由支配的想法了。另一方面，我们也不应低估年轻时的马克思已着眼于人类与大地的"异化""分离"研究，并以此来说明近代社会的矛盾这一事实所具有的理论意义。因为这种观点与近年流行的社会与自然的"一元论综合"形成了鲜明的对比。例如,摩尔说:"具有决定性作用的,不是从自然中进行分离,而是在处于自然当中的人类场所中理解资本主义再生(如果有那样的东西的话)和危机的条件。"(Moore 2014:12)但是,这样的理解也忽略了马克思关于资本主义的构成条件是人与自然相分离这一洞察。从抽象意义来看,只要将人也作为自然的一部分,并始终在受到约束的情况下进行生产和生活,人与自然的统一性就能够从古至今地一直存在。在此基础上,马克思一直致力于研究在近代以来与自然日益异化的资本主义制度下,纯粹的社会经济形式规定是如何改变人与自然的物质变换,进而产生扰乱这一问题的(斋藤 2017)。

事实上,在《资本论》中,马克思反复批判了无视物质的属性而导致破坏生产的物质条件,进而破坏人的自由发展的条件的状况。这种状况以过劳死、抑郁为代表的精神疾病以及土壤贫瘠和过度采伐森林等各种形式表现出来,使人与自然的物质变换产生了不可修复的裂缝。然而,这种裂缝所带来的尖锐矛盾不可能永远拖延下去。不断加深的裂缝所带来的异化体验会使人产生有意识地追求可持续的、使人自由发展的行动,由此产生"资本主义的割裂"(Holloway 2010)。这里存在着针对资本无止境的价值增殖欲求的外在的、物质的界限,也存在着克服资本主义生产方式矛盾的契机。就这样,马克思清楚地认识到了自然的界限,进而在社会主义构想中明确强调应更加审慎地对待自然。那就是将自然从私有制中分离出来，并作为共同财产进行民主主义管理，除此别无他法。《资本论》虽然没有完成，但它不仅为分析资本主义条件下的人与自然的敌对关系提供了方法论基础，而且使我们能够思考来自物质世界的抵抗。因此，马克思的生态社会主义并非只是警告要出现悲惨结局的"末世论"。

就当时的社会主义战略而言，马克思的社会变革构想是随着时代而变化的。在《共产党宣言》中，他还乐观地认为经济大萧条就会引发工人运动的蓬勃发展（大薮1996）。但是，1848年的革命失败了，1857年和1858年的革命也没有引起大规模的工人运动。因此，马克思放弃了那种乐观的论调，开始研究资本的强韧之源——弹性问题。结果，马克思不再持有危机即革命的理论，而是转变为强调通过工会等控制物化的力量，为了实现更可持续的生产进行改良斗争所具有的重要的战略意义。就像"工作日"和"大工业"的章节中所探讨的那样，重要的不是自上而下的直接的政治决定和政策规定，而是要促使产生物化力量独立性的社会行为本身作出改变的实践，在社会领域中产生。

马克思对于自然也强调了同样的观点。不仅是在对于现代农业的讨论中，而且在对于弗腊斯的"社会主义倾向"的发言中，马克思都从物质世界的视角出发，将环境危机与资本物化的力量联系起来进行研究。在此基础上，马克思主张，为了克服人与自然的物质变换的扰乱，必须废除资本主体化的力量。为此，为了反抗资本的逻辑，必须实现社会生产的更为理性的形态,进而必须废除"私人劳动"和"雇佣劳动"。为了探索其现实可能性,马克思在撰写"工作日"一章时阅读了各种调查报告,通过对有关自然的具体事例的深入调查,试图构建针对资本的残酷的榨取主义(extractivism)的对抗战略。

此外,马克思的摘录笔记还揭示了这样一个事实:19世纪的思想被指具有普罗米修斯主义特征的想法是错误的。因为李比希、威廉·斯坦利·约翰斯顿、弗腊斯等人都对自然资源枯竭问题进行了极为认真的研究。杰文斯在《煤炭问题》(1865)中也反复提到李比希,并对英国煤炭储量的枯竭提出警告,这在议会中引发很大的争论。翻遍各种杂志和报纸的马克思也深知这一点,因此他在笔记本上写下标题,表明购买意向,还做了"×"的记号(MEGA Ⅳ/18:587)。此外,马蒂亚斯·雅各布·施莱登也在《树木与森林》中〔马克思在1876年阅读了《植物和动物的生理学》(1875)〕,多次提到乔治·P. 马什的《人与自然》(1864),并论述了"森林的沙漠化"(Vollgraf 2012:468)。对马什的这一争论产生巨大影响的正是弗腊斯(Marsh 2003〔1864〕:14)。

也就是说,在19世纪60年代,以李比希和弗腊斯的争论为契机,各方面的专家都开始认真讨论环境破坏和人类生存条件恶化等问题。如果是这样的话,试图精通所有问题的马克思,在接触到19世纪的自然科学研究的过程中,对可持续性发展问题产生了浓厚兴趣,并将其纳入自己的经济学体系之中，就是非常自然的事情了。如果研读摘录笔记，就会知道，一直以来以马克思陷入了朴素的进步主义为由而遭受的批判，是多么不可思议。实际上，如果注意到过去一直被西方马克思主义或新马克思学派的解读所轻视的"物质"这一侧面，就会发现马克思的文本能将我们自然而然地引导到生态这一主题上。

如上所述，本书所给出的解释虽然比先行的研究更加系统，也更加全面，但却不是完美的。因为在马克思留下的摘录笔记中，还有很多本书尚未涉及的内容。而且，1868年以后，在马克思读过的书中，虽然没有留下摘录笔记，但以主题的形式留下来很多重要的内容。① 马克思试图研究比本书所揭示的更为全面的物质变换的裂缝，这一研究范畴也与前资本主义、非西欧社会的研究相关联，必须进行更加仔细的考察。

虽然还有研究者对使用新版《马克思恩格斯全集》的"新马克思"和"转换"的研究方法持否定态度（Pradella 2014：173），但读者通过本书应该已经充分了解到，在马

---

① 列举其中的一部分，如下所示：Bernard Cotta, *Deutschlands Boden, sein geologischer Bau und dessen Einwirkung auf das Leben der Menschen* (Leipzig 1858); Jean Charles Houzeau, *Klima und Boden* (Leipzig 1861); Adalbert Adolf Mühry, *Klimatographische Uebersicht der Erde* (Leipzig 1862); Robert Russel, *North America. Its Agriculture and Climate* (Edinburgh 1857); Adolf Mayer, *Das Düngerkapital und Raubbau* (Heidelberg 1869); Clement Mandelblüh, *Tabellen zur Berechnung der Bodenerschöpfung und des Bodenkraft-Ersatzes* (Leipzig 1870); Johannes Conrad, *Liebigs Ansicht von der Bodenerschöpfung und ihre geshichtliche, statistische und nationalökonomische Begründung* (Casse, Göttingen 1866).

克思的摘录笔记中至今仍长眠着不少没有得到充分研究的理论观点。当然，即使使用新版《马克思恩格斯全集》，由于马克思未能在《资本论》中充分展开这些内容，因此仍然是未完成状态。然而，这并不意味着未完成的项目就毫无意义。以马克思的方法论为基础，通过积极吸收马克思去世后所发现的科学知识，马克思主义生态学理论正需要在出现全球环境危机的时代进一步得到深化（Angus 2016）。仅凭这一点，像伊姆勒那样得出"忘掉马克思"的结论就为时过早了。在资本主义所引起的物质变换裂缝和环境危机日益严重的今天，更需要像张一兵所说的"回到马克思！"

后 记

这本书是以 2014 年 12 月我在柏林洪堡大学提交的博士论文（*Kohei Saito：Natur gegen Kapital*，Frankfurt am Main：Campus，2016）及其英语版（*Karl Marx's Ecosocialism*，New York：Monthly Review Press，2017）——这个英语版在 2018 年马克思诞辰 200 周年时幸运地获得了"多伊彻纪念奖"（Deutscher Memorial Prize）——为基础，加入后来出版的论文，并按照适合日本读者的阅读习惯进行了全文补充与修正而完成的日语原创版。首次出版的部分如下：

第四章"马克思对现代农业的批判"，《唯物论》第 88 号。

第五章"弗腊斯摘编与马克思物质变换的新地平线"，岩佐茂·佐佐木隆治（编）《马克思与生态学》，堀之内出版，2016 年。

第六章 "Profit, Elasticity, and Nature", in: Frieder Otto Wolf und Judith Delheim（hrsg.）, The Unfinished System of Karl Marx, New York, 2018。

第七章 "从《资本论》的生态学角度思考马克思和恩格斯的理论关系"《季刊 经济理论》第 53 号第 4 号。

2018 年是马克思诞辰 200 周年，而 2017 年是《资本论》发行 150 年。然而，这 20 年间，日本研究马克思的环境发生了很大的变化，与国外相比，"马克思年"也没有掀起多大的纪念热潮。坦率地说，这段时间日本对于马克思的学术的和社会的关注度都在持续下降。但从另一方面来说，在世界面临经济长期停滞、贫富差距扩大以及严重的全球变暖危机的情况下，对马克思理论的需要又出现了前所未有的高涨。这就是我改变当初的研究计划，决心将本书再以日文出版的理由。

尽管如此，我也知道，在人们对马克思关注持续下降的时期，这种关注一般读者并不熟悉的马克思的摘录笔记，还含有尚未出版的第一手资料的研究，会被视为训诂学，甚至可能会被视为与现实社会运动脱节的学院派产物。然而，我相信，如果想要在阐明马克思的理论意义的基础上，结合 21 世纪的状况，对其思想进行批判性的继承的话，这样的研究就是不可或缺的。不过，我也完全没有这样的意思：因为这一理论经常被误解，所以特意写出来，就说马

| 后 记

克思的理论是无谬误的,这就是唯一绝对正确的马克思解释。正如本书中反复强调的那样,马克思的理论是未完成的,即使是关于自然科学的见解,19世纪的理论共识是错误的——比如,李比希和马克思都没有正确认识土壤中的氮从何而来,在内容上也具有局限性——比如,弗腊斯的气候变化理论与当今二氧化碳排放所引起的气候变化之间的性质也有很大的不同,这些都是不言自明的。但是,这并不意味着就可以在没有充分研究资料的情况下,一直重复着老旧的陈词滥调来否定马克思的生态学。本书旨在纠正这种误读,并希望在把英美地区看到的生态社会主义研究带到日本的环境运动中方面作出一点贡献,但它能获得多少成功,就交给读者判断吧。

关于答谢词,因为与德语版和英语版重复了,就省略吧。不过,英文版出版之后,我回到日本,植村邦彦先生、岩佐茂先生、大野节夫先生、牧野广义先生等对本书提出了一些问题和需要修改的地方,这对我撰写日文版非常有帮助。另外,大野隆先生还在经济理论学会关西支部举办了英文版的研讨会,这为我提供了讨论的场所。再次向各位表示衷心的感谢。本书由堀之内出版社出版,该出版社在我还是研究生的时候,就以各种形式给予我写作的机会,在互相协调无法对应的日程和要求的过程中,也使我学到了许多日本独特的出版文化。本书稿能够由堀之内出版社出版发行,我感到非常高兴。此外,本书还得到了日本学术振兴会(JSPS)科研费青年研究课题"人新世的环境思想后笛卡尔式一元论的批判性探讨"（18K12188）以及韩国研究财团"NRF－2018S1A3A2075204"的支持，并作为该项目的成果出版发行。最后，在出版的时候，还得到了大阪市立大学经济学会的大本基金的资助。我想向这些资助方表示感谢。

与德语版、英语版发行时最大的不同，是我的长子出生了。在气候变化对人类影响越来越大的世界里，因为有将比我更长久地生活在这个世界上的家人们的存在，使我无法逃避悄悄袭来的环境危机，也具有了将其作为身边的问题更为认真地进行思考的力量。在以感恩之心奉上本书的同时，我想送上宫泽贤治的这句话：

  新时代的马克思啊/把这些由盲目的冲动所驱动的世界/变得精彩而美丽吧。